조선의 천재들이 벌인

참혹한 전쟁

신정일 지음

조선의 천재들이 벌인

참혹한 전쟁

조선을 뒤흔든 정여립과 기축옥사의 음모를 밝히다

상상출판

| 차례 |

제2부

비망록 - 기축옥사의 숨겨진 진실을 찾아서

부록

조선의 천재들은 왜 새로운 세상을 꿈꾸었는가?

오늘날 천재들이나 선택받은 자들의 삶은 그야말로 탄탄대로라고 해도 과언이 아니다. 좋은 직장, 행복한 가정, 각종 문화혜택 그리고 자신의 부와 권력을 자손대대로 물려줄 수 있는 여러 여건이 조성되어 있기 때문이다. 비록 '풍요 속의 빈곤'이라는 말처럼 아직 빈부 격차도 여전하고, 어느 계층이든 행복하다고 말하는 사람은 별로 없지만 말이다.

봉건시대에 태어난 천재들의 삶은 대개 평탄하지 않았고, 이들은 대부분 불행하게 살다가 죽었다.

"천재는 모든 사람들에게 '인류의 꽃'이라는 인정을 받으면서도 도처에서 고난과 혼란을 불러일으킨다. 그래서 천재는 항상 고립된 삶을 살고, 고독한 운명을 맞는다."

헤르만 헤세가 《괴테와 베티나》에서 한 말이다.

정현종 시인은 "때가 사람을 모르니 사람이 때를 따를 리 없다. 사람이 때를 모르니 때가 사람을 따를 리 없다"라고 때와 사람의 어긋나는 운명을 노래했다. 역사 속에는 때를 잘 만나 꿈을 활짝 꽃피운 사람들도 더러 있다. 하지만

"인연이란 어기기를 좋아하고 어긋나기를 좋아하는 것"이라는 탁영 김일손(金馹孫)의 말처럼 그냥 꿈을 접고 세월과 운명에 순응하며 살았던 사람들이 대부분이다.

그런데 시대를 뛰어넘어 역사의 격랑에 과감히 자신의 모든 것을 던지고 뛰어든 사람들이 있었다. 그들은 새로운 세상을 연 주역들이었고, 역사를 진보하게 만든 힘의 원천이었다.

스탕달은 《적과 흑》에서 "천재의 특징은 보통 사람이 깔아 놓은 레일에 자신의 사상을 싣지 않는다는 것이다"라고 말했다. 당송팔대가 중 한 명인 한유는 그의 시 〈잡설雜說〉에서 "하루에 천 리 길을 달리는 천리마는 늘 볼 수 있지만 좋은 말을 선별해 낼 수 있는 백락(伯樂)은 늘 볼 수 있는 것이 아니다"라고 했다. 훌륭한 인재는 많지만 사람들의 재능을 간파하여 적재적소에 기용할 줄 아는 식견을 가진 이는 적다는 뜻이다.

한유와 동시대를 살았던 두보 역시 〈고백행枯柏行〉에서 "재목도 주인을 만나지 못하면 쓸모없는 장작에 지나지 않는다"라고 했다. 큰 인물이 있어도 그를 잘 이용할 수 있는 사람이 적으면 제구실을 하기 어렵고, 천재들도 시대를 잘 만나지 못하면 아무런 의미가 없다는 뜻이다.

흔히 "난세에 인물이 난다"라고 하고, "난세를 위해 인물을 준비해 놓았다"라고도 한다. 사람들은 그들을 별이라 부르는데, 무수한 별들이 역사의 고비마다 나타났다. 백제와 고구려가 무너지고 신라가 삼국을 통일한 시대에도, 고려 때 정중부와 최충이 무신의 난으로 정권을 잡았던 시대에도 별들은 떴다. 그때의 별이었던 최충헌의 노비 만적은 난을 일으키기 전 개경 송악산 기슭에서 노비들에게 이렇게 외쳤다.

"경계(庚癸)의 난 이래 나라의 많은 공경대부가 천민에서 나왔다. 어찌 왕후장상의 씨가 따로 있겠는가? 닥치면 누구나 다 할 수 있는 것이다. 우리 노비들이라고 해서 모진 매질을 당하며 일만 하라는 법 있는가? 최충헌과 주인들을 죽이고 노비 문서를 불태워 이 땅의 천민을 없애면 우리도 왕후장상이 될 수 있다."

그러나 새로운 별이 되고자 했던 만적은 배신자의 밀고로 꿈을 펼쳐 보지도 못한 채 처형되고 말았다.

그 후 고려가 무너지고 조선이라는 새 나라가 등장할 때도 정도전, 정몽주, 이성계, 신돈, 길재, 이색 등 무수한 별들이 떠올랐다. 조선 중엽인 15세기의 대표적인 인물들이 매월당 김시습, 김일손, 남효온, 조광조 등이었다.

16세기 조선은 우리나라 반만 년 역사상 가장 불확실한 시대였으며 나라의 운명이 바람 앞의 등불 같던 시대였다. 당시는 맑은 밤하늘에 빛나는 별들처럼 수많은 천재들이 태어났던 시기였다.

《연려실기술》의 〈선조조고사본말〉을 보면 그 무렵 활동했던 인물들에 관한 흥미로운 글들이 많이 실려 있다.

> 기대승은 말을 잘하고 박식할 뿐으로 실상 지조를 지키고 실천하는 효과가 없었고, 또 남에게 이기기를 즐기는 병통이 있어 자기에게 따르는 것을 좋아했으므로 정직한 선비와는 맞지 못했고, 아첨하는 무리들이 많이 따라 붙었으며, 또한 의논이 상례를 그대로 따르는 데 힘쓰고 개혁하는 것을 기뻐하지 않았다. 젊었을 때 남명 조식이 기대승을 보고 말하기를 "이 사람이 세력을 얻으면 반드시 일을 그르치리

> 라” 했다. 기대승은 또한 남명을 일컬어 “조식은 유학자가 아니다”라고 하여 두 사람이 서로 허여하지 않았다.

퇴계와 고봉이 사단칠정(四端七情)을 논하며 그처럼 돈독한 관계를 유지했던 것과 달리 기대승과 조식은 먼발치에서 서로를 믿지 못했던 것을 알 수 있다. 율곡도 그가 지은 《석담일기石潭日記》에서 기대승을 다음과 같이 평했다.

> 대사성이 돼서는 유생들에게 주는 음식을 박하게 하고, 또 ‘식무구포(食無求飽)’라는 글제를 내어 유생들을 풍자했으므로 많은 유생들이 성균관에 가지 않았다 … 비록 실용의 재주는 아니었으나 뛰어나게 영특했다.

《연려실기술》에는 기대승 못지않은 천재였던 퇴계 이황에 대해 “타고난 자질이 정수(精髓)하고 아름다우며 영리하고 민첩했다. 어려서 부친을 여의고 스스로 학문에 정진해 문장을 일찍 이루었으며 20세에 진사로 성균관에 와서 공부했다”라고 실려 있다. 《남계집南溪集》에는 율곡 이이에 대한 글이 다음과 같이 실려 있다.

> 이이는 타고난 자품이 심히 민첩해 보통 글을 볼 때, 사람과 더불어 담소하면서 책을 펼쳐 놓고 두루 살피며 대략 요점만 보아 넘겨 빠르기가 바람과 비 같았으나 이미 그 대의를 얻었으며, 그 후에 마음을 가라앉히고 깊이 생각해 보아도 의미의 더 깊은 곳을 발견할 수 없었다.

이항복이 지은 율곡의 비문을 보며 한강 정구는 이렇게 말했다. "참 좋은 문장이다. 그러나 율곡의 학문을 형용하는 데 있어서는 어찌 이같이 평범하고 간략하게 했단 말인가?"

이산해 역시 뛰어난 천재라는 평을 들었다.

"나면서부터 특이한 자질이 있어 말을 하기 전에 이미 글을 볼 줄 알았다. 집에 동해옹(東海翁)의 초서를 벽에 걸어 놓은 것이 있었는데, 유모를 끌어안고 보게 하고, 흔연히 손으로 가리키며 좋아했다. 5세에 비로소 계부 이지함에게 배웠는데, 이지함이 태극도(太極圖)를 가리키니, 한마디에 천지음양의 이치를 알고 그림을 가리키며 논했다."

한 시대를 풍미했던 사람들의 어린 시절이 대동소이하듯 유성룡에 대해서도《연려실기술》에 다음과 같은 글이 실려 있다.

> 나면서부터 특이한 자질이 있었고, 6세에 대학을 배우니 행동이 어른과 같았다 … 젊어서 총명 박학해 이황이 한 번 보고 기특히 여겨 말하기를 "이 사람은 하늘이 내셨다"라고 했다.

동인과 서인을 막론하고 뛰어난 천재로 평가했던 정여립, 서인 측의 송익필, 알성 급제를 했던 이발 그리고 정철. 그들은 당파나 서로간의 입장 차이가 너무 커서 공존하기 힘들었다. 결국 그러한 시대 상황이 피의 역사인 기축옥사를 불러오게 만든 것이다. 그러한 의미에서 기축옥사는 16세기 조선 천재들이 벌인 참혹한 전쟁이라 할 수 있다. 역사 속에 살다가 역사 속에서 사라지면서 역사를 모른다. 모순된 말이긴 하지만, 대부분의 사람들이 그렇다. 하물며 이미 지나간 역사, 그 당시도 해석되지 않았고, 앞으로도 해석이 불분명한 역사들을 후세의 사람들이 해석하고자 한다고 해서 그 비밀이 풀릴 것인가? 아니다. 세상 사람들은 말이 많은데, 역사는 입을 봉한 채 아무런 말이 없는 경우가 이 세상에는 무수히 많다. 그중에서도 가장 이해되지도 않고, 이해할 수도 역사, 가장 드라마틱하면서도 사람들에게 풀리지 않는 의문점으로 남아 있는 역사가 1589년에 일어난 기축옥사일 것이다.

방송 촬영차 르네상스의 산실 이탈리아 피렌체를 갔었다. 당대의 천재들인 미켈란젤로, 레오나르도 다빈치, 라파엘로 그리고 〈신곡〉을 쓴 작가 단테와 페트라르카, 보카치오 등 수 많은 천재들이 활동했던 시대가 15세기였다.

수많은 천재들이 왕성하게 활동하여 르네상스라는 새로운 문화를 창조해 냈는데, 그때 그들을 지원했던 가문이 메디치가문이었다. 그런데 조선은 어떠했는가? 그렇게 수많은 천재가 나타났던 시대에 서로가 서로를 죽이는 당쟁과 임진왜란 그리고 병자호란이라는 국난을 맞아 천재들이 제 역할을 할 수가 없던 시기였다.

조선을 가장 분열시키고, 국난에 처하게 만든 선조와 인조. 두 임금이 자신들의 이익에만 급급하지 않았더라면 조선에도 르네상스와는 또 다른 새로운 문화가 탄생하지 않았을까?

역사는 보는 사람의 입장에 따라 다른 각도로 볼 수밖에 없는데, 기축옥사도 그랬다. 당시 당파 싸움의 결과로 저마다 다른 파벌들이 저마다 다른 시각으로 보았던 기축옥사는 조선이 역사 속에서 사라지고 난 오늘날까지 많은 의문점을 남긴 채 사람들의 입에서 입으로 전해지고 있을 뿐이다.

1부

조선의 천재들이 벌인 참혹한 전쟁

1 한 통의 비밀 장계

그 당시 나는 헤로도토스의 〈역사〉와 E. H. 카의 〈역사란 무엇인가〉 그리고 신채호의 〈조선상고사총론〉을 비교하며 공부하던 중이었다. '역사는 현재와 과거의 끊임없는 대화'라는 카의 말에 동의하면서도, 풀리지 않는 의문을 가지고 나는 도서관에서 《연려실기술》 〈선조조고사본말〉을 읽고 있었다. 문득, 정여립과 1,000명의 선비들이 오래된 언어들의 숲에서 뚜벅뚜벅 걸어 나오는 느낌을 받았다. 이야기는 이렇게 시작된다.

> 기축년 10월 2일 황해감사 한준(韓準)의 비밀 장계가 들어왔다. 이날 밤에 임금은 삼정승, 육승지, 의금부 당상관들을 급히 들어오게 하고, 도총관, 옥당 상하번들도 모두 입시시켰다. 다만 춘추관 검열로 사관에 입적하고 있었던 정여립 누이의 아들인 이진길(李震吉)만은 들어오지 못하게 했다.

임금이 비밀 장계를 내려서 보이니, 그것은 안악군수 이축(李軸), 재령군수 박충간(朴忠侃), 신천군수 한응인(韓應寅) 등이 역모 사건을 고변한 것이었다. 그 내용은 수찬을 지낸 전주에 사는 정여립이 모반해 괴수가 되었는데, 그 일당인 안악에 사는 조구(趙球)가 밀고했다고 되어 있었다. 조정에서는 의금부도사를 황해도와 전라도에 보내고 이진길을 의금부로 내려 가두게 했다. 진길은 곧 여립의 생질이었다.

선조는 그날 밤 삼정승과 육승지를 부르고, 도총관, 홍문관 상하번과 좌우 사관을 함께 입시하게 했다. 깊은 밤중에 무슨 영문인지도 모른 채 불려온 세 정승과 여러 신하들은 선조의 명령만 기다리고 있었다.

선조가 정승들에게 먼저 물었다.

"정여립은 어떠한 사람인가?"

영의정 유전(柳琠)과 좌의정 이산해는 "그의 인품을 모릅니다"라고 대답했고, 우의정 정언신(鄭彦信)은 "그가 독서하는 사람이라는 것만 알고 다른 것은 모릅니다"라고 했다.

선조는 고변장을 들어 상 아래로 내던지며 말했다.

"독서하는 사람의 행동이 이와 같단 말인가!"

선조는 승지에게 고변장을 읽도록 했다. 승지가 고변장을 한 줄 두 줄 읽어 내려가자 정여립 역모 사건의 내용이 속속들이 드러나기 시작했다. 《선조실록》에는 역모의 시나리오가 다음과 같이 기록되어 있다.

> 여립의 일이 되어 가는 기틀이 자못 누설되었다. 그는 사람들의 말이 점차 널리 퍼지는 것을 보고 일이 발각될까 두려워 변란을 일으키려는 계책을 세웠다. 이에 비밀로 맡을 부분을 약속해 이해 겨울 말에

서남 지방에서 일시에 군사를 일으키기로 기약하고, 강나루에 얼음이 얼어 관방(關防)에 원조가 없기를 기다려 곧바로 서울을 침범한 뒤 무기고를 불태우고 강창(江倉)을 빼앗아 점거한 다음, 도성 안에 심복을 배치해 내응하도록 했다. 그리고 자객을 나누어 보내어 대장 신립과 병조판서를 먼저 죽이고 임금의 명을 사칭해 병사(兵使)와 방백(方伯)을 죽이도록 언약했다. 또 대관에게 청탁해 전라감사와 전주부윤을 논핵해서 파면하고 그 틈을 타서 거사하기로 했다.

좌우의 신하들은 모두 목을 움츠렸고, 등줄기에서는 식은땀이 흘러내렸다. 그러나 이때까지만 해도 선조는 고변장을 미심쩍게 여겼다.

선조가 대신들을 향해 혼잣말처럼 중얼거렸다.

"내가 여립의 위인을 아는데, 어찌 역적에까지 이르렀을까?"

선조가 고변장을 모두 읽고 나서 대신들에게 처리 방안을 물었다. 대신들은 즉시 금부도사를 보내어 정여립과 그의 도당은 물론이고 고발한 자들 역시 잡아오게 하자고 했다.

그때 영의정 유전이 말했다.

"금부도사만으로는 염려되는 점이 있으니 토포사를 보내 비상 사태에 대비하는 것이 좋겠습니다."

그리고 정여립의 조카 이진길을 즉시 하옥시켰다. 선조는 위관(委官)에 우의정 정언신을 임명했고, 정여립을 체포하기 위해 선전관과 금부도사를 전주로 급파했다. 그들 모두 정여립과 같은 동인이었다.

국청에 나아간 우의정 정언신은 하늘을 쳐다보며 말했다.

“정여립이 어찌 역적이 될 수 있겠습니까? 고변한 사람 10여 명만 잡아 죽이면 뜬소문이 그칠 것입니다.”

그 무렵 황해도 안악에 있던 변숭복(邊崇福)은 조구가 고변했다는 말을 듣고서 안악에서 금구까지 나흘 만에 도달해 정여립에게 그 진상을 알렸다. 변숭복은 별명이 ‘호랑이’라고 알려질 만큼 용맹한 인물이었다. 정여립은 아들 정옥남(鄭玉男), 그리고 박연령(朴延齡)의 아들 박춘룡(朴春龍)과 함께 밤을 틈타 도망쳤다. 집에 남아 있던 가족들도 그들이 간 곳을 알지 못했다. 서울에서 내려온 선전관 이용준(李用濬)과 내관 김양보(金良輔), 그리고 금부도사 유담(柳湛)이 금구와 전주 정여립의 집을 급습했으나 전날 밤에 도망간 정여립을 잡을 수는 없었다. 그 집에는 승려 지영(志永)과 사장(社長), 그리고 창고에 백미 200석과 잡곡 100석만이 남아 있었다.

1589년 10월 7일, 금부도사 유담은 정여립이 도주한 사실을 알리는 장계를 올렸다. 동인들은 정여립이 서울로 붙잡혀 오면 예의 그 유창한 말솜씨로 그간의 상황을 해명하리라 기대하고 있었다. 사실 황해도 감사 한준의 장계에는 박충간의 보고에 의한 것이라고만 나와 있을 뿐, 첩보의 취득 경위에 관한 설명이 빠져 있었다. 그래서 장계의 내용이 근거 없는 낭설에 불과할 것이라는 주장이 더 설득력이 있었다. 특히 동인들은 정여립의 역모를 믿지 않았으며, 이길 같은 사람은 정여립의 도망을 장검의 망명에 비유했다. 장검(張儉)은 시왕(時王)의 노여움을 받아 죄 없이 도망을 다녔던 후한의 명인(名人)이었으므로, 정여립의 무죄를 확신하지 않고서는 발설할 수 없는 말이었다. 당시 사람들은 역모 사실을 믿지 않았고 정여립이 서울로 올라와 부인하면 될 것이라고 믿었던 것이다.

다음은 《선조실록》에 실려 있는 글이다.

조정 신하들이 처음에는 이 변을 듣고 도리어 역적 구출에 전력했습니다. 혹자는 이이의 제자들이 무고해 사건을 일으켰다 하고, 혹자는 여립의 사람됨은 충성이 태양과 같다 해 심지어 한준을 그르다고까지 했습니다. 조정 논의가 그러했기 때문에 유담 등이 감히 출동에 태만하고 체포에 소홀했던 것입니다. 신이 지난 달 4일 오후에 유담 등을 이산현 앞에서 만났는데, 휘장을 쳐놓고 휴식하는 모습이 평일과 다름없었으며, 나팔이 계속 울리고 뒤따르는 자들이 길을 메웠습니다. 그는 미관말직의 무부로서 조정의 뜻을 받들고 시의에 부합할 줄만 알 뿐이니, 어찌 역적을 토벌하는 의리를 알겠습니까? 이뿐만이 아닙니다. 태학의 많은 유생들 중에도 구출론을 제의해 상소를 올려 구출하려고 한 자가 있었습니다. 추관(推官) 또한 사실대로 심문하지 아니하므로 외부의 여론이 자자했습니다. 심지어 억수(億壽)가 심문받은 내용 중에 서울의 가까운 친족 중에 서로 가깝게 왕래한 사람이 나뿐만이 아니었다고 하자, 정언신은 속히 곤장을 세게 치라 하고 심문하는 바가 전혀 없었습니다. 그리고 추관 중에는 힐문하려는 이가 있으면 문득 언짢아하는 기색을 보였다는 말까지 있습니다. 대개 역적이 그 사당 중에서 나온 터라 한 번 그런 변을 만나자 사람들이 다 지목하니 부끄럽고 두려워했습니다. 뿐만 아니라 혹시 그 단서가 탄로나 동류들에게 누를 미칠까 염려했기 때문에 모두 엄폐만 일삼다가 자신도 모르게 당악(黨惡)에 빠지게 되었습니다.

무려 1,000여 명의 사림들이 희생당한 피의 사화인 기축옥사의 서막이 서서히 오르고 있었다. 조선 인구가 500여 만 명에 불과했던 당시에 네 번의 사화보다 많은 1,000여 명의 희생자를 낸 기축옥사는 실로 엄청난 사건이었다.

죽어 간 선비들의 진실

1,000여 명의 선비를 죽음으로 몰아간 기축옥사의 실체는 무엇인가? 기축옥사는 임진왜란이 일어나기 3년 전에 발생했다. 반만 년 역사 속에서 유례를 찾을 수 없는 시련과 위기의 때였던 임진왜란. 그 시점에서 정치사회적 불안을 가중시켰다는 면에서 기축옥사는 16세기 조선을 재구성할 수 있는 중요한 소재이다.

기축옥사의 전 과정을 지켜본 서애 유성룡이 임진왜란을 겪은 후 지은《운암잡록雲巖雜錄》을 살펴보자.

> 처음에 임금이 그를 체포하러 가는 도사(都事)에게 밀교를 내려, 정여립의 집에 간직되어 있는 편지들을 압수해 대궐 안에 들이게 했다. 그래서 무릇 여립과 평소 친밀하게 지내며 편지를 주고받은 자는 다 연루를 면치 못하게 되어, 선비들 중 죄를 얻게 된 자가 많았다. 그 중에 고문을 받고 죽은 자는 전 대사간 이발(李潑), 이발의 아우 응교(應敎), 이길, 이발의 형 이급(李汲), 병조참지(兵曹參知) 백유양(白惟讓), 유양의 아들 생원 백진민(白振民), 전 전라도사 조대중(曺大中), 전 남원부사 유몽정(柳夢井), 전 찰방(察訪) 이황종(李黃鍾), 전 감역(監役) 최여경(崔餘慶), 선비

윤기신(尹起莘), 정여립의 생질 이진길 등 이루 다 기록할 수 없을 정도다. 그 중에서도 이발과 백유양의 집안이 가장 혹독한 화를 입었다. 그리고 이에 연루되어 귀양 간 자는 우의정 정언신, 안동부사 김우옹(金宇顒), 직제학 홍종록(洪宗祿), 지평 신식(申湜)과 정숙남(鄭叔男), 선비 정개청(鄭介淸)이요, 옥에 갇혀 병이 나서 죽은 자는 처사 최영경(崔永慶)이었다. 옥사는 덩굴처럼 얽히고 뻗어나가 3년이 지나도 끝장이 나지 않아 죽은 자가 수천 명이었다.

조선시대의 당쟁은 기축옥사 이전부터 시작되었지만 선비들이 서로를 죽이는 지경은 아니었다. 그러나 기축옥사부터는 선비들이 서로 죽고 죽이는 당쟁으로 비화되었다. 선비들만 피해를 입은 것이 아니었다. 임진왜란 당시 승병을 모집해 혁혁한 전과를 거둔 서산대사 휴정과 사명당 유정마저도 모진 국문을 받은 후에 살아남았다.

기축옥사를 계기로 동인과 서인에서 남인과 북인으로 나뉘었다. 그리고 기축옥사의 진실이 제대로 밝혀지고 마무리되기도 전에 미증유의 국난인 임진왜란이 일어났다. 인조 원년(1622) 8월 이수광(李睟光)은 "선조조의 실록은 적신 괴수에 의해 편찬되어 부끄럽고 욕됨이 심하니 당연히 고쳐 찬술해야 합니다"라고 말했다. 월사 이정구(李廷龜)도 실록의 수정을 주장하면서 《선조수정실록》이 다시 만들어졌다. 그런 과정을 거치며 기축옥사는 시간이 흐를수록 의혹을 더하면서 숙종 때까지 직접적인 영향을 미쳤다.

정여립은 호남 선비였다. 그 이유로 기축옥사 이후 호남 지역은 반역향으로 지목되어 호남 선비들은 인재 등용에서 큰 차별을 받았다. 이후 호남 지역은 계속해서 소외받을 수밖에 없었고, 기축옥사의 연장선상에서 동학농민혁명이 일어나게 되었다. 그런 연유로 아직까지도 이 지역 사람들에게는 기축옥사로 인한 상처가 고스란히 남아 있다. 수많은 설들에 묻혀 있는 기축옥사의 진실을 밝혀내야 하는 이유도 바로 여기에 있다.

정여립이 남긴 자취들

오래 전에 정여립의 자취를 찾아가는 답사 길에서 작고하신 모악향토문화연구회의 최순식 선생으로부터 정여립과 관련한 이야기를 들었다.

정여립은 올곧은 성품을 가지고 있었기 때문에 원평 일대에서는 지금도 입바른 말을 잘하는 사람에게 "너 정여립 알지?" 하고 묻는데, 이는 정여립처럼 바른말 하다가는 죽을 수도 있다는 일종의 협박조의 말이란다. 정여립이 죽은 지 400여 년이 지난 지금도 사람들의 입에서 심심찮게 오르내린다고 한다. 또한 마을에서 시비가 엇갈리는 사건이 발생하면 "정여립이 데려다가 물어봐야겠다"고 하는데, 그만큼 정여립의 판단력이 뛰어났다는 뜻이란다.

그리고 금산면 선동리에 있는 상두산(575미터) 정상에 견훤이 축성했다는 석성(石城)이 있는데. 성 둘레가 4킬로미터쯤 되는 이곳에서 정여립이 부하들과 함께 말을 타고 활을 쏘며 무술을 연마했다는 이야기도 전해 내려온다. 한편 동래 정씨의 후손인 정영목 씨는 정여립과 그보다 더 지혜로웠다는 정여립의 누님 이야기를 전해주었다. 어느 날 정여립의 누님은 금산에 있는 산 꼬깔봉을, 집을 이을 때 쓰는 나래로 묶어 머리에 이기로 하고 정여립은 용마를 타고서 김제 황산에까지 다녀오기로 하고 내기를 했다는데 그 결말은 전해지지 않고 있다. 또한 일설에는 누님과 겨룬 또 다른 내기에서 지자, 정여립이 누님을 죽였다는 이야기도 전해진다.

이처럼 오랜 세월이 지난 지금까지도 원평 일대에서는 정여립을 모반자가 아니라 문무겸전의 신화적 영웅으로 여기고 있다. 이를 보면 정여립은 "역사는 사실이 아니라 신화에 의해서 만들어진다"는 앙드레 말로의 말이 가장 잘 들어맞는 인물인지도 모른다.

하지만 실제 역사 속에서 반역자의 말로는 비참했다. 육시(戮屍)를 당하고, 삼족(三族)은 씨가 말랐으며 역적이 살았던 집터는 숯불로 지진 뒤 파헤쳐져서 못이 되었다. 선조(先祖)는 정여립의 조상 무덤을 파헤친 뒤 뼈를 갈아 바람에 날렸으며, 그가 태어난 현(縣)이나 군(郡)은 없애버렸다.

이러한 이유로 정여립이 태어나고 성장했으며, 그가 대동계를 조직한 땅인 전라도에서도 그의 흔적을 찾을 수 있는 곳이 불과 몇 곳이 안 된다.

정여립의 출생지는 파서 쏘가 되고

정여립의 출생지는 남문 밖으로만 알려져 있어서 여러 곳이 추측되나, 모두 확실하지는 않다. 동래 정씨 문중의 족보에서도 지워진 인물이었기에 그는 무덤은 물론 출생지조차 불분명한 것이다. 다만 한글학회에서 편찬한 《한국지명총람》 완주군 상관면 월암리에 그에 대한 기록이 남아 있을 뿐이다.

'파소, 아랫대건네(下竹陰)와 웃대건네(上竹陰) 사이에 있는 소, 정여립의 집터를 파서 만들었다고 함.' 정여립의 출생지는 전주에서 남원으로 가는 17번 국도 건너편 산의 월암 아래에 있다.

기축옥사가 일어나기 전만 해도 달을 맞는 바위라는 뜻으로 월암(月巖)으로 불렸을 자그마한 산이 '파쏘봉'이 되었고, 아랫대건네와 웃대건네 모랭이(모퉁이)는 '파쏘모랭이', 파쏘봉 앞에 펼쳐진 들판은 '파쏘들', 보는 '파쏘들보'라 불리고 있다. 그러나 파서 못을 만들었던 그 쏘(소)도 이곳에 기찻길이 새로 놓이면서 메워졌고 그저 근처에 사는 사람들의 입에서 입으로 400여 년 전에 살았던 정여립이라는 사내의 신화 같은 이야기만 전해지고 있다.

전주에서 남원으로 가는 길이 뚫리기 전인 조선 후기만 해도 삼례에서 통영으로 가는 통영별로가 지나는 큰길이었다. 그런 연유로 정여립의 집터 근처인 파쏘모랭이의 바위벽 앞에는 지방 관리들이 임기를 마치고 떠날 때 세워 주는 송덕비가 여러 개 서 있다. 하지만 정여립이 태어난 생가 터는 정여립이 죽은 뒤 수난의 터널 속으로 들어간다.

진동규 시인은 〈댁건너 대수리를 잡습니다〉라는 시에서 파쏘를 이렇게 노래했다.

> 살던 집은 텃자리까지 파버렸습니다. 그 이웃까지 뒤집어 파서 앞내 끌어 휘돌아 가게 하였습니다. 깊고 깊은 소를 만들어버렸지만 그때 그 집 주인이 반역했다고, 그래서 전주천 물이 거꾸로 흐른다고, 북으로 흐른다고 소문내고 그런 속셈을 알 만한 사람은 다 압니다.
>
> 댁건너 마을 사람들은 상죽음(上竹陰) 하죽음(下竹陰)하면서, 구름처럼 모여들었던 선비들의 죽음 그 떼죽음을, 서방바우 각시바우 애기바우 그 피울음을, 상댁건너 하댁건너 점잖던 자기 마을 이름 위에 불러보기도 해보지만, 어떻게 변명 말씀 한번 엄두를 못 내고 죽어 지

내 왔습니다.

그 집 뒷산 월암에 달이 뜨면 댁건너 사람들은 월암 아래 소에 들어 대수리를 잡는답니다. 관솔불들을 밝히고, 주춧돌 기둥뿌리 항아리 깨진 것, 뭐 그 집주인 뱃속까지 빨아먹고 자란 대수리들을 잡는답니다. 일삼아 잡아내고 그런 답니다.

역사가 시작된 이래, 나라에 반역을 꾀했던 사람들이 태어난 곳이나 살고 있던 그 땅은 풀 한 포기, 나무 한 그루 자라게 해서는 안 되었다. 행여 고삐 풀린 망아지라도 염소라도, 아니 병아리라도 거기 자란 풀을 뜯어 먹으면 역모라는 것이다.

해마다 파쏘에서 사람들이 빠져 죽었고, 기축옥사 때 죽음을 당했다는 뜻인지, 건너편 마을들 이름은 상죽음리, 하죽음리라고 부르고 있다. 한자로 대나무 죽(竹)에 그늘 음(陰)이니 대 그늘이다. 그래서 웃대건네, 아랫대건네로 부르기도 한다. 마을 이름에 '죽음'이라는 말이 있어서인지 이런저런 사고로 많은 사람이 죽었다. 결국 마을에서는 마을 이름을 바꿔달라며 탄원서를 제출했다. 이에 전주시에서는 전주부의 남쪽이라는 뜻으로 부남리(府南里)로 개명했다.

정여립의 용마 무덤

정여립에 대한 이야기가 그나마 많이 남아 있는 곳이 김제시 금산면 구성산 자락 쌍룡리와 구릿골 일대이다. 용암 마을의 쌍룡사에서 200미터쯤 올라간 곳에 정여립의 조상 무덤이 있었다고 전해진다. 이곳은 이른바 오공(지네)의

혈로서 군왕지지 대명당, 일명 소쿠리 명당이라 하여 기축옥사 당시 조정에서 제비산이나 정여립이 태어난 파쏘처럼 숯불로 혈맥을 끊고 묘소까지 파헤쳤다고 한다.

용암 마을 앞에 정여립의 용마 무덤이 있는데, 쌍룡사 주지스님은 그 무덤에 얽힌 이야기를 다음과 같이 증언하고 있다.

"정여립이 제비산에서 천일기도를 마친 후 용암 마을의 용바위 아래에서 용마를 얻었다지, 그러던 어느 날이었디야? 정여립이 용마를 타고 활을 쏘아 용마와 화살 중 누가 빠른가 시합을 했다지. 그런디 하루는 용마가 화살을 쫓아 달리다가 그 화살의 진행 방향을 놓친 듯 찾지 못했다지. 정여립이 대노한 나머지 말에서 내려 장검으로 용마의 목을 쳐 버렸디야. 그 순간 화살이 뒤에서 날아와 용마의 궁둥이에 박혀 버렸어. 용마의 죽음을 애석하게 여긴 정여립이 용마의 시체를 선산 앞들에 묻었고, 그 뒤부터 용마 무덤에 제사를 지내게 되었다지."

제비산 자락에는 대동계의 터만 남아

정여립이 대동계를 조직해서 활동했다는 터는 풍수지리상 명혈 중의 명혈인 제비산자락으로 금평저수지를 굽어보고 있다. 멀리 동학농민혁명의 진원지였던 고부의 두승산이 한 폭의 수채화처럼 보이는 이곳을 그가 집터로 삼은 이유는 본가인 전주와 처가인 봉남면 봉서동(鳳棲洞)과 가깝기 때문이었을 것이다. 정여립이 제비산(帝妃山), 즉 임금의 아내라는 뜻을 지닌 명산에 거처를 잡았다는 것 자체가 주자학적 절의론이 판을 치는 세상에 대한 도전은 아니었을까?

그가 살았던 집터는 지금은 밭으로 변해 있다. 그러나 그 옛적에 집터였음 직하게 그럴듯한 축대가 남아 있고 밭에는 조선 중기의 기와 조각이 여기저기 널려 있다. 이를 근거로 하여 이이화 선생은 "기축옥사 후 당시 조정에서는 이곳 제비산 밑 정여립의 옛 집터와 전주남문 밖 그가 태어났던 생가터의 땅을 파헤치고 숯불로 혈맥을 끊어 버렸다. 그 후 조선 왕조가 망할 때까지 역모의 땅인 이곳에 건물이 들어선 일이 없으므로 문제의 기와 조각은 정여립의 유적이라고 할만하다"라고 말하고 있다.

섬으로 변한 죽도

정여립의 마지막을 지켜본 곳이 진안군 상전면 수동리에 있는 죽도와 천반산 부근이다. 정여립은 유독 산죽이 많이 난다는 죽도를 좋아해서 죽도 서실을 짓고 호를 죽도 선생이라고 지었다. 매월 보름이면 이곳으로 와서 제자들을 가르치고 무술 훈련을 시켰다고 한다.

이 천반산에 정여립이 서 있고, 부귀산에는 관군이 서 있어 서로 싸웠다는 이야기와 함께 송판서 굴에서 정여립이 최후를 맞이했다는 말이 전해져 내려오고 약 15미터쯤 되는 이 바위와 20미터 거리로 마주보고 있는 뜀 바위를 초인적인 능력을 가진 정여립이 훌쩍훌쩍 뛰어 다녔다는 이야기도 전해지고 있다.

《진안군 통계연보》에 따르면 40여 년 전 이 천반산 아래 죽도 근처에서 정여립과 그의 일파가 쓰던 것으로 보이는 솥과 화살촉이 발견되었다가 사라졌다는 기록이 있다. 지름이 6미터쯤 되는 거대한 돌솥이었는데, 솥이 어찌나 크던지 솥전 난간으로 젊은 장정들이 뛰어다녔다고 하며, 화살촉 한 개로 낫을 다섯 개나 만들고도 남았다고 한다. 무슨 까닭인지 그때 발굴된 돌솥은 물속으로 가라앉아 버렸고, 당시 돌솥을 실제로 보았다는 노인들은 언젠가 그 돌솥이 다시 나타날 것이라고 믿고 있다.

그러나 정여립이 서울에서 낙향하여 전주 지역에서 활동한 시절이 불과 몇 년밖에 되지 않는데, 그가 이 죽도에 건물을 짓고 솥이며 화살촉이며 썼다는 이야기는, 불운했던 혁명가 정여립에 대한 이 지역 사람들의 애틋한 마음에서 비롯된 신화는 아니었을까?

'실패한 혁명도 혁명은 혁명이다'라는 말이 있다. 그렇다면 '실패한 혁명가도 혁명가'일 것이다. 조선 중기, 그 엄혹한 왕조 시대에 시대를 앞서 평등, 자유, 대동사회를 염원하다가 꿈을 이루지 못하고 실패한 혁명가가 정여립이다.

하지만 실패한 혁명가인 정여립의 대동사상(大同思想)은 허균의 변혁사상인 호민론(豪民論, 민중은 물이나 불 또는 호랑이보다도 더 두려운 존재라는 사상)으로 이어졌고, 정약용의 탕무혁명론(湯武革命論, 하·은·주 시대에 탕왕과 무왕이 왕조를 교체한 것)으로 다시 이어져 근현대사의 출발점인 동학농민혁명으로 분출되었다.

일찍이 역사학자인 단재 신채호 선생은 정여립을 두고 다음과 같은 글을 남겼다.

"군신강상설(君臣綱常說, 임금과 신하 사이에 사람이 지켜야 할 도리가 있다)을 타파하려 한 동양의 위인이다. 그러나 《민약론民約論》을 저술한 루소와 동등한 역사적 인물이 되지 못한 것은 이후의 파란만장한 프랑스 혁명에 비유할 수 없기 때문이다."

영국의 군인이자 정치가였던 크롬웰(Cromwell)은 현대 영국 정부를 세우는 데 큰 역할을 한 인물이다.

그는 1648년 12월 군사 쿠데타를 일으켜 의회와 국가를 장악했다. 그 뒤 1649년 1월 국왕 찰스 1세를 처형하고 왕정을 폐지한 뒤 공화정을 수립했다. 이는 150년 뒤인 1789년과 1794년에 걸쳐 일어난 프랑스 혁명의 도화선이 되었다.

조선의 정여립은 크롬웰보다 60년 앞서 대동사상을 주장했다. 그는 "천하는 공공한 물건인데 어디 일정한 주인이 있는가"라고 세상에 공표하기도 했다. 이런 정여립을 두고 세계 최초의 공화주의자라고 해도 과한 말은 아닐 것이다.

정여립이 죽은 지 400여 년, 조선이 역사 속에서 사라지고 오랜 시간이 흘렀으나 그에 대한 평가는 아직까지도 미흡하기 짝이 없다.

이 땅이 그를 받아들이지 못하기 때문에 그의 한 맺힌 영혼이 이 땅을 지금도 배회하고 있지나 않을까 싶다.

다른 지역에서는 정여립만 못한 인물들인데도 재조명사업회를 발족하여 연구와 함께 기념관 건립이나 생가 복원 사업을 하고 있다. 예를 들어 강릉과 장성에서 내세우는 홍길동은 어찌 보면 도적에 지나지 않는다. 그런데도 허균의 홍길동으로 부활하여 그의 생가까지 장성군에 들어서지 않았는가? 그런 반면 정여립이 최후를 맞이한 죽도나 생가터인 완주군 상관면에는 기축옥사에 대한 그 흔한 기념비조차 세워져 있지 않다.

이러한 데에 의문을 품은 사람들이 대동사상기념사업회를 발족하고, '정여립로'를 만들고, 그의 동상을 세우고자 나선 것은 비교적 최근의 일이다.

눈물을 흘린 이유로 죽은 자들, 조대중과 김빙

충신을 따라간다면 슬프지 않으리

조대중은 정여립 사건으로 가장 많은 피해를 입은 사람들 중 한 명이다. 본관은 옥천, 자는 화우, 호는 정곡으로 참봉 조세명의 아들이자 이황의 문인이었다. 1576년 소과에 합격하고 1582년 식년문과에 병과로 급제했다. 1589년 그는 전라도도사로 전라도 지방을 순시하던 중 보성에 이르러, 부안에서부터 데리고 온 관기와 이별하는 안타까움에 눈물을 흘렸다. 그런데 마침 이 고을 사람 정교(鄭僑)가 나주 땅으로 가 유발(柳潑) 등 여러 사람에게 그 일을 고했다. 그리고 이것이 '정여립의 죽음을 전해 듣고 방에 들어와 울었다'는 말로 잘못 전해지게 된다.

전라감사 홍여순이 이 말을 듣고 보성군의 색리인 좌수 선정진(宣廷進), 공생(貢生) 임길운(林吉雲), 관비(官婢) 등을 공초했지만 모두들 "역적을 위해 울었다는 것은 알 수 없는 일이지만 부안의 여종과 서로 이별할 때에 울었던 일은 있습니다"라고 답했다. 그런데도 남도의 유생들이 조대중이 죽은 정여립을 위해 울었다는 상소를 올리자 사간원에서는 '역적을 위해 울었다'라는 죄목으로 논계하려 했다. 그것을 본 정언 황신(黃愼)이 동료에게 말했다.

"사실인지 허위인지 살피지도 않고 제 나름대로 논계하는 것은 온당한 일이 아닙니다. 만약 조대중이 좋은 사람이라면 함부로 역적과 교제했음을 마음속으로 반드시 뉘우칠 것이요, 조대중이 간악한 사람이라면 오히려 역적과 친했던 자취가 나타날까 두려워할 것인데, 역적을 위해 울었다는 것은 결코 정리(定理)에 가깝지 못하니, 경솔히 거사해서는 안 됩니다."

그의 말이 합당하다고 여긴 사람들이 그러한 의논을 중단해 잠잠해지는가 싶었다. 하지만 조대중의 운명은 그리 순조롭지 못했다. 황신이 체임된 뒤 다른 대간이 와서 "조대중이 울면서 죽은 정여립을 위해 음식도 먹지 않았다"라고 논계해 조대중은 결국 옥에 갇히고 말았다.

정여립의 역모 사건이 일어날 무렵 담양부사 김여물(金汝岉)은 토포를 위해 여러 고을을 돌아다니고 있었다. 화순 고을에 이르러 조대중의 집을 방문했는데, 그때 마침 정여립이 자살했다는 보고가 들어왔다. 조대중은 "나라의 역적이 이미 잡혔으니, 오늘 술자리를 벌이는 것이 불가하지 않을 것이오" 하고 김여물과 종일토록 술을 마시고 크게 취해 헤어졌다. 옥에 갇힌 조대중은 김여물의 증언만 있으면 풀려날 것이라고 믿어 증인으로 나서줄 것을 요청했다. 그때 김여물은 의주목사로 부임하러 가던 길이었지만 조대중의 억울함을 밝혀주려고 의금부 문 밖에서 명을 기다렸다. 그러나 국청에서는 김여물에게는 물어보지도 않고 형신에 들어갔다. 한 차례 고문을 한 후 신문을 가하려 하자 조대중은 소매 속에서 절구로 된 시 한 구를 꺼내 바쳤다.

지하에서 만약 비간(比干)을 따라간다면 외로운 넋 웃음 머금고 슬퍼

하지 않으리

은나라의 충신으로 숙부 주왕의 음란함을 간했다가 죽음을 당한 비간에 자신을 비유한 것이었다. 이 상황을 지켜본 판부사 금부의 간원 한 사람이 상문하려 했다. 그러나 대신 심수경이 이를 물리치고 받지 않았다.

"이는 죽을 때 나온 난언이니 어찌 신빙성이 있겠는가?"

조대중은 결국 국문을 받던 중 장살되었다. 그가 죽은 후 의금부 판사 최황이 그의 시를 올리자 선조가 크게 놀라 심수경을 돌아보며 물었다.

"어찌해 이처럼 되었는가?"

"무릇 죄인의 하소연을 수리한 예가 없사온데, 하물며 죽을 때를 당해 정신없이 지은 시를 어찌 아뢰리까?"

이에 선조는 크게 노해 조대중의 처첩과 자녀, 동생과 조카 등을 잡아오게 해 모두 죽였고, 조대중은 역적으로 논해 육시형(戮屍形)을 단행하게 했다. 여러 형벌 중 가장 무서웠던 육시형은 말 네 마리에 죄인의 팔 다리 네 군데를 묶어 말에 채찍을 가하면 죄인의 사지가 찢겨 나갔다. 이 찢겨진 팔 다리를 길거리에 전시해 일반 백성의 경각심을 높였으며, 이렇게 시체를 전시하는 것을 효수경중(梟首警衆)이라고 했다. 심수경은 그 일로 인해 죄를 입고 벼슬이 갈렸다.

존귀한 사람의 머리가 여기 있노라

조사 김빙(金憑)은 평소에 눈병을 앓아 바람만 쏘이면 눈물이 흘러내렸다. 정여립을 추형할 때 김빙은 그 주변에 서 있었다. 주변 사람들이 정여립의 죽음을 슬퍼해 운 것이라고 고해바쳤고, 그 바람에 누를 입어 국문을 받다가 죽었다. 《부계기문涪溪記聞》에는 이렇게 나와 있다.

> 기축년 옥사를 다스릴 적에 정철은 영수가 되고 백유함(白惟咸), 이춘영(李春英) 등은 오른쪽 날개가 되어 당론이 다른 자들을 때려 쳐서 거의 다 없애버렸다. 김빙이란 자는 전주 사람이니, 정철과는 서로 사이가 좋지 않아서 틈이 생긴 지가 이미 오래였다. 김빙은 평소 풍현증(風眩症)이 있어서 날씨가 춥고 바람이 불면 문득 눈물이 흘렀다. 정적을 육시할 때에 김빙도 백관의 반열 가운데 서 있었는데, 때마침 날씨가 차서 어김없이 눈물이 흘렀다. 그는 일찍이 백유함과 틈이 있었던 터라, 유함은 김빙이 슬피 운다고 얽어서 죽였다. 이때부터 조정과 민간이 꺼리고 두려워해 바로 보지 못했다.

하지만 민인백의 《토역일기討逆日記》에는 그때의 상황이 전혀 다르게 기록되어 있다. 《토역일기》는 이이의 문인 민인백이 진안현감이었을 때 정여립을 체포한 전말과 반역을 다스린 사실을 기록한 것이다.

> 정여립의 시체를 군기사 앞에 무릎을 꿇려 놓고 목을 베고는, 모든 관리들을 세워 놓고 차례로 이를 보게 했다. 또 전주 사람 전적 이정란과 형조좌랑 김빙으로 하여금 정여립이 맞는지를 살펴보게 했다. 김빙은 시체를 어루만지고 눈물을 흘리면서 말하기를 "네가 어쩌다

가 이 모양이 됐느냐?"라고 했다. 결국 김빙은 정여립과 친하다는 이유로 구속되어 형을 받고 죽었다.

정여립의 머리를 칠물시장 다리 근처에 매달아 놓으니 생원 남이공이 마침 말을 타고 지나가다 말에서 내려 말하기를 "존귀한 사람의 머리가 여기에 있으니 말을 탄 채 지나갈 수 없다"라고 했다.

이와 같은 일들이 비일비재했고 이렇게 연루되어 억울하게 걸려 죽은 사람이 부지기수였다. 《괘일록》에 실린 피해자들의 면면을 살펴보자.

동암 이발의 자는 경함인데, 이길 및 그의 아우 이급이 모두 곤장을 맞아 죽고, 부제학 백유양과 그의 아들 진민, 홍민이 곤장을 맞아 죽었다. 신녕현감 최여경 또한 맞아 죽었는데, 시체에서 생기는 벌레가 들끓어 선비 이사렴이 몸소 목욕시켜 염습해 매장했다. 좌랑 김빙이 곤장을 맞아 죽었고, 전라도사 조대중, 김제군수 이언길(李彦吉), 장령 유몽정, 선산부사 유덕수(柳德粹), 참봉 윤기신, 참봉 유종지(柳宗智), 찰방 이황종이 곤장을 맞아 죽었으며, 맹인인 배광의(裵光義)도 형벌을 받아 죽었고, 그 밖에 원통하게 죽은 자를 능히 다 기록할 수 없다.

동강 김우옹이 함경도 회령으로 귀양길에 오르자 전 대사간이었던 형 김우굉(金宇宏)이 길에 나와 그를 송별하면서 손을 잡고 통곡했다. 그러나 그는 기쁜 안색으로 말하기를 "형님께서 만약 상심하시면 저의 마음이 편안치 못합니다" 하고 즉시 귀양길에 올랐다. 김우옹이 귀양을 가던 길에 철령에 이르렀을 때 북에서 오던 조헌과 서로 만났다. 조헌이 그때 안부는 묻지 않고 "공은 이 곳에 오게 된 것을 후회하는가? 그렇지 않은가?" 하자, 김우옹이 웃으면서 대답하기를 "공론은 뒷세상에 가서 정해질 것이다. 어찌 한때의 형벌을 겁낼 것인가?"라고 답했다. 이에 조헌은 아무런 대답도 하지 못했다고 한다.

참봉 한백겸(韓百謙)은 형벌을 한 차례 받고 나서 종성으로 귀양을 갔으며, 정개청은 온성에, 선비 심경(沈璟)은 형벌을 받고 회령에 귀양을 갔다. 좌의정 노수신은 관직을 삭탈당하고 쫓겨났고, 우의정 정언신은 형벌을 한 차례 받은 뒤 경원으로 귀양을 갔으며 홍가신, 이위빈, 허당, 박의, 강복성, 김창일 등 수십여 명이 관직을 삭탈당하고 쫓겨나거나 금고에 처해졌다. 김영일은 형벌을 두 차례 받고 관직이 삭탈되었고, 그 밖에 성균관 유생으로 이름이 조금 알려진 자는 모두 금고를 당했다.

최영경의 문인이었던 윤기신은 이경함(李景涵)과 형제의 도의로써 사귀었으며, 열두 차례나 형을 받고도 끝내 용서받지 못했지만 의기양양했다. 그가 평생 스스로 허여했던 이는 유종지(柳宗智)로서 최영경은 조식의 문인이었던 그를 사랑하고 소중히 여겼다.

지성으로 최영경을 섬겼던 이황종은 최영경이 체포된 이후로는 한밤중이면 늘 목욕재계 하고 그가 풀려나기를 하늘에 빌었다. 최영경이 보관하고 있던 이황종의 아침 문안 편지에 보면 "김자앙(金子昻)은 내직으로 들어가 부제학이 되고, 홍시가(洪時可)는 외직으로 나가 경상도 관찰사가 될 것"이라고 했으니 시국을 점친 것이라 할 만하다. 자앙은 김수(金睟)의 자이고, 시가는 홍성민(洪聖民)의 자이다. 이것은 여러 해 전에 있었던 일이었지만 정철의 미움을 받았다.

이언길이 김제군수로 있을 때, 환상창(還上倉)의 곡식 10여 석을 정여립의 집에 보낸 일이 있는데, 진안현감 민인백이 100여 석을 마련해주었다고 고변해 이언길은 사형을 당했다. 《토역일기》에는 이에 대해 다음과 같이 기록되어 있다.

이언길이 김제군수로 있을 때, 황산에 정여립의 집을 지어주었다는 이유로 잡혀 와 심문을 받았는데, 뒤에 전라감사에게 공문을 보내어 그 실상이 밝혀졌으므로 곤장을 맞다가 죽었다.

고창에 기이한 선비 오희길(吳希吉)이란 자가 있었는데, 정여립과는 평소 정분이 두텁지 않았음에도 그는 정여립에게 편지를 보내어 책망했다.

"선생이 성혼, 이이 두 선생을 배반하고 유몽정과 교류하는 것은 무슨 생각이오? 성혼과 이이 선생은 오늘의 정자와 주자요, 유몽정은 선인에 불과하오."

그 편지는 정여립이 갖고 있었다. 선조는 즉시 오희길에게 명해 역마를 타고 올라오게 해 특별히 참봉직을 내리면서 이렇게 전교했다.

"유몽정은 정여립과 서로 친한데 어망에서 빠져나간 물고기이다. 그런데 꽃 피는 아침과 달 밝은 저녁에 구애받지 않고 편안히 시를 읊조리고 있으니 지극히 놀라운 일이다."

유몽정은 호남 사람이다. 유몽정이 잡혀 와 두 차례의 형을 받고 죽으니 그의 자손들은 조상이 죄 없이 억울하게 죽은 것을 통탄했다. 자손 중에 과거에 합격하는 경사가 있었으나 잔치를 베풀지 아니하니 슬픈 마음이 더했다. 훗날 오희길은 좌랑 김자한(金自漢)이 허균의 역모에 동참했다고 고변했다가 무고한 죄로 곤장을 맞고 유배되었다.

❷ 선비들의 시대, 대격돌의 시대

16세기 조선의 정세는 불안했다. 조선사 500년 중에서도 가장 참혹한 비극의 시대였다. 조선 역사에 커다란 영향을 미쳤던 사림 세력 중 일부가 정계에 진출해 훈구공신들의 부도덕함을 비판하면서 새로운 정치 세력으로 성장했다. 그리고 그 과정에서 기득권을 빼기지 않으려는 훈구파와의 세력 다툼이 벌어졌다. 조선에 소용돌이쳤던 네 번의 사화는 사림파에 대한 훈구파의 반격으로 일어난 사건이었다. 이후 훈구파가 물러나면서 사림파들은 역사의 전면으로 부상했다.

사화의 시작은 연산군 4년(1498)으로 거슬러 올라간다. 《성종실록》 편찬 과정에서 김종직이 쓴 〈조의제문〉을 김일손이 수기록한 것으로 인해 무오사화가 일어났고, 무오사화의 뒤를 이어 갑자사화가 일어났다. 연산군 10년(1504)에 척신 중 한 명이었던 임사홍(任士洪)이 연산군의 처남 신수근과 결탁해 신진사류를 제거한 사건이 일어났다. 연산군의 생모 윤씨가 폐위될 때 신진사류들인 윤필상(尹弼商), 이극균(李克均), 김굉필 등이 찬성했다 하여 이들을 처형했다. 이미 죽은 남효온, 한치형(韓致亨), 한명회 등은 부관참시했고, 나머지 선비들은 삭탈관직하거나 유배를 보냈다.

중종 14년(1519)에 임금과 훈구파들이 이상주의를 표방하던 조광조, 김정(金淨), 김식(金湜) 등 사림파들을 체포, 하옥하면서 시작된 사화가 기묘사화였다. 그들은 "서로 붕당을 맺어 자기를 따르는 자는 이끌어주고 자기와 뜻을 달리하는 자는 배척한다"는 명분을 내걸었다. 붕당은 '친근한 벗'인 동류, 동지라는 뜻을 지닌 붕(朋)과 이해 때문에 모인 소인들을 뜻하는 당(黨)이란 상반된 의미를 가진 합성어로, 오래전부터 《전국책》이나 《사기》에서 부정적인 의미로 쓰이던 말이었다. 네 번째 사화가 명종 원년(1545) 8월에 일어난 을사사화로, 윤원형 일파인 소윤이 윤임 일파인 대윤을 몰아내어 선비들이 크게 화를 입은 사건이다.

16세기는 지배 체제가 동요한 시대였다. 양반 계층은 사회적 변화의 흐름을 등한시하고 자신들의 지위를 공고히 하는 제도적 장치를 마련하는 데 혈안이 되어 있었다. 지배 체제는 양반과 상민의 구분을 확연히 하고 서원과 향약을 통해 특권을 강화했다. 성리학적 지배 질서를 절대적 도덕 규범으로 확립해 나갔던 것이다.

지배 계층이 그 체제를 유지하는 바탕이 된 성리학은 남송이라는 피란 정권이 금나라에 공물을 바치는 비참한 상황에서 나온 한족의 세계관이었다. 때문에 성리학은 강력한 왕권 확립을 강조하는 반면 다른 민족에 대해서는 배타성이 농후했다. 성리학을 앞세운 조선의 정치 현실은 국가 이익을 앞세우기보다 파벌의 이익을 우선시하는 기형적인 것이었다.

이해가 간절하면 당이 깊어지니

붕당시대는 문정왕후가 죽고 선조가 즉위한 후 외척 중심의 척신정치가 사라지고 사림 세력이 중용되면서 개막되었다. 척신정치 잔재의 청산을 둘러싼 심의겸과 김효원의 암투로 인해 동인과 서인 간의 분당이 일어났다. 붕당 출현 이전에 이를 예언했던 인물은 이준경(李浚慶)이었다.

선조 4년(1571) 당시 영의정이던 이준경은 이이를 중심으로 붕당의 조짐이 있자 죽음에 앞서 유차를 올렸다.

"지금 벼슬아치들이 이런저런 명목으로 붕당을 만들고 있습니다. 이는 대단히 큰 문제로 후에 반드시 고치기 어려운 환란이 될 것입니다."

이 소식을 접한 이이는 소를 올려 변명했다.

"조정이 맑고 밝은데 어찌 붕당이 있겠습니까? 이는 임금과 신하를 갈라놓으려 하는 것이옵니다. 사람이 죽음에 임해서는 말이 착한 법인데 이준경은 죽음에 이르러 그 말이 악하옵니다."

이이가 자신을 변호하면서 이준경을 비판하자 삼사에서는 이이의 편을 들어 이준경의 벼슬을 추탈하기 위해 탄핵했다.

그때 이러한 움직임에 반대하고 나섰던 인물이 유성룡이었다.

"대신이 죽음에 임해 올린 말에 옳지 못한 것이 있으면 그 말을 물리치는 것은 가능하다. 하지만 죄까지 주는 것은 너무 심하지 않은가?"

뒤를 이어 좌의정 홍섬(洪暹)도 이준경을 변호했다.

"이준경이 살아생전에 공덕이 많았는데 죽음에 이르러 올린 유차를 빌미로 죽은 후 죄를 주는 것은 옳지 못하다."

결국 이준경의 예언은 들어맞았다. 그가 죽은 뒤 4년 만에 을해분당(乙亥分黨)

으로 동인과 서인이 나뉘게 된 것이다. 이이는 이준경을 비판했던 것을 부끄럽게 여겨 동서분쟁을 조정하기 위해 온 힘을 쏟았다. 이이는 중립을 지켜 어느 한 쪽에 치우치지 않았는데, 그러한 그를 두고 어떤 사람들은 이렇게 비아냥거렸다.

"천하에 어찌 두 가지 일이 모두 옳고, 두 가지 일이 모두 그른 법이 있겠는가?"

척신계의 몰락과 더불어 새로이 등용되기 시작한 사림파의 대표적 인물이 조식과 이황의 문인인 김효원이었다.

1574년 오건(吳健)이 김효원을 이조전랑에 추천하자 이조참의였던 심의겸이 이를 반대했다. 그는 명종의 왕비인 인순왕후의 동생이었다. 김효원이 사림이면서도 윤원형의 문객이었다는 것이 이유였지만, 김효원은 그해 조정기(趙廷機)의 추천으로 이조전랑이 되었다. 1575년 김효원은 심의겸의 동생 심충겸(沈忠謙)이 이조전랑에 추천되자 전랑의 관직은 척신의 사유물이 될 수 없다며 이발(李潑)을 추천했다. 이를 계기로 김효원과 심의겸의 반목이 심해지자 사림계는 동인과 서인으로 나뉘어졌다.

김효원의 집이 서울의 동부인 건천동에 있었기 때문에 동인이라 했고, 심의겸은 서부인 정릉방에 살았으므로 서인이라고 불렀다.

이익은 《당론黨論》에서 이렇게 말했다.

"붕당은 투쟁하는 데서 오고, 투쟁은 이해에서 온다. 이해가 간절하면 당이 깊어지고, 이해가 오래 얽히면 당이 견고해진다."

붕당으로 사림들의 분열을 가속화한 장본인이었던 김효원의 말은 이렇다.

"당초에 내 한마디 말은 나라를 위함이었는데, 이토록 시끄럽게 되어 나라의 명맥을 상하게 할 줄을 어찌 알았으리! 내가 그 책임을 면치 못하리로다."

《동유사우록東儒師友錄》에는 김효원의 언행에 대해 이렇게 기록되어 있다.

> 용모가 단정하고 엄숙하며, 아름다운 수염은 한 자에 이르렀고, 술 한 말을 마셔도 어지러운 언동이 없었다. 공무에서 벗어나 여가가 생기면 미투리와 여장을 챙기고 산과 물을 찾아 소요했다. 아름다운 산수와 그윽하고 한적한 곳을 만나면, 매양 종일 시를 읊고 즐기며 돌아갈 줄을 모르니, 군수의 행색인 줄은 알지 못했다.

심의겸 역시 사람됨에 있어서는 나무랄 것이 없어서 "인물됨은 효성이 지극하고 검소했으며, 외척으로 있으면서도 함부로 권세를 부리지 않았다"는 평가를 받았다.

심의겸의 묘비에는 이이가 임금에게 아뢴 말이 기록되어 있다.

"심의겸은 외척 중 아름다운 사람입니다."

김효원과 심의겸의 관계가 불편했던 선조 8년(1575) 황해도 재령 지방에서 종이 주인을 죽인 사건이 일어났다. 이때 대사간 허엽(許曄)과 김효원이 옥사를 담당했던 박순을 논핵하자 정철, 신응시(辛應時), 윤두수, 윤근수(尹根壽), 김계휘(金繼輝)를 비롯한 서인들은 박순을 공격해 물러나게 만들었다. 그러자 동인들은 이를 심의겸 세력을 고립시키려는 의도로 파악하고 대대적인 반격에 나섰다. 그 결과 허엽, 이경중(李敬中), 허봉 등이 벼슬에서 물러났고, 이런 처사에 대한 동인들의 불만이 높아 갔다.

이런 상황을 우려의 눈길로 지켜보던 이이는 좌의정 노수신을 움직여 분란의 핵심 인물인 심의겸과 김효원을 지방관으로 내보내는 외보론(外補論)으로 분쟁을 진정시키고자 했다. 심의겸은 개성유수, 김효원은 경흥부사가 되어 조정을 떠났다. 하지만 애초의 기대와는 달리 분란은 수그러들지 않았다. 동인 측에서는 김효원만 변방에 부임했다고 주장했다. 그러나 임금은 동인 측의 과격성과 청론(淸論)을 싫어해 이를 억제하려고 했다. 서인들은 그러한 임금의 의도를 파악하고 정권을 장악했다.

나와 생각이 같으면 군자이고 다르면 소인이다

정여립이 활동한 때는 영남학파인 이황의 주리론이 그 세력을 잃어 가고, 기호학파였던 이이, 성혼, 박순 등의 주기론이 설득력을 더해 가던 시대였다. 이황의 학문을 추종하는 유성룡, 정탁(鄭琢) 같은 동인 세력은 "마음의 상태가 온전하지 않고서는 올바른 정치가 이루어질 수 없다"라고 주장하며, 이이 같은 서인 세력을 정계에서 축출하려는 시도를 계속했다.

동인과 서인 간의 중재를 위해 노력했던 이이는 당시의 현실을 이렇게 개탄했다.

"심의겸은 자신의 덕과 힘의 한도를 헤아리지 못하는 것이 문제이다. 김효원은 선배를 깔보고 선비들을 두 편으로 갈라놓은 것이 문제이다. 그는 모든 비판의 초점을 선배 선비들에게 두고 있다. 동인이 주도권을 장악하자 시류에 편승한 무리들이 다투어 동인에 합류하고 있다."

그러나 이이, 성혼과 맥을 같이 하는 정철, 김계휘, 송익필, 박순, 윤두수 등 서인들의 우세 정국은 그리 오래가지 않았다. 선조 11년(1578) 경연에 참석했던 김성일이 서인의 중진인 윤두수, 윤근수, 윤현(尹晛) 등이 지방관으로부터 뇌물을 받은 혐의가 있다는 사실을 공개했다. 이로써 서인의 정치적 입지가 크게 약화되면서 동인이 서인에 맞서기 시작했고, 결국 두 세력이 첨예하게 갈리면서 피의 역사인 기축옥사를 초래하게 된 것이다.

조광조는 〈군자소인지변君子小人之辯〉에서 다음과 같이 말했다.

> 재앙이 되는 괴이한 일이 일어나는 것은 소인이 군자를 모함하는 데 있다. 군자와 소인을 구별하는 것은 어려운 일이다. 왜냐하면 소인은 군자를 소인이라 하고, 군자도 소인을 소인이라 하기 때문이다. 그리고 소인은 주야로 군자를 공박하는 것밖에 생각하지 않는다. 소인은 주인과 만날 때에 예절에 맞는 모양새를 갖추고 좋은 말로 꾸미므로 그를 가려내는 것은 쉬운 일이 아니다.

당파가 다른 상대를 두고 역적이라고 불렀고, 같은 당색을 두고는 충신이라고 불렀다. "자기와 생각이 같으면 군자이고 자기와 생각이 다르면 소인이다"라고 갈파한 허균의 말처럼 당파가 다른 동인과 서인은 사사건건 대립했다. 조선통신사로 일본에 다녀온 서인 황윤길은 "일본이 침략할 것 같다"라고 한 반면, 동인 김성일은 "침략의 조짐이 없다"라고 보고한 일이 있었다. 국가의 안위마저도 당리에 눈먼 보고에 묻혀버려 결국 임진왜란이라는 국난을 당하게 된 것이다.

기축옥사 이후에는 동인 세력은 다시 두 세력으로 갈라졌다. 동인 세력 가운데 이황의 문인은 남인, 조식의 문인은 북인으로 분열되었다. 이유는 여러 가지이다. 첫째, 기축옥사 당시 동인이 서인에게 희생될 때 최영경이 이에 연루되어 죽음을 맞았다. 그런데 이황의 문인들은 적극적으로 기축옥사를 규탄하지 않았고 오히려 서인 정권에 참여했다. 한편 북인들은 그들을 정치적 동지로 보지 않았다. 둘째, 이산해와 유성룡 사이의 알력이었다. 셋째, 평양 기생을 사이에 둔 우성전(禹性傳)과 이발의 사적인 감정 때문이었다. 이런 원인으로 동인은 남인과 북인으로 나뉘어졌다. 이는 결국 집권당 내의 주도권을 장악하기 위한 정치 싸움이었다.

우성전과 유성룡을 추종하는 세력을 남인, 이발과 이산해를 추종하는 세력을 북인이라고 했다. 이발과 이산해의 집이 각각 서울 북악 아래와 한강 이북에 있었기 때문이다.

남인의 중심 인물은 우성전, 김우옹, 김응남(金應南), 유성룡, 윤승훈(尹承勳), 이민구(李敏求), 이수광, 한준겸(韓浚謙) 등이었다. 북인의 중심 인물은 영남학파 중에서도 남명 조식의 문하생들이었다. 남이공, 이덕형, 이발, 이산해, 정인홍, 최영경, 허균, 이이첨 등이 북인이었다. 그러나 홍여순(洪汝諄)이 대사헌으로 천거되자 당시 전랑으로 있던 남이공이 이를 반대하면서 다시 대북과 소북으로 나뉘어졌다.

승려들의 희생, 서산대사와 사명당

만약 임진왜란에 승병이 없었다면

여러 계층의 사람들이 기축옥사와 관련되어 옥고를 치르거나 희생을 당했는데, 그 중 한 무리가 승려들이었다. 1590년 5월에 보성에 살고 있는 김용남(金用男), 김산중(金山重) 등이 고부군수 정염(丁焰)과 함께 조정에 다음과 같은 고변장을 보냈다.

"나주 사람 임지(林地)와 송광사의 승려 성희(性熙)가 길삼봉(吉三峰 당시 역모 사건의 주모자로 알려졌던 허구의 인물)과 더불어 송광사 삼일암에 머무르면서 군사를 일으킬 모의를 했는데, 임지는 전쟁할 때 쓸 말을 사려고 순천에 있는 처가로 갔습니다."

고변장을 받은 후 조정에서는 곧바로 임지의 가족 모두와 혜희, 희성, 심희, 심정 등 송광사의 승려 30여 명, 그리고 절 근처에 사는 백성 20여 명을 잡아 가두었다. 그러나 조사하는 과정에서 뚜렷한 혐의점을 찾지 못했다. 이때 국청에서 선조에게 고한 내용이 《연려실기술》에 실려 있다.

《연려실기술》은 조선 후기의 학자 이긍익이 지은 조선시대 야사 총서이다.

저자가 부친인 원교 이광사(李匡師)의 유배지인 신지도에서 42세 때부터 저술하기 시작하여 타계할 때까지 약 30년에 걸쳐 완성했다.

> 송광사는 보성에서 60리요, 순천에서는 80리이며, 고부는 사흘을 가야 하는 곳입니다. 조정에서 지금 길삼봉을 잡으려고 찾는 중인데 김용남 등이 (길삼봉과 관련되어 있는 사실을 알았다면) 어찌해 60리 거리에 있는 보성이나 80리밖에 안 되는 순천에 가서 고발하지 않고 사흘이나 걸리는 고부까지 가서 고발했겠습니까? 또한 고부군수 정염의 첩은 김용남과 김산중의 여동생이니 그들의 정상(情狀)을 분명히 알 수 없습니다.

이렇게 되자 다급해진 것은 고변자들이었다. 그들은 옥사가 성립되지 않으면 무고죄에 걸릴 것을 염려한 나머지, 고부에서 면포를 싣고 서울로 올라와, 금부 옥졸에게 뇌물을 주면서 승려인 성희에게 거짓으로 자백해줄 것을 부탁했다.

성희는 함께 잡혀 온 여러 사람들과의 관계를 부인하고, 정여립과 공모한 사람은 자신뿐이라고 자백했다. 이로써 대다수의 사람들이 풀려났다. 하지만 임지는 한 차례 형을 받은 후 북도로 귀양길에 올랐으며, 성희에게는 사형이 내려졌다. 그러한 상황에서 성희가 가지고 있던 문서에서 비밀 기록이 발견되었다.

그것을 알게 된 선조가 성희에게 물었다.

"너는 이것을 어떻게 얻었느냐?"

“어느 해에 정여립의 집에서 베껴다가 감추어 두었던 것입니다”

“그때 정여립이 혼자 있더냐?”

“좌중에 손님이 두 사람 있었는데, 그 중 한 사람은 이름을 잊었고, 한 사람은 전에 곡성현감을 지낸 정개청이었습니다.”

일이 이렇게 되자 정개청을 잡아오라는 명이 내려졌다. 그러나 그때는 이미 정개청이 유배지에서 죽은 뒤였다.

성희는 당시 미친 승려라는 평가를 받고 있던 인물이었고, 임지는 빼어난 시인이었던 임제의 아들이었다.

“나도 중국의 6조나 5대를 만났더라면, 틀림없이 천자의 자리를 얻었을 것이다.”

평소 호탕했던 임제는 죽기 전 곡을 하지 말라는 유언을 남겼다.

“천하의 여러 나라가 제왕을 일컫지 않는 나라가 없었는데, 오직 우리나라만 끝내 제왕을 일컫지 못했으니 이같이 못난 나라에 태어나서 죽는 것이 무엇이 아깝겠느냐? 너희들은 조금도 슬퍼할 것이 없느니라.”

그는 또한 살아 있을 때 정여립과 서로 마주보며 눈물을 흘렸다는 혐의를 받기도 했다.

“그대는 천하의 영웅인데 성공을 못한 것이 애석하다.”

당시는 임제가 2년 전에 사망한 뒤인 1587년이었다. 하지만 김용남 등이 이런 임제의 행적을 알고 있었기에 임지와 성희를 연결시켜 모함했던 것이다. 임지는 스스로를 변명했지만 사면받지 못했다. 임제의 문고 중 내용이 거리낌 없고 호탕한 〈조항우부弔項羽賦〉를 선조가 보고 그를 몹시 미워했기 때문이다. 반면에 성희는 정여립과 서로 알고 지내는 사이였기 때문에 옥사의 희생양이 된 경우였다.

서산대사 휴정과 사명당 유정도 피해를 입다

그런데 성희는 조사를 받는 과정에서 여러 명의 승려 지도자들을 끌어댔다. 그는 대부분 자신과 감정이 있었던 사람들을 지목했고, 그 여파로 옥사의 불길이 불교계까지 번졌다. 특히 정여립의 주요 거점이 계룡산과 구월산이었기 때문에 불교계는 더욱 난처한 입장에 처했다. 사건이 확대됨에 따라 불교와 관련 있는 많은 사람들이 직간접적으로 참혹한 피해를 입게 되었다. 포도청에서 무업이라는 승려를 검거해 문초했는데, 무업은 서산대사 휴정의 〈향로봉시〉를 들먹이며 휴정이 모반에 가담한 것처럼 진술했다.

> 만국의 도성은 개미 둑 같고 천하의 호걸은 벌레와 같다
> 창가의 밝은 달 허공을 베게 하니 한없이 부는 솔바람 소리 고르지 않네

휴정이 이 같은 시를 지은 의도가 무엇이었는지는 알 수 없다. 하지만 당시의 사회상을 풍자한 것으로서, 휴정의 제자 사명당 유정 역시 관련이 있는 것으로 모함을 받았다.

역모 혐의를 받아 묘향산에서 검거된 후 옥에 갇힌 휴정은 선조에게 친국을 당했다. 그러나 누명을 쓴 휴정의 얼굴은 전혀 불만의 기색 없이 태연했다. 그의 답변에도 티가 없었고 조리가 있었다.

이에 선조는 휴정의 시집을 가져오게 해 읽었다. 그리고 휴정의 뛰어난 시재에 감탄하며, 곧바로 그를 석방하고는 손수 그린 묵죽 한 편을 선물로 주었다. 감격한 휴정이 시를 한 수 지었다.

오죽의 명산지인 소상강변에서 나는 일품 대나무가
다시 솟은 듯 그려졌으니
이 그림을 승려인 내가 가지고 가면
방 안에서도 잎마다 서걱서걱
가을바람 소리가 들리겠네

휴정은 선조에게 최대의 찬사를 보냈고, 이를 본 선조 역시 답시를 써서 건넸다.

그대가 소상강의 오죽이라 한 대나무 가지는
한낱 내 붓끝에서 그려진 뿌리도 없는 보잘것없는 그림이니
달이 떠도 그림자가 비치지 않고
바람이 아무리 불어도 풍류를 아뢸 줄 모르는 죽은 것인데
무얼 그다지 칭송하는가

선조는 휴정이 역모 사건에 연루되어 고생한 것을 위로하기 위해 그가 떠날 때 많은 선물을 주었다. 이 일이 있은 뒤로 서산대사 휴정의 명성은 더없이 높아 가기만 했다.

한편 유정은 오대산에 머물고 있다가 역모 사건에 연루되어 강릉부 관아로 끌려간 후 조사를 받았다. 그때 강릉부의 유생들이 유정의 억울함을 진정하여 풀려나왔다. 이런 사실만 보아도 당시 얼마나 많은 사람들이 피해를 입었는지 짐작할 수 있다.

"80년 전엔 그대가 곧 나더니 80년 후엔 내가 곧 그대로구나."

서산대사 휴정의 자찬이다. 《주역》에 "큰 난관이 생기면 친구가 찾아온다"라고 하였으니, 세상이 혹 어지럽게 되고 지극히 어려운 일이 닥치면 반드시 난을 극복할 만한 인재가 나타나게 되는 것이다. 만일 휴정이나 유정 같은 사람들이 그때 무고하게 죽었다면 그로부터 3년 뒤에 일어난 임진왜란에 어떻게 대응했을까?

③ 천재 중의 천재, 정여립

16세기의 천재 중 한 사람이었던 정여립의 자는 인백(仁伯)으로, 때론 대보(大輔)라고 불리기도 했다. 여러 기록에 의하면 그는 전주 남문 밖(지금의 완주군 상관면 월암리로 추정됨)에서 태어났다고 한다. 무엇이든 한 번 배우면 잊어버리는 일이 없었고, 마음이 내킬 때는 밤을 새워 가며 책을 읽었다. 글씨와 시에 능해 전주 고을에서는 그를 능가할 사람이 거의 없었다. 여느 선비들과는 달리 말을 잘 타고 활솜씨도 수준급이었다. 언변이 뛰어나고 얼굴도 호남형이었다. 오랜 세월 '역모의 장본인'으로 기록된 탓인지 그의 어린 시절은 태몽과 더불어 부정적으로 묘사되고 있다.

태몽은 이렇다.

어느 날 밤, 아버지 정희증(鄭希曾)의 집에 투구와 갑옷을 입은 위풍당당 8척 장신의 장군이 찾아와 말했다.

"나는 고려 때의 정중부인데 잠깐 너의 집에 머물러 가게 되었다."

그러고는 그는 홀연히 사라져버렸다. 정희증은 꿈에서 깬 뒤에도 그가 머물러 있는 듯한 착각에 사로잡혀 내내 잠을 이루지 못했다. 그 뒤 정희증의 아내가 아이를 잉태했고, 열 달이 지난 어느 날 밤 정중부가 다시 꿈속에 나타났다. 정희증은 말없이 자신을 내려다보는 사내를 의아한 눈빛으로 바라보았다. 그때 몸종이 문을 두드렸다. 장군은 사라지고 몸종은 옥동자를 낳았다는 소식을 전해주었다.

정중부의 본관은 해주였고, 키가 실제로 7척이나 되었다. 의종 초에 교위(校尉)를 거쳐 상장군에 올랐던 그는 무신을 차별하는 데 불만을 품고 정권을 장악했다. 하지만 1179년 같은 무신인 경대승에게 죽임을 당했다. 정중부의 난을 계기로 고려의 실권은 문신 귀족에서 무신 세력으로 옮겨 갔다. 그러한 연유로 정중부는 고려 왕조에서는 물론이고 조선 왕조에서도 역적으로 치부되었다. 정희증은 태어날 아이가 정중부 같은 운명은 아닐까 염려했지만 아들이었기에 기쁜 마음이 앞섰다.

정여립의 성장 과정은 어지럽게 각색되었다. 그는 태어나면서부터 보통 아이와는 달랐다. 살빛이 검붉었고 기골이 장대했으며 힘이 셌다. 또래 아이들과 어울리면 머리 하나가 더 있을 만큼 커서 언제나 우두머리가 되곤 했다. 그는 7, 8세 때부터 사냥을 나가서 새나 짐승을 잡았을 정도로 용맹하고 사내다웠다. 이와 관련된 일화를 살펴보자.

> 정여립이 15, 16세쯤 되던 해 정희증이 익산현감으로 부임해 정여립도 따라가게 되었다. 그런데 익산현의 정사는 정희증이 아닌 정여립의 손에 휘둘려졌다. 아전과 사령도 현감이 말하는 것은 잘 듣지 않으면서 정여립의 말이라면 거스르지 않았다. 정여립은 자신의 뜻을 조금만 어겨도 누구든 불러다 가차 없이 꾸짖었다. 정희증은 보고만

있을 뿐 아무 말도 못하고 그저 아들이 장차 어떻게 될지 근심할 따름이었다.

《일월록》에는 이런 이야기가 있다.

전날에 "목자(木子)는 망하고 전읍(奠邑)은 흥한다"는 동요가 떠돌아다녔다. 여립이 이것을 목판에 새긴 후 승려 의연(義衍)을 시켜 지리산 석굴 속에 감추어 두고 훗날 산 구경을 갔다가 우연히 얻은 것처럼 꾸몄다. 그때 박연령(朴延齡), 변숭복 등이 한자리에서 이것을 보고 여립에게 시대의 운명에 맞추어 태어난 사람이라고 했다. 또 동요가 떠돌기를 "뽕나무에 말갈기가 나면 그 집주인이 임금이 된다"라고 했는데, 마침 여립의 집 후원 뽕나무에 말갈기 같은 털이 생겼다고 한다.

이와 관련하여 동요가 떠돌기 몇 해 전, 여립이 일부러 뽕나무 껍질을 도려내고 말갈기를 붙인 것이라는 말도 있다. 몇 해가 지나니 뽕나무 껍질이 살아 자연적으로 돋아난 것처럼 보였던 것이다. 이런 말이 퍼지자 모두들 와서 보고 이상히 여겼다. 정여립은 이 일을 비밀로 하고 소문을 내지 못하게 했다고 한다. 하지만 이런 이야기들은 훗날에 만들어졌을 가능성이 있다.

한편 이 이야기는 촉한의 황제가 된 유비가 가난했던 청년 시절에 자기 집 뽕나무를 이용해 나중에 존귀한 사람이 될 것이라고 선전했던 경우와 비슷하다. 만약 이 이야기가 사실이라면 이는 스스로 천명을 받은 성인으로 보이게 하려는 계책이었을 것이다.

보통 이런 일화 속 인물들은 학문보다는 다른 쪽이 발달하기 쉬우나 정여립은 그렇지 않았다. 무술뿐만 아니라 글씨와 시에 능해, 전주 고을에서는 그를 능가할 사람이 별로 없었다.

이렇게 다양한 재능을 구비한 사람은 2, 30년에 한 명쯤 나올까 말까 할 정도이기 때문에 당시 전라도에서는 인물이 났다고 떠들썩했다. 누구나 이 유망한 청년과 가까이하기를 원했으며 딸을 가진 사람들은 그를 사위로 삼고 싶어 했다. 정여립은 금구(지금의 김제시 감곡면 봉서동)의 부자였던 김씨의 딸에게 장가를 들었다.

전해지는 말이나 기록에 의하면 정여립의 성격은 괴팍하면서도 포악무도했다. 하지만 여러 정황을 종합해 보면 통솔력이 있었고 강건했으며, 어떠한 일이든 과감하고 신속하게 처리했음을 알 수 있다. 그리고 그에 대해 비난과 찬사가 공존함에도 불구하고, 동료와 정적 모두가 정여립이 총명하고 박학다식하며 사서와 제자백가에 통달했다는 데는 의견을 같이했다.

그러나 정여립이 누구에게서 학문을 배웠는지는 알려져 있지 않다. 기축옥사에서 집중적으로 피해를 입은 사람들이 최부의 제자들이었던 사실을 보면 최부의 후학이며 서경덕의 문인인 이중호(李仲虎, 이발의 아버지)의 영향을 받았을 것으로 추측된다. 또한 남명의 문인인 김우옹, 정인홍과 가까웠던 것을 보면 남명의 학풍과 관련이 있었을 가능성도 있다.

정여립은 선조 3년(1570) 문과에 급제해 여러 벼슬을 거치다가 그만둔 뒤 승려였던 의연, 도사 지함두(池涵斗), 도잠(道潛), 설청(雪淸) 등과 황해도를 포함한 나라 곳곳을 돌아다녔다. 구월산은 일명 아사달산이라고도 불린다. 국조 단군이 말년을 보냈다는 전설이 있고, 사당이 있어 신비로운 기운이 감돌기 때문에 큰일을 도모하기에 알맞은 곳이었다. 특히 산세가 깊어 30여 년 전 임꺽정이 난을 일으켜 새 세상을 도모했던 곳이기도 했다.

구월산을 답사하고 돌아오던 정여립은 일행과 계룡산 자락을 지나다 허물어져 가는 옛 절을 발견했다. 그곳이 바로 연산(지금의 충청남도 논산시)에 있는 개태사였다. 견훤이 죽은 후 왕건이 그 세력을 진압하기 위해 세웠다는 설과 후백제로부터 항복받은 지점에 창건했다는 설이 있는데, 《정감록》에는 정씨가 도읍할 길지(吉地)라고 기록된 곳이다.

> 남쪽 나라에 오래 놀던 길손이
> 계룡산에 이르러 눈이 더욱 밝아졌네
> 채찍 소리에 놀란 말이 뛰어오르는 형상이고
> 주룡(主龍)이 둘러 내려오다
> 멀리 떨어진 봉우리를 돌아다보는 형국이네
> 아름다운 기운은 총총히 모였고
> 상서로운 구름은 자욱하게 떴네
> 무자기축년에 모든 일이 잘되어 갈 운수가 열릴 터이니
> 태평한 세상이 되기 무엇이 어려우리

개태사 벽에 적혀 있던 글이다. 이를 보고 돌아온 정여립이 그 내용을 여러 사람들에게 들려주었다. 사람들은 이상한 글이라며 고개를 갸웃거렸지만, 이는 참언을 이용한 예언이었다. 계룡산의 풍수지리적 위치에 무자기축년이라

는 시간대를 결합한 것으로 태평성대가 열릴 운수라는 말이었다. 정황을 살펴보면 서인 측에서 퍼뜨린 설일 가능성이 높다.

이외에도 출처를 알 수 없는 이상한 글과 참언들이 수도 없이 퍼졌는데, 대부분 "살 수 없을 만큼 나라가 어지럽지만 곧이어 난리가 나고 성인이 세상에 나와 곤궁에 빠진 민초들을 구해줄 것"이라는 이야기였다.

위에서 나온 이야기들은 훗날 누군가에 의해 날조된 것으로 보인다. 선조는 "내가 누차 정여립을 만나 그 사람됨을 살펴보니 기질이 매우 강한 자인 듯하다"라고 했고 유성룡은 "인품이 고상함을 내세워 큰 소리를 높여 당할 자가 없다"라고 했다.

조선의 천재들이 벌인 참혹한 전쟁 ❸

그를 천거한 두 사람의 비극, 노수신과 백유양

죽은 재상이 살아 있는 개만 못하니

선조가 말했다.

"영중추부사 노수신(盧守愼)은 갑신년에 어진 선비를 추천하라는 명을 받고 김우옹, 이발, 백유양(白惟讓), 정여립을 추천했다. 그 추천서를 펴 보니 나도 모르게 머리털이 곤두선다. 예전에 이런 대신이 있었는가? 나는 평소 그를 우대했다. 하지만 나라의 흥망에 관련되는 일인 만큼 그 허물을 덮어줄 수 없으니 공론에 따라 처리하라."

이 말을 들은 대사헌 홍성민(洪聖民)과 대사간 이산보(李山甫)가 함께 아뢰었다.

"노수신은 어진 사람을 천거하라는 명을 받고 김우옹, 이발, 백유양, 정여립을 추천했습니다. 당시에는 이 네 사람의 사정이 다 드러나지는 않았습니다. 하지만 선비들 중에는 그들의 음흉하고 사악한 마음에 대해 환히 알고 있는 이가 있었습니다. 심지어는 훗날 그들이 틀림없이 나라에 화를 일으킬 것이라고 한 사람도 있었습니다.

지금 와서 여립은 반역죄로 죽었고 이발과 백유양은 그에 연루되어 장살되었으며, 김우옹은 간사하다는 이유로 벼슬을 빼앗기고 귀양 보내졌습니다. 그러니 수신이 천거한 자들이 과연 어떠합니까? 그는 부정한 의논들이 횡행할 때 짐을 맡고 간사함을 꺾는 말을 한마디도 한 적이 없습니다. 도리어 역적을 추천해 널리 권장했습니다. 변고가 일어난 뒤에도 지난날 역적을 천거한 것을 자책하지 않고 단지 조용히 처리할 것을 말했습니다. 처음부터 끝까지 일을 그르친 죄가 큽니다. 삭탈관직하소서."

이에 선조는 파직하라고 답했다.

노수신이 동대문 밖에 나가 대죄하고 있던 중에 정철이 사람을 보내 물었다.

"대감이 전에 역적을 천거하더니 지금은 어떠시오?"

그 말을 들은 노수신이 답했다.

"사람마다 각각 소견이 있는 것이외다."

노수신의 자는 과회, 호는 소재였으며 본관은 광주였다. 우의정 노숭(盧崇)의 후손으로 아버지는 활인서별제(活人署別提) 노홍(盧鴻)이었다. 노수신은 이연경(李延慶)의 딸과 혼인해 장인의 문하생이 되었다. 노수신은 인종이 임금이 된 직후 정언이 되어 대윤 편에 서 이기(李芑)를 탄핵하여 파직시키기도 했다. 그러나 1545년 명종이 즉위하고 소윤 윤원형이 을사사화를 일으키자 이조좌랑에서 파직되어 1547년 순천으로 유배되었다. 이어 양재역 벽서 사건에 연루되어 죄가 가중되었으므로 진도로 유배되어 19년 동안 진도에서 귀양살이를 했다.

이때 그가 지은 시가 있다.

천지의 동쪽 나라 남쪽 옥주 성 밑 두어 칸의 초가집

용서받기 어려운 죄와 병이 있고 불충한 신하 불효한 자식이 됐네

귀양살이 삼천사백일이 오히려 다행이요 태어난 해와 날인 을해년 병진일은 부끄럽네

너 노수신아 죽지 않고 임금의 은혜를 어떻게 갚으려느냐?

1655년 충청도 괴산으로 유배지를 옮긴 노수신은 선조가 즉위하자 풀려나 교리를 시작으로 대사간, 부제학, 대사헌, 이조판서 대제학을 지냈다. 김효원과 심의겸의 불화로 당파가 나뉘었을 때, 노수신은 이이의 말을 듣고 경연에서 간언함으로써 둘을 외직으로 내보내기도 했다.

"선비들 사이에 불안의 징조가 있습니다."

《괘일록》에는 노수신에 대한 글이 이렇게 실려 있다.

노 정승이 역모가 일어났다는 말을 듣고 대궐 문 밖에 나아가 몇 줄의 차자를 올렸다.

"선비들 중에 역모가 일어났으니 빈말을 들은 듯 조용히 조사하고 다스려서 죄인을 밝혀내야 합니다. 엎드려 성상께 만복이 이르기를 빕니다."

성혼이 이를 보고 말했다.

"글자 하나하나마다 사악함을 띠고 있다."

대간이 노수신의 관직을 삭탈하고 도성 밖으로 몰아냈는데, 그때 그의 병이 중했으므로 동대문에서 대죄했다. 이때 정철이 사람을 시켜

노수신에게 물었다.

"상국이 전에 역적을 천거하더니 지금 심정이 어떻습니까?"

그러자 "사람에게는 각각 보는 바가 있다"라고 대답하고 조금도 굽힐 뜻을 보이지 않았다.

그가 죽는 날, 곁에는 아무도 없었다. 노 정승이 이전에 차자를 올려 사직을 청하면서 "속담에 죽은 재상이 살아 있는 개만 못하다"라고 했다. 이제 돌아가 전원에서 죽으니 그의 말이 정확히 오늘에 부합했다.

그는 시문과 서예에 능했으며, 경일공부(敬一工夫)에 주력할 것을 강조했다. 도심미발인심기발설(道心未發人心氣發說)을 주장했을 뿐 아니라 양명학도 깊이 공부했다. 이 때문에 주자학파의 공격을 받기도 했는데, 서산대사와도 친분이 깊어 불교의 영향을 강하게 받았다. 한편 다채로운 덕행과 업적으로 임금과 동료 대신들, 그리고 민초들을 감화시키기도 했다.

진도에 귀양 갔을 때의 일이다. 그곳에는 원래 혼례라는 것이 없었다. 남의 집에 처녀가 있으면 중매를 통하지 않고 칼을 빼들고 서로 싸웠다. 이를 본 노수신은 예법으로 백성들을 교화해 그 같은 풍속을 없앴다. 그는 온유하고 원만한 성격을 가진 문신이자 학자로 선비들의 존경을 받았다. 특히 그에 대한 선조의 우대와 은총은 매우 지극했다. 선조는 노수신의 대책문을 보고 이렇게 말했다.

"한유와 유종원의 문장이요, 정자와 주자의 의논이다."

사촌의 손에 죽임을 당하다

전주 사람이었던 백유양(白惟讓)은 자는 중겸이고 본관은 수원이다. 그와 당을 달리했던 서인 백유함(白維咸)과는 사촌 간이었다. 백유양은 1572년 친시 문과에 급제해 홍문관 교리에 임명되었고, 강원도 암행어사와 대사성, 그리고 부제학을 역임했다.

성품이 인자하고 얼굴이 옥으로 만든 인형 같았으며 맑은 풍모를 지녔다. 그러나 정(正)과 사(邪)의 시비를 가릴 때에는 의논이 강직해 남에게 굴하지 않았고, 명망이 두터웠던 그와 사귀던 사람들도 모두 어진 스승과 벗들이었다. 특히 정여립과 가까웠던 백유양은 정여립의 동생 정여홍(鄭汝興)과 사돈관계를 맺기도 했다. 그리고 아들 수민(壽民)을 정여립에게 맡겨 가르치기도 한 탓에 역모 사건의 참화를 피할 길이 없었다. 양천회(梁千會)와 백유함의 상소가 그를 겨냥한 것은 당연한 일이었다.

조사 과정에서 그가 정여립에게 보낸 편지가 두어 장 나왔다. 한 장에는 "내 아들이 곧 그대의 아들"이라는 구절이 있었고, 또 한 장에는 "정철은 나라를 그르친 소인"이라는 구절이 있었다. 그것을 보고 심히 노여워한 선조는 즉시 백유양을 잡아다 국문하도록 했다.

백유양이 말했다.

"신의 자식 수민이 어리석고 배운 것이 없었습니다. 마침 정여립의 집과 혼인했으므로 정여립에게 글이나 배우라고 보내면서 '내 아들이 그대 아들'이라고 했던 것입니다. 이는 옛날 사람들이 아들을 서로 바꿔서 가르칠 때 썼던 말입니다. 어찌 추호도 다른 뜻이 있을 리가 있겠습니까?"

그러나 편지 속에는 선조에 대한 지나친 말들이 많이 쓰여 있었다. 선조는 그 중 가장 심한 것만을 골라내 국청으로 내려 보냈다.

"이 사람(선조)은 시기심이 많고 모질고 고집이 세다."

"이 사람은 임금의 도량이 없다."

결국 선조는 백유양을 역적으로 처단하도록 명했다. 그러나 정철이 이를 만류했다.

"정여립 같은 역적 하나가 난 것만도 큰 변고인데 비록 백유양이 못됐다 하더라도 여립 같은 역적이야 되겠습니까?"

그러자 선조가 크게 노해 말했다.

"정철이 권력을 제 마음대로 한다!"

결국 선조는 백유양을 부령으로 귀양 보냈다. 그 후 정여립과 함께 역모했다는 죄목으로 잡혀 온 선홍복(宣弘福)이 서인들의 꾐에 빠져 백유양, 이발, 이길 등 세 사람과 함께 공모했다고 말했다. 이 때문에 백유양은 귀양길에서 다시 올라왔다. 하지만 선홍복이 이미 사형을 받은 터라 대질도 못한 채 장살당하고 말았다.

백유양이 죽은 뒤 양주에 장사 지낸 아들 진민(振民)과 홍민(興民)은 시묘살이를 하고 있었다. 그때 정철이 백유함, 이춘영과 같이 내시 이몽정을 시켜 임금에게 비밀리에 아뢰었다.

"떠도는 소문에 의하면 길삼봉의 거처를 백진민 형제가 소상히 안다고 합니다."

이 일로 백진민 형제는 1590년 7월 12일에 잡혀 왔다.

잡혀 온 백진민이 말했다.

"아비가 모르는 일을 어찌 자식이 알 수 있겠습니까? 죄가 있고 없는 것은 저 푸른 하늘이 말해줄 것입니다. 엎어진 새집에서 어찌 새알을 보존하겠습니까? 다시 국문할 것 없이 빨리 죽여주기를 원합니다."

결국 백진민과 홍민은 곤장을 맞아 죽었고 정여립의 형제 정여복(鄭汝復)도 서울로 잡혀 와 옥에 갇혔다. 그런데 이때 종 백석(白石)이 옥중에 들여보낼 음식을 가지고 서울 거리를 방황하다 이상히 여긴 포졸들에게 붙잡혀 신문을 받았다.

"박참봉의 아들이란 사람이 저를 따라왔습니다."

그러자 이 말을 들은 대신이 아뢰었다.

"그 사람이 분명 백유양의 아들 수민일 것입니다."

결국 수민은 잡혀 와 곤장을 맞고 죽음을 당했다. 이로써 백유양 네 부자는 모두 곤장을 맞고 세상을 하직하게 되었다.

그 일이 있은 뒤 백유양과 이웃해 살던 사람들도 혹시 화가 미칠까 두려워 문상하는 사람이 하나도 없었다. 그러자 인근에 살던 서얼이 이를 안타깝게 여겨 초상을 치러주었다. 그 사람이 장례에 정성을 다하는 것을 보고 이상히 여긴 백유함이 물었다.

"네가 누구냐?"

"나는 이 집안의 서자인 모모입니다."

"그런데 어찌해 너는 나를 찾아보지 않았느냐?"

"어렵게 사는 미천한 사람이라서 찾아가지를 못했습니다."

백유함은 장령 장운익(張雲翼)을 시켜 그 사람을 역적의 장례를 치러준 죄로 몰아 장살했다. 서로 다른 당파와 한 번의 어긋남이 사촌의 혈연마저도 끊게 한 것이다.

백유양의 삼촌 백인걸(白人傑)은 을사사화가 일어난 뒤 오랫동안 쫓겨나 살았다. 때문에 장성한 딸이 있어도 혼인조차 시킬 수 없었는데 마침 의령군(義寧君)이 사윗감으로 물망에 올랐다. 이에 백인걸이 조카인 백유양에게 물었다.

"내가 의령군을 사위로 삼고자 하는데 너의 소견은 어떠하냐?"

"의령군은 종친 중에서도 천한 서얼입니다. 그 어머니나 숙모들은 다 머리에 수건을 쓰고 다니는 거리의 여자들인데 어찌 의령군과 혼인을 시키겠습니까?"

하지만 백인걸은 그 말을 듣지 않고 오히려 의령군에게 이야기했다. 그 이후 백유양과 의령군의 사이가 멀어졌다. 《기축록己丑錄》에는 이에 대해 다음과 같이 기록되어 있다.

> 기축옥사가 일어났을 때 그 묵은 감정 때문에 의령군의 아들 춘영이 백유함과 같이 근거 없는 말로 모함해 보복했다.

기축옥사로 인해 백유양 일가는 완전히 파멸했고 재능이 뛰어났던 아들 진민까지 연루되어 죽으니 많은 사람들이 이를 슬퍼했다.

그러나 백유함은 의기양양해 할 뿐 백유양과 조카들을 구해주기 위해 한마디 말도 하지 않았다. 죽느냐 죽이느냐의 두 갈래 길에서 혈연은 아무런 힘을 발휘하지 못했다. 거기에는 오직 승자와 패자만이 있을 뿐이었다. 정철이 세자 책봉 문제로 물러나게 되자 백유함 역시 파직되었고, 그 뒤 정철과 더불어 여러 해 동안 옥살이를 했다. 마침내 그가 변방으로 귀양길에 오르자 사람들은 "하늘이 무심하지 않다"라고 말하며 기뻐했다.

4 돌이킬 수 없는 배신

정여립은 선조 원년인 1567년에 소과에 합격하여 진사가 되었고, 그로부터 3년 후 선조 3년(1570)에 식년문과 을과 2등으로 급제하여 중앙 무대에 진출했다. 그 뒤 성균관 정록소(成均館 正錄所)의 학유(學諭) 벼슬을 했다. 학유는 성균관의 정록소에서 각종 과거 응시와 성균관 입학시험 응시자의 예비 심사 일을 처리하는 정9품의 관직으로, 유생들의 사표가 되어야 했기 때문에 학문과 행실이 뛰어난 자를 대간들의 동의하에 임명했다.

그러나 전주의 토착 기반만을 지니고 있던 그가 중앙에서 관직을 얻는다는 것은 쉬운 일이 아니었다. 그 당시에는 과거에 급제하고서도 정계 내부에서 추천하는 사람이 있어야만 관직에 오를 수 있었기 때문이다. 정여립이 과거에 급제한 뒤에 정언(正言)이 되기까지 10여 년 간의 활동 상황에 대해서 알려진 것이 거의 없다. 아마도 고향과 서울을 오가며 사람들과 교류했던 것으로 보인다.

서울에 올라온 정여립은 그 무렵 호남 출신들이 대부분 동인에 몸담고 있었는데도 서인 율곡 이이의 문하에 들어갔다. 이이가 정여립에게 "고향이 어느 곳인가?"라고 물었고 정여립은 "전라도 전주입니다"라고 말했다.

이이가 "어찌하여 서인인 나를 찾아왔는가?"하고 묻자 정여립은 "서인 당을 찾아온 것이 아니고 이이 선생님을 찾아왔습니다"라고 말했다고 한다.

정여립은 그때부터 서울에 머물면서 여러 선비와 이름 있는 사람들과 교류하며 견문을 넓히기 시작했다. 마침내 조정에 등장한 그는 많은 사람들로부터 주목을 받았고 장래에 정승이 될 인재라는 소문이 자자했다. 정여립은 사정을 분별함에 있어 논의가 강직하고 비굴하지 않았다. 그래서 당시 명망을 떨치던 백유양이 아들 수민을 맡겨 가르치게 했다.

백유양은 정여립에게 "나의 아들은 곧 너의 아들"이라고 말할 정도로 그를 신뢰했다.

동학을 창시한 최제우가 깨달음을 얻고서 하느님으로부터 맨 처음 받았다는 계시인 '오심즉여심(吾心卽汝心)' 즉, "내 마음이 네 마음이고 네 마음이 내 마음이다" 라는 말처럼 백유양이 신뢰했던 사람이 정여립이었다.

정여립은 선조 14년인 1581년에 정언이 되었다.

한편 선조가 임금에 오르기 전 그를 가르쳤던 한윤명(韓胤明)은 정여립을 당금대유(當今大儒), 즉 당대에 가장 빼어난 유학자라고 일컬었다. 그만큼 정여립의 학문은 심오했다. 덕망과 도량이 넓었던 노수신이 정여립을 천거했던 사실에서도 정여립의 역량을 짐작해 볼 수 있다.

《연려실기술》과 하담(荷潭) 김시양(金時讓)이 귀양지 함경도 종성에서 집필한 《부계기문》에는 다음과 같은 글들이 실려 있다.

넓게 배우고 들은 것이 많아서 성현의 글을 읽지 않은 것이 없고, 이

> 이와 성혼의 문하에 출입했다.
> 정여립은 언변이 출중해 한 번 입을 열면 자리를 함께한 사람들이 그의 말의 옳고 그름을 떠나 감탄하지 않는 자가 없었고, 비록 그 그릇됨을 알고 있다 하더라도 감히 그와 더불어 쟁변하지 못했다.
> 넓게 보고 잘 기억해 경전을 관철했으며, 논의는 격렬해 거센 바람이 이는 듯해 당해낼 수가 없었다.

정여립은 이이를 존경했다. 이이와 성혼도 정여립에게 큰 기대를 걸었다. 특히 그들은 정여립의 학문 중에서도《시경》에 대한 연구와 해박한 지식에 대해 칭찬을 아끼지 않았다.《선조수정실록》을 보면 이이가 정여립을 얼마나 신뢰했는지를 알 수 있다.

> 정여립은 총명하고 논변을 잘해 널리 조리 있게 논증하는 것에 힘썼다. 특히《시경》에 대한 고증과 해석 면에서 통달했다고 자부했다. 성혼과 이이 두 사람이 간혹 그와 만나 토론했는데, 그는 사물을 널리 분별하여 변론하는 것을 좋아했다. 두 사람이 여립을 조정에 천거하여 이름과 지위를 높이니 드디어 이발 등과 교분을 맺었다. 성혼의 문인 신응구(申應榘)와 오윤겸(吳允謙) 등은 한가로울 때 그와 같이 머물렀다. 그런데 그가 하는 일을 보고서 마음 쓰는 것이 음흉하다고 말하며 소원하게 대했다. 그러나 스승들의 문하에서는 감히 칭찬하거나 헐뜯는 일을 하지 못했는데 이이는 끝까지 그의 인품을 깨닫지 못했다.

당시 이이의 문하에는 전국에서 내로라하는 인재들이 구름같이 모여들었다. 정여립은 그 중에서도 특히 박학다식하고 말을 잘해서 이름을 떨쳤다. 《부계기문》에서는 다음과 같이 적고 있다.

> 역적 정여립은 전주 사람이다. 넓게 보고 잘 기억해 경전을 꿰뚫었다. 논의는 높고 격렬해 재기 면에서 다른 사람들과 비교가 되지 않았다. 이이가 당시에 추앙받는 것을 보고 몸을 바쳐 섬겨 제자의 예를 행했다. 결국에는 "공자는 다 익은 감이고, 이이는 아직 익지 않은 감"이라고 논하기에 이르렀다. 이이는 그의 재주를 기특히 여겨 널리 알려지게 칭찬했다. 드디어 규장각, 홍문관의 벼슬과 중요하고 고귀한 직책에 오르고 명성이 매우 높아졌다.

이이는 정여립의 재주를 아껴 기회 있는 대로 조정에 천거했다. 정여립이 조정 영관에 오른 것은 대과급제 13년 후인 선조 16년(1583) 예조좌랑에 오르면서부터였다. 그 이듬해에는 이이의 천거로 홍문관 수찬으로 발탁되었다. 홍문관은 경연을 주관하는 핵심 정권 기관이었다. 그리고 수찬은 비록 정6품이지만 경연의 일원으로 하루에도 한두 번씩은 임금과 마주앉아 국정을 논하는 중요한 자리였다. 정여립은 선조와 가까운 거리에 있으면서 그 그릇을 읽을 수 있었고, 동시에 세습 군주제의 모순을 깨달았을 것이다.

선조 17년(1584) 10월 22일 이조판서였던 이이가 인재 등용에 대한 의견을 선조와 나눌 때이다.

"이제 경이 있으니 내 마땅히 모든 것을 맡기겠다. 좋은 인재를 천거해 달라."

"지금은 인재가 적고 문사 중에는 쓸 만한 인물을 얻기가 더욱 어렵습니다. 비록 남을 업신여기는 큰 결점이 있기는 하지만, 정여립은 많이 배웠고 재주가 있는 인물입니다. 큰 성인이 아니고서야 결점이 전혀 없는 사람이 있겠습니까? 그가 실로 쓸 만한 인물인데 매번 추천해도 낙점하지 않으시니 혹시 무슨 참언이라도 들으신 것입니까?"

"정여립은 그를 헐뜯는 자도 없지만 칭찬하는 자도 없으니 어디 쓸 만한 자라고 하겠는가? 대체로 인재를 등용함에 있어서는 이름만 취하는 것은 옳지 않고 시험 삼아 써 본 후에야 알 수 있네."

이때까지만 해도 선조는 정여립을 그다지 주목하지 않았던 듯하다.

우성전이 지은 《계갑일록癸甲日錄》의 선조 16년 10월 13일 기록을 보자.

> 아침에 안개가 사방에 끼었다가 늦게 개다. 숙진(叔珍)이 오다. 어제 연정(蓮亭)에 모였을 적에 정철이 숙진에게 물었다.
>
> "그대들은 홍여순을 추천하려 하는가?"
>
> 숙진이 답했다.
>
> "홍여순이 무슨 죄가 있는가?"
>
> 이에 정철이 기뻐하지 않고 가버렸다고 한다. 들으니 송익필(宋翼弼)과 송한필(宋翰弼)이 가평학생(加平學生)이라고 칭하며 상소문을 올려서 군자와 소인을 논한 뒤 성혼, 이산해, 정철, 정여립을 크게 등용하도록 청했다 한다.

우성전의 글을 보면 그 당시 서인의 중심 인물이었던 송익필 형제도 정여립을 추천했음을 알 수 있다. 《계갑일록》 계미년 10월 25일 기록에는 이이가 정여립을 극찬하며 추천했음을 알 수 있는 구절이 있다.

> "만약 열 사람의 서인을 보호할 수 있다면 비록 다른 사람이 죽는다 해도 무슨 상관이 있겠는가?" 하면서 임금이 이이를 불러들여 만났을 때 이이가 정여립을 극찬했다 한다.

이런 기록을 보면 이이가 정여립을 추천하기도 했지만 엄밀히 말하면 서인 측에서 정여립을 추천했음을 알 수 있다.

선조는 정부에 어진 인재를 추천하라고 영을 내렸는데, 《선조수정실록》을 보면 이런 내용이 나온다.

> 임금이 조정에 하교해 각각 어진 인재를 추천토록 했다. 영상 박순은 신응시, 이산보, 서익을 추천했고, 좌상 노수신은 이발, 김우옹, 김홍민, 한준, 백유양, 윤선각, 김수, 정여립을 추천했다. 김우옹은 학문과 명망이 중했다. 그러나 나머지는 모두 당시 여론에 따라 추대된 인물이었다. 정여립은 학문으로 이름이 있었다. 그러나 대부분의 사람이 불길한 인물로 의심했다. 노수신 역시 일찍이 정여립이 경연에서 오만하게 말하고 거만한 표정을 짓는 것을 보고는 물러나와 문객 이광(李洸)에게 말했다.
>
> "내가 세 조정을 차례로 섬기면서 여러 번 시종이 되었네. 그러나 감히 임금의 얼굴을 우러러본 적이 없는데, 오늘 정여립을 보건대 임금

앞에서 자주 올려다보았으니, 도대체 어떤 자인가?"

노수신은 정여립을 의심했지만 이발 등의 잘못된 말에 넘어가 결국 그를 추천한 것이다. 우상 정유길(鄭惟吉)은 윤선각, 권징(權徵), 김수, 한효순(韓孝純), 홍인상(洪麟祥), 이대해(李大海)를 추천했다.

정여립, 이이를 저격하다

1584년 정월에 정여립을 추천하고 밀어주었던 서인의 거두 이이가 사망했다. 이이가 매사를 공평하게 처리했다고는 하지만 동인 편에서 보면 어디까지나 서인을 편들면서 동인을 견제하는 입장에 있었다. 그는 동인을 자극해 당쟁을 격화시킨 인물 중 하나였다. 사실 이이는 인간관계가 원만하지는 않았으며 마음이 그리 넉넉한 편이 아니었다.

유성룡은 이렇게 말했다.

"이이가 성품을 닦고 기른 힘이 없기 때문에 언론과 처사에 경솔한 점이 많다."

이이가 죽은 해를 넘겼는데도 그를 논핵했던 송응개(宋應漑), 박근원(宋應漑), 허봉이 아직도 귀양지에 있었다. 이에 을유년 2월에 영상 노수신이 임금에게 아뢰었다.

"세 신하가 귀양을 간 데 대해 사실의 전말을 알든 모르든 간에 모두 과하다고 합니다. 하늘의 천둥도 하루를 가는 노여움이 없사오니, 너그러운 용서를 내리시기 바라옵니다."

임금이 대사헌 구봉령(具鳳齡)을 돌아보면서 일렀다.

"세 신하가 이이를 가리켜 큰 간인(奸人)이라 했는데, 이이가 과연 간특한가?

바른대로 말하라."

구봉령이 대답했다.

"이이가 비록 간인은 아니지만, 그는 진실로 경솔한 사람입니다. 스스로 자기 의견만을 옳다 하고 다른 사람의 말을 듣지 않았습니다. 나라 일을 맡아 하게 된다면 본심은 아니라 해도 끝내는 일을 그르치는 데 이르렀을 것입니다. 다만 문장에는 능합니다."

노수신이 말했다.

"이이는 자기에게 아첨하는 것을 좋아합니다. 다만 문장에 이르러서는 힘을 들이지 않고 대책문에서 속담을 섞어 가며 막힘이 없습니다."

이이와 평생을 같이했던 성혼조차 그를 "침착하고 치밀한 기풍이 적다"라고 평가했다. 우의정 정지연은 이렇게 말했다.

"성품이 소탈하고 거친 데다 편견과 아집이 이미 드러났다. 게다가 변경하기를 좋아해 혼자 맡겨둔다면 일을 그르칠 염려가 없지 않기에 식자들 사이에서는 그 점을 걱정했다."

선조도 그러한 허물을 알고 있었던지라 처음에는 융숭하게 대접했다. 선조가 얼마나 이이를 신임했는지는 수찬 김홍민이 올린 상소에 대한 비답을 보면 알 수 있다.

"정말로 이이와 같다면 당(黨)이 있는 것이 걱정이 아니라 당이 없는 것이 걱정이로다. 나도 주자의 말처럼 이이와 성혼의 당에 들고 싶노라."

선조는 그토록 이이를 신뢰했다. 그러나 그가 죽고 난 후에는 그 신뢰감이 점점 엷어졌다. 선조의 마음이 변하는 것을 본 동인들은 이이, 성혼 등을 심의겸의 당이라며 매일같이 탄핵했다. 여기에 삼사가 선봉에 나섰음은 물론이다.

한때 심의겸은 정인홍의 탄핵을 받았지만 이이의 변호로 무사할 수 있었다. 그러나 이이가 죽은 후 동인들이 정권을 잡고 서인들이 몰락하자 파직당하고 말았다.

선비들로부터 추앙을 한 몸에 받았던 이이 역시 죽은 지 1년도 되지 않아 도마 위에 올랐다. 이발도 상소문에서 선비들의 공론에 따라야 한다고 말했다.

"신은 세상을 경영하는 면에서는 이이와 마음속 깊이 공감하였고, 도학(道學)에서는 성혼을 추앙해 평소 두터운 교분을 나눴습니다. 그러나 지금 와서 중요한 것은 공론이며, 사적인 감정은 가벼운 것입니다. 예전의 우정도 생각해야겠지만 어찌 나라를 배반할 수 있겠습니까?"

이 때쯤, 이이를 공격했던 박근원 등은 귀양에서 풀려 당당하게 돌아왔다. 상황이 이렇게 되자 정여립도 서인을 버리고 동인의 편에 서기 시작했다. 이이의 추천으로 조정에 발을 디뎠던 정여립이 스승이었던 박순과 성혼, 이이를 공격하고 나선 것이다. 그 이유는 서인 측에서 정여립을 이조전랑으로 발탁하자는 의견을 내자 죽음 직전의 이이가 한사코 막았기 때문인 것으로 전해진다. 이이는 겉과는 달리 속으로는 정여립의 과격성을 견제했던 듯하다.

정여립이 이조전랑으로 추천될 무렵의 상황은 《선조수정실록》 15권 14년 3월 1일 〈헌부가 이조좌랑 이경중을 논핵해 파직시키다〉에 나와 있다.

당시 정여립은 학문을 강론하는 것으로 세상 사람들에게 다가가고 있었다. 이경중은 정여립의 성품을 미워했고 그가 기용되는 것을 저지하려 했다. 정여립은 이조전랑에 추천되지 못했기 때문에 이경중에 대한 원망이 매우 컸다. 한편 정인홍은 임금에게 올리는 글에서 이경중이 선한 사람을 질투해 배척했으며 훌륭한 선비의 진출이 저지당했다고 썼다. 이때 우성전, 이경중이 잇따라 논핵당하자 유성룡 등은 이를 매우 불만스럽게 여겼으며, 이때부터 이발 등과 진로를 달리하게 되었다. 다음은《선조수정실록》에 나오는 기록이다.

> 서인 측에서 정여립을 이조전랑으로 임명하려 하자 당시 이조좌랑이던 이경중은 정여립을 두고 이렇게 말했다.
> "이 사람을 기용하면 후일에 반드시 사람들의 부끄러운 바가 있을 것이다."
> 이경중은 극력 반대하다가 정인홍, 박광옥(朴光玉) 등의 탄핵을 받아 이조좌랑에서 파직당했다. 그것을 못마땅하게 여긴 유성룡은 이발과 서로 다른 길을 모색한 것으로 보이는데, 이이 역시 정여립의 발탁을 원치 않았던 것으로 보인다.

정여립은 이이의 문하에 드나드는 선비가 오직 서인들뿐인 것에 대해 이렇게 물었다.

"서인만이 이 나라의 사대부입니까?"

"동인들은 반대만 하고 있네."

"그래도 그렇지요. 동인에도 괜찮은 인물들이 많이 있는데, 무조건 백안시하는 건 나라를 위해 도움이 되지 않을 것입니다."

"무슨 말을 그렇게 하나?"

"사람이면 다 같은 사람이지, 동인과 서인으로 나뉘었다고 다르게 취급하는 것 자체가 문제인 것 같습니다."

정여립의 이 말에 이이는 내심 염려했다.

'내가 사람을 잘못 본 것은 아닐까?'

그 이후 정여립과 이이의 사이가 차츰 벌어졌고, 이이의 다른 제자들과도 마찰이 생겼다. 그 사이 이이를 공격했던 박근원 등이 귀양에서 풀려 돌아오자 정여립은 서인을 버리고 동인의 편에 섰고, 이발은 정여립을 받아들였다.

선조 17년(1584) 3월 정여립은 홍문관 수찬에 제수되었다가 약 한 달 뒤 상소를 올려 사직하고 고향으로 돌아갔다. 1년 후 조정에 들어온 정여립은 경연에서 서인들에 대한 공격을 개시했다.

그때의 상황이 《선조수정실록》에 실려 있다.

> 박순은 간사한 무리들의 괴수이고 이이는 나라를 그르친 소인이며 성혼은 간사한 무리들을 편들어 상소를 올려 임금을 기만했습니다. 호남은 박순의 고향이고 해서는 이이가 살던 곳이니, 그 지방 유생들의 상소는 모두 두 사람의 사주에 의한 것으로 공론이라 할 수 없습니다. 신은 도성에 들어와 성혼을 찾아갔습니다. 그리고 간사한 사람들을 편들어 임금을 기만한 죄를 질책하고 이이와 절교했다는 뜻을 말했습니다. 그러자 성혼은 별다른 이의 없이 자신의 죄를 시인했습니다.

이이가 살아 있을 때 제자로서 따르던 정여립이 그를 비난하자 이를 못마땅하게 여긴 선조가 물었다.

"이이가 살아 있을 때에는 네가 지극히 따르다가 지금에는 어찌해 이런 말을 하느냐?"

"신이 애초에는 그의 심술을 몰랐다가 나중에야 알고 죽기 전에 이미 절교했습니다."

정여립은 이렇게 전날의 스승과 동료들에게 공격의 화살을 날렸다. 소설가 이병주는《허균》에서 정여립이 이이를 비방하고 나선 이유에 대해 이렇게 썼다.

> 정여립은 벼슬이나 세도 같은 것에 연연해하는 사람이 아니었다. 그렇다고 야심과 포부가 없었던 것은 아니다. 그는 누구보다도 자존심이 강했다. 상대가 속물이라고 생각하면 함부로 면매(面罵)를 했다. 어떠한 권위도 그의 안중에 없었다. 얄팍한 지식을 휘두르는 자를 보면 서슴없이 경멸의 언설을 삼가지 않았다. 위선의 냄새를 맡기라도 하면 거침없이 비난의 화살을 돌렸다.

정여립이 이이를 나라를 망친 소인이라고 혹평하고 스승을 배반했다는 것이 공론화되면서 잠잠하던 당쟁이 다시 소용돌이치기 시작했다. 하지만 이것은 그리 간단한 문제가 아니었다. 군사부일체를 강조하던 유교 사회에서 스승을 배신하는 행위는 인륜을 어기는 강상죄로 간주되었다.

한편 이경진이《혼정편록混定編錄》에서 공개한 편지를 보면 정여립이 이이를 '존형(尊兄)'이라 호칭하고 있고, 정여립이 "이이, 성혼과 교유하면서 학문을 논했다"는 기록이 있다. 이 때문에 정여립이 이이의 제자가 아니었다고 주장하는 설이 나오는 것이다. 결국 정여립은 이이와 성혼을 비판함으로써 다시는 돌아올 수 없는 다리를 건너고 말았다.

조선의 천재들이 벌인 참혹한 전쟁 4

그가 배신한 두 스승, 이이와 성혼

이이, 위대한 인본주의를 꿈꾸다

16세기 말 선조의 즉위를 계기로 척신정치가 종식되고 사림들의 중앙 진출이 활발해졌다. 사림의 성리학적 정치관은 올바른 인재 등용을 위해 과거보다 천거를 중시하며 스스로 새롭게 도약하는 계기를 만들었다. 사림 사회는 학연에 따라 여러 정파로 나뉘었다. 그리고 관직에 대한 천거 때문에 누적된 앙금들로 인해 자연스럽게 붕당이 탄생했다. 이는 공도(公道) 실현을 위해 정파 간의 견제가 필요하다는 새로운 정치관으로 확립되면서 긍정적인 면과 부정적인 면을 동시에 품게 되었다.

개성을 중심으로 한 경기 지방과 호남 일부에 형성되었던 무리들은 서경덕을 중심으로 한 학파로서 이지함, 박순, 허엽, 이중호, 박지화(朴枝華), 민순(閔純), 서기(徐起), 정개청, 남언경(南彦經), 박민헌(朴民獻), 노수신 등이 그 중심 인물이었다.

영남 우도에는 이황의 문인들이 있었다. 유성룡, 조목(趙穆), 이덕홍(李德弘), 김성일, 우성전, 권호문(權好文), 구봉령(具鳳齡), 황준량(黃俊良) 등이 중심 인물로 그의 문인은 368명이나 되었다.

영남 좌도에는 조식을 중심으로 한 학파가 형성되었다. 이발, 정여립, 정개청, 최영경, 김우옹, 오건(吳健), 김효원, 조종도(趙宗道), 유종지(柳宗智), 정인홍 등이 활동 인물이었다.

서경덕 계열과 대비되는 송순 계열의 인물들로는 오겸(吳謙), 이항(李恒), 김인후(金麟厚), 기대승, 유희춘(柳希春), 정철, 김윤제(金允悌) 등을 들 수 있는데, 그 대부분은 이이와 같은 서인에 속했다.

이이 학파는 파주를 위시한 경기 지방을 중심으로 활동해 기호학파라고도 불린다. 이이 학파는 다른 세 학파보다 늦게 형성되었다. 처음에는 동서분당 속에서 어느 당파에도 속하지 않고 중립적인 위치에서 조정을 위해 노력한 탓에 학문적 유대성이 희박하다는 평가를 받았다.

이이 학파의 인물로는 김장생, 조헌, 정엽(鄭曄), 이귀(李貴), 황신(黃愼), 이정립(李廷立), 변이중(邊以中), 박여량(朴汝樑), 성혼, 송익필 등이 활동했다.

그 당시 사림들은 주리론과 주기론을 중심으로 활발하고 진지한 논쟁을 벌였다. 또한 의리와 기절(氣節)을 숭상했는데, 이이는 서경덕에게, 이황은 이언적에게 깊은 영향을 받았다. 그때 이황과 기대승이 8년에 걸쳐 문답으로 주고받은 사단칠정은 당시 유자들로부터 지대한 관심을 불러일으켰다. 그 뒤를 이어 이황과 이이는 6년에 걸쳐 문답을 주고받으며 사상을 꽃피웠다.

이처럼 16세기 조선에는 우리나라 사상사와 정치사에 족적을 남긴 천재들이 많았다.

하지만 그토록 진지했던 학문 풍토가 이해관계로 얽힌 문인들에 의해 흐려지기 시작해 급기야 붕당으로 이어졌다. 그리고 결국 이황을 추종하는 영남학파와 이이를 추종하는 기호학파로 갈라지고 말았다. 그러한 과정 속에서 조선 선비 중의 선비라고 추앙을 받았던 이황과 조식, 이이와 유성룡의 관계가 미묘하게 변질되고 말았다.

위대한 인본주의자, 율곡 이이

정여립의 스승이었고, 16세기가 낳은 천재로 위대한 인본주의자였던 이이는 본관은 덕수, 자는 숙헌, 호는 율곡으로 중종 31년(1536) 강릉 오죽헌에서 태어났다. 이이의 아버지는 증좌찬성 이원수이며 어머니는 사임당 신씨다.

이이는 4세 때부터 어머니에게 중국 역사책인 《사략史略》을 배웠고, 명종 3년(1548) 13세 때 진사시에 합격했다. 16세 때에 어머니가 죽어 3년간 시묘했으며, 19세에 성혼과 도의의 교분을 맺었다. 어머니가 죽은 뒤 아버지가 새어머니를 얻었는데, 새어머니는 성질이 사납고 술을 좋아했지만, 이이는 그를 친어머니처럼 대했다. 출입할 때 반드시 고하고, 새벽마다 술을 데워 가서 문안을 드렸다.

삶과 죽음의 문제에 직면해 고뇌하던 이이는 19세 되던 해 봄에 마음의 결단을 내리고 금강산에 들어가 불교를 공부했다.

그 무렵 이이가 친지들에게 생각하는 바를 써 보낸 글을 통해 그 마음의 일단을 엿볼 수 있다.

> 사람은 누구나 기(氣)라는 것을 타고나는데, 기를 잘 기르면 마음이 주재하는 대로 기를 복종시켜 성현이 될 수 있다. 그러나 만일 기를

잘못 길러 마음이 기에 복종하게 되면 모든 정욕이 문란하게 되어 어리석은 미치광이를 면하기 힘들 것이다. 옛날 맹자 같은 사람이야말로 기를 잘 기른 예라고 하겠다. 도리를 깨치고 본성을 충분히 발휘해 기를 기르는 수밖에 없다. 공자는 지혜로운 사람은 물을 좋아하고 어진 사람은 산을 좋아한다고 했다. 어질고 지혜로운 사람의 기 기르는 방법은 산과 물을 버리고 어디서 구할 수 있겠는가?

성리학이 지배했던 조선사에서 입산 경력을 가진 선비는 김시습과 이이, 두 사람뿐이었다. 이이는 불교에 입문했던 때의 일로 다른 당파 사람들에게 평생 괴로움을 당했다. 그러나 그는 이에 대해 한 번도 변명하지 않았다. 이이는 다음해 하산해 유학에 전념하다 22세 되던 해에 성주목사 노경린(盧慶麟)의 딸과 혼인했다. 그 다음해 봄 예안의 도산으로 가서 이황을 방문했고, 겨울 별시에서 〈천도책天道策〉을 지어 장원했다.

이이는 아홉 차례의 과거에 모두 장원해 '구도장원공(九度壯元公)'이라 불리었다. 29세에 호조좌랑에 올랐고, 31세에는 율곡리에서 성혼과 이기론, 사단칠정론, 인심도심론 등에 대해 이야기를 나누었다. 이후 예조, 이조좌랑을 거쳐 47세에 이조판서에 임명되었다.

정여립을 천거한 때가 이조판서로 재직할 당시였다. 그러나 정여립은 이이가 죽자 그에게서 등을 돌렸다.

이이는 45세 때 《성학집요聖學輯要》와 《격몽요결擊蒙要訣》 등을 지었고 47세에 《김시습전》과 《학교모범學校模範》을 지었으며 48세에 〈시무육조時務六條〉를 지어 선조에게 바쳤다. 그는 여기서 먼저 민생의 평안을 주장했다.

"백성은 먹는 것을 하늘로 삼으니 먹는 것이 우선되고 나서야 교육도 가능하다."

또한 왜구의 침입에 대비한 십만양병설을 펴면서 도성에 2만, 각도에 1만씩 배치해야 난리에 대비할 수 있다고 말했다.

하지만 제자들이 뒷날에 확대 해석했다는 설도 있다. 설령 그 주장이 사실일지라도 수많은 백성들이 세 끼 밥도 해결하지 못하는 상황에서는 불가능한 일이었을 것이다. 48세 되던 해 이이는 어수선하기 이를 데 없는 정계를 떠나 파주로 향했다.

이이가 죽고 나서 몇 년 후 이 땅에 휘몰아쳤던 기축옥사에서 그가 천거한 정여립을 비롯한 수많은 사람들이 제자들과 동지들에 의해 무참히 희생을 당했다. 그리고 사건의 여파가 채 가라앉기도 전에 임진왜란과 정유재란 등 난리가 급습했다. 이이는 미래의 일들을 예감이라도 했던 것일까?

국가의 시기를 창업기, 수성기, 개혁기로 나눌 때 이이는 16세기 후반의 조선사회를 일대 개혁이 요구되는 시기로 보았다.

성리학 이론을 전개했던 이이는 항상 시세를 알아 올바르게 처리할 것을 주장했고, 언제나 실제의 공(公)과 효(孝)를 강조했다.

이이는 항상 위로부터 바르게 해 기강을 바로잡고, 시의에 맞도록 악법을 개혁하려 했다. 사화로 맺힌 선비들의 원한을 풀어주고, 위훈을 삭탈함으로써 정의를 밝히며, 붕당의 폐를 씻어 화합할 것을 논의했다. 또한 진리란 항상 현실의 문제와 직결되어 있으며, 현실을 떠나 별도로 구하는 것이 아니라고 보았다.

학문 연구에 있어서도 주체의식이 강했다. 그는 당시 절대적 권위를 지니고 있던 주자의 이호기발설(理互氣發說)에 문제가 있음을 지적했다.

"만일 주자가 진실로 이와 기가 독립된 존재로서 동등하게 작용한다고 했다면 주자 역시 잘못 이해한 것이다."

이이는 이황처럼 이기이원론을 인정하면서도 이와 기가 서로 별개로 작용하는 것이 아니라 외적 현상에 감동해 기가 발할 때에 이가 승하는 것이라는 기발이승일도설(氣發理乘一途說)을 주장하였다. 여기에서 우리는 이와 기를 불이(不二)의 관계로 파악하는 이이 성리설의 특징을 보게 된다.

이이는 1584년 정월 열엿새 새벽에 49세의 나이로 서울 대사동에서 숨을 거두었다. 그가 죽은 후 시신을 수습했던 일가친척들에 의하면 남긴 재산이 없어 수의도 이웃집 친구의 것을 빌려다 썼다고 한다.

이이의 부고를 듣고 애통해 우는 선조의 울음소리가 대궐 밖에까지 들렸다.

이이도 따를 수 없었던 지조 있는 선비, 성혼

이이와 더불어 정여립을 천거하고 기대 섞인 눈으로 바라보다 운명적으로 갈라섰던 서인의 영수가 우계 성혼(成渾)이다. 그의 본관은 창녕, 자는 호원, 호는 묵암이며 현감 성수침(成守琛)의 아들로 서울 순화방(지금의 순화동)에서 태어났다.

명종 6년(1551)에 생원, 진사의 양장 초시에 모두 합격했다. 그러나 복시에 응하지 않고 학문에만 전념하고, 백인걸의 문하에서 상서(尙書)를 배웠다. 그때 마침 그는 같은 고을에 거주하고 있던 이이와 더불어 사귀며 평생을 같이하는 친구가 되었다. 1568년에 이황을 만났고, 조정에서 여러 차례 벼슬을 내렸음에도 그는 계속 사양하고 후진 양성에 힘을 기울였다.

1572년 여름, 이이와 아홉 차례에 걸쳐 서신을 주고받으며 사칠이기설(四七理氣說)을 논했다. 성혼은 일찍이 이황을 사숙했지만 그는 이황의 이호기발설에 회의를 품고 있었다. 그러던 중 《중용》 서문에서 주자가 인심과 도심을 양쪽으로 나누어 말한 것을 보고, 이황의 호발설도 불가할 것이 없겠다고 생각해 이이에게 질문한 데서 논쟁이 시작되었다.

그는 심신의 수양과 의리의 소명을 강조하면서 구체적인 방법을 제시했다. 그리고 군자와 소인을 등용함에 따라 혼란에 빠진 세상을 다스리는 것이 결정된다고 역설했다. 또 역법과 공법의 민폐를 논하고 개혁을 역설하면서 혁폐도감(革弊都監)의 설치를 제의했지만 채택되지는 못했다. 성혼은 특별히 경연에도 출입했다. 그러나 그는 계속해서 벼슬에서 물러나 시골로 돌아가게 해달라는 상소를 올렸다.

그 후 이이가 죽고 나서 서인의 중진 지도자가 된 성혼은 기축옥사로 인해 이조판서에 임명되었다. 그러나 임금에게 문제가 있다는 상소를 올렸다가 받아들여지지 않자 다시 사직했다. 임진왜란이 일어나자 석담정사에서 서울로 들어와 비국당상(備局堂上) 좌참찬으로 재임하면서 〈편의시무便宜時務〉 9조를 올렸지만 이 건의 또한 시행되지 못했다. 이에 성혼은 용산으로 나와 사직을 원하는 상소를 올리고, 그 길로 연안을 거쳐 파주 우계로 돌아왔다. 1597년 정유재란이 일어나자 윤방(尹昉), 정사조(鄭士朝) 등이 변란에서 나라를 구한다는 취지로 입궐할 것을 권했다. 그러나 큰 죄인으로 엄한 책망을 기다리는 처지임을 들어 대죄했다. 그 후 임금이 자신의 충정을 몰라주는 것을 괴롭게 여기며 "장례를 조촐히 치르라"는 유언을 남기고 세상을 떠났다. 성혼의 학문은 이후 사위 윤황(尹煌)에게 이어져 윤선거(尹宣擧), 윤증(尹拯), 윤동원(尹東源), 강필효(姜必孝)에게 전수되었다.

그러나 기축옥사에 직간접적으로 깊이 관여한 성혼은 죽은 후에도 수많은 논란거리를 제공했다.

선조 35년(1602)에 임금의 부름을 받고서 조정에 나간 정인홍은 성혼을 비판하는 상소를 올렸다.

"간악한 정철을 남몰래 사주해 어진 최영경을 죽였으며, 나라의 명맥을 파괴하고 사람들을 욕되게 했으니 일본의 히데요시와 같은 인물입니다. 안에 선비 도적들이 있은 후에야 밖에 힘으로 침략하는 외적이 있는 것입니다. 임진왜란도 실은 안의 도적들이 부른 것입니다."

여기서 정인홍은 기축옥사로 인해 수많은 인재들이 형장의 이슬로 사라지면서 나라가 쑥대밭으로 변했기 때문에 임진왜란이 일어났음을 말했다.

당시 명나라는 군사를 전면 철군시키면서 일본과 강화할 것을 강력히 요구해 왔다. 그러자 성혼은 유성룡과 함께 명나라의 요청에 따르자고 건의했다. 또한 화평을 건의한 이정암(李廷馣)을 옹호하다가 선조의 미움을 사기도 했다. 그 후 선조는 왜적과 내통하며 강화를 주장한 변몽룡(邊蒙龍)에게 비망기를 내리면서, 학문이 높은 동조자가 있다고 지적하며 은근히 성혼을 암시했다.

이이는 성혼을 가리켜 다음과 같이 평가했다.

"만약 견해의 도달한 바를 말한다면 내가 약간 낫다고 할 것이나, 지조를 삼가고 지키며 실천함에 있어서는 내가 미칠 수 없다."

5 선조의 두 얼굴

정치학에서는 지도자의 두 가지 유형으로 경세가와 정략가를 제시한다. 경세가는 개인이나 집단의 이익이 아닌 민족과 국가의 진정한 이익을 도모하므로 정당한 방법을 사용한다. 반면 정략가는 개인과 집단의 이익을 추구하며 민족이나 국가의 이익에는 거의 무관심하다. 그렇기에 자기 목표를 관철시키려고 온갖 책략과 모략을 동원한다.

당쟁이 격렬해졌을 때 경세가들은 모든 것을 털어버리고 초야로 들어가 묻혀 지냈다. 정략가들과 맞설 경우 대부분 그들의 모략에 걸려들어 패배할 것이기 때문이었다.

선조는 정략가로서 살았다고 할 수 있다. 어떤 의미에서는 그의 삶 자체가 살얼음판을 걷는 듯한 모험이었다. 일생을 무소신과 무원칙으로 일관하며 당쟁을 야기했으며 교활하게 동인과 서인을 오가며 왕권을 다졌다.

선조 역시 여러 결점과 콤플렉스를 지닌 범인에 불과했다. 그는 수많은 천재들 속에서 살아남으려고 했다. 그는 역사의 주체가 아니라 역사의 물결에 휩쓸려 자기 의사와는 상관없이 떠내려간 인물일 수도 있다.

임금이 임금 같지 않구나

선조는 동인과 서인, 광해군마저도 믿지 않았다. 이이가 죽은 후 노수신이 귀양 간 송응개, 박근원, 허봉을 사면해줄 것을 요구했을 때 선조는 이를 허락하면서 노수신에게 물었다.

"그때 송응개가 이이를 간사한 인물이라고 했는데, 그 말이 맞는가?"

노수신은 이미 선조의 마음이 이이에게서 떠난 것을 알고 이렇게 답했다.

"이이는 자기에게 아첨하는 것을 좋아했습니다."

그때부터 선조는 동인들을 더 많이 등용했다. 이런 상황에서 정여립은 임금에게 건의할 때면 고개를 든 채 눈을 똑바로 뜨고 따지고 들었다. 그리고 자신의 뜻이 받아들여지지 않으면 문밖으로 나서며 눈을 부릅뜨고 임금이 있는 쪽을 바라보기도 했다.

정여립이 선조를 아둔하고 부덕한 임금으로 생각했다는 말도 있다. 만약 그랬다면 선조 역시 그를 용납할 수 없었을 것이다. 기축옥사의 최대 피해자인 정여립과 이발, 정개청, 백유양은 선조 아래에서는 아무것도 이룰 수 없음을 알고 이렇게 말했다.

"임금이 임금 같지 않다. 임금이 우리를 사랑해주지 않는데 왜 신하인 우리들만 임금을 사랑해야 하는가?"

그리고 그들은 끝내 등을 돌리고 제 갈 길을 갔다.

정여립의 사상을 엿볼 수 있는 짤막하지만 의미심장한 말이 〈기축기사〉에 실려 있다. 그는 사람을 대할 때마다 반드시 이렇게 말했다고 한다.

> 사마공이 《자치통감》에서 위나라를 정통으로 삼은 것은 참으로 직

필이다. 그런데 주자는 이를 부인하고 촉한을 정통으로 삼았다. 뒤에 태어난 사람으로서는 어질고 지혜로운 사람의 소견을 알 수 없다. 천하는 공물인데 어찌 일정한 주인이 있으랴. 요, 순, 우가 임금의 자리를 서로 전했는데, 그들은 성인이 아닌가? 또 말하기를 충신은 두 임금을 섬기지 아니한다고 한 것은 왕촉(王蠋)이 죽을 때 일시적으로 한 말이고 성현의 통론은 아니다. 유하혜는 "누구를 섬기든 임금이 아니겠는가?"라고 했는데, 그는 성인 중에 화(和)한 자가 아닌가? 맹자가 제나라, 양나라의 임금에게 천자가 될 수 있는 왕도정치를 권했는데, 그는 성인 다음가는 사람이 아닌가?

정여립으로부터 이 말을 들은 제자 조유직(趙惟直)과 신여성(辛汝成) 등은 만나는 사람들마다 그를 극구 찬양했다.

"우리 스승님의 논의는 실로 고금의 선현들이 아직까지 말하지 못했던 것이다."

자기 주관을 있는 그대로 피력한 정여립의 말은 맹자의 정치론인 '인의(仁義)'에 바탕한 것이었다.

정여립의 말을 풀어 말하면 "위나라의 조조가 정통이지 촉나라의 유비는 정통이 아니다"라는 것이다. 따라서 유비를 정통이라고 주장한 주자를 싸잡아 비난한 것이 된다.

정여립은 이렇게 말했다.

"왕후장상의 씨가 따로 있는 게 아닌 것처럼 귀천의 씨가 따로 없다. 천하는 백성들의 것이지 임금 한 사람이 주인이 될 수는 없다. 누구든 섬기면 임금이 아니겠는가?"

한편 유하혜를 평한 정여립의 말은 《맹자》의 〈공손추公孫丑〉에 나오는 말로, 세상이 나를 돌보지 않고 버려두어도 원망하는 마음이 없다는 뜻이다.

> 백이는 임금이 어질지 않으면 섬기지를 않았고, 벗이 어진 사람이 아니면 사귀지 않았으며, 악한 사람이 다스리는 조정에 서지 않았고, 악한 사람과 더불어 말하지 않았다. 어쩔 수 없이 악한 사람의 조정에 서서 악한 사람과 더불어 말하게 될 때는 예복을 갖추어 입고 진흙 속에 앉아 있는 것처럼 생각했다.
>
> 악을 미워하는 마음을 미루어 생각해 보자. 시골 사람들과 함께 있을 때에 그들이 관을 바르게 쓰지 않았으면 뒤도 돌아보지 않고 가버리는 것은 그것으로 자기가 더럽혀진 것처럼 여긴 때문이다. 그 때문에 그는 비록 정중한 글로 초빙하는 제후가 있어도 받아들이지 않았던 것이다. 이는 그가 나아가는 것을 깨끗하게 여기지 않았기 때문이다.
>
> 유하혜는 보잘것없는 임금을 섬기는 것도 부끄럽게 생각하지 않고 작은 벼슬도 낮게 여기지 않았다. 벼슬자리에 나아가게 되면 재주를 숨기지 않고 반드시 최선을 다해서 일했고, 버려두어도 원망하지 않고, 곤궁하게 살아도 걱정하지 않았다. 그러면서 말하기를 "너는 너요, 나는 나다. 네가 비록 내 옆에서 벌거벗고 있다고 해도 나를 더럽힐 수는 없다"라고 했다. 그 때문에 태연자약하게 그들과 함께 있으면서도 바른 몸가짐을 잃지 않았던 것이다.
>
> 유하혜는 벼슬을 버리려고 할 때 만류하는 사람이 있으면 뿌리치지

않았다. 떠나지 않고 머물러 있었던 것은 떠나는 것을 깨끗하게 여기지 않았기 때문이다.

맹자는 다음과 같은 말로 백이와 유하혜를 비교했다.

"백이는 너무 편협해서 도량이 좁고 유하혜는 너무 소탈하다. 편협함과 소탈함은 군자가 갈 중용의 길은 아니다."

유하혜는 벼슬에서 세 번 쫓겨났음에도 원망하는 기색이 없었고, 세 번 벼슬에 올라도 기뻐하는 내색이 없었다. 어떤 사람이 유하혜에게 물었다.

"자네 같은 재주로 어디에 간들 출세를 못하겠는가?"

"올바른 도리로 임금을 섬기면 어디로 간들 쫓겨나지 않겠는가? 이왕 쫓겨날 바엔 부모의 나라를 버릴 까닭이 없지 않은가?"

그는 그 모든 것을 자연스러운 세상의 현상으로 보았다.

폭풍우가 몰아치던 어느 날, 갈 곳을 잃어버린 옆집 과부가 유하혜의 방문을 두드리며 재워 달라고 사정했다. 유하혜는 망설이지 않고 그를 맞아들여 한 방에서 밤을 새웠다. 그러나 누구도 유하혜와 과부의 관계를 의심하는 사람이 없었다.

맹자는 〈진심盡心〉 편에서 이렇게 썼다.

백성이 가장 중요하고 사직이 다음이며 임금은 중요하지 않다. 그 때문에 백성들의 마음을 얻으면 천자가 되고, 천자의 마음을 얻으면 제후가 되며, 제후의 마음을 얻으면 대부가 된다. 제후가 사직을 위태롭게 하면 다른 사람으로 바꾼다. 제물로 바치는 가축이 살져 있고 제물로 드리는 곡식이 정결하고 제때에 제사를 지내는데도, 날이 가물고 홍수가 지면 사직을 갈아 세운다.

맹자는 이렇게 주장한 것이다.

"백성의 마음은 곧 천명이니 백성을 괴롭히는 군주는 갈아야 한다."

정여립이 살았던 당시의 전제군주제하에서는 상상도 할 수 없는 혁명정신이 넘치는 말이다.

그리고 주자의 한마디를 금과옥조로 여기던 시대에 그를 따르지 않는 것 자체가 이단이었다. 전주 부윤으로 정여립을 가까이할 기회가 있었던 심의겸은 윤두수에게 보낸 편지에서 이렇게 썼다.

"정여립은 아비와 임금을 시해하는 일이라도 할 만한 위인이다."

정여립 역시 과거를 보러 왔던 나덕준(羅德峻) 형제에게 이렇게 말했다.

"그대들은 쓸 만한 재능을 가지고, 타락하여 쇠망한 세상에서 과거를 볼 필요가 있겠는가? 수년이 지나면 태평성대를 보게 될 것이니 기다리라."

그리고 이런 극언도 서슴지 않았다.

"진시황처럼 시서(詩書)를 불태우고 선비들을 죽이는 참화가 가까이 왔다!"

한편 정여립의 문하에서 그의 주장에 이의를 품는 자는 배척당할 수밖에 없었다. 그의 말이 자기 견해와 다를지라도 제자들은 감히 이의를 제기하지 못했다는 기록이 전해진다.

누구도 믿지 못하는 자의 비극

정여립과 대립했던 선조는 영조와 숙종 다음으로 오랜 세월 동안 임금 자리에 있었다. 하지만 계속되는 당쟁과 임진왜란 때문에 평생을 살얼음판 위를 걸어가듯 살았다. 임금 자리에도 매우 어렵게 올랐으며 초기에는 인순왕후 심씨가 수렴청정을 하다가 이듬해에 정권을 넘겨받았다.

선조는 임진왜란 같은 외침에는 한없이 나약했지만 자기 체제에 대한 도전에는 막강한 힘을 발휘했다. 선조는 인조나 영조처럼 아들까지 믿지 못했던 임금이었다. 사실 선조는 방계 출신이었다. 한미한 가문 출신이었던, 명종의 후궁 창빈 안씨에게는 아들 덕흥군이 있었다. 이 덕흥군의 셋째 아들이 선조인 것이다. 명종이 후계자가 없이 죽는 바람에 왕위에 올랐던 종친인 만큼, 그는 평생을 콤플렉스에서 벗어나지 못했고 시국을 바라보는 안목도 좁았다.

16세의 나이로 왕위에 오른 선조는 즉위 초기에는 오로지 학문에 정진했으며 매일 경연에 나가 정치에 힘을 기울였다. 그는 기묘사화 때 죽은 조광조를 영의정에 추증하고 이이와 이황을 나라의 스승으로 섬기기도 했다.

그러나 1575년 이후 동인과 서인이 갈라지고 다시 동인이 남인과 북인으로 갈라지자 정치 기강이 무너져버렸다. 선조는 나라를 이끌어갈 방향을 잡지 못했다. 《선조수정실록》은 당시 상황을 이렇게 기록하고 있다.

> 백성은 항심(恒心)을 잃어버리고, 군사는 장부에만 기재되어 있었으며, 안으로는 저축이 바닥났고, 밖으로는 변란이 잇따랐으며, 선비들의 여론은 분열되고 기강은 무너졌다.

삼공과 양사에서도 거듭 건의가 있었다.

"나라에 기근이 들어 구할 방책이 없고 국고가 바닥났습니다. 쓸데없는 관원을 없애고 녹봉을 줄이며 비용을 절약하소서. 상께서도 팔도에서 바치는 물건과 재상에게 하사하는 재물을 줄이소서."

그러나 선조는 이렇게 답할 뿐이었다.

"날마다 아뢰어도 나는 따를 뜻이 없다. 다만 경들이 고달플까 두려울 뿐이다."

게다가 나라의 기둥 역할을 해야 할 관리들마저 국가의 재물을 제 것처럼 낭비했다. 집안의 주인 격인 사람들이 "집안이 망하려면 개도 안 짖는다"는 말만 되뇌며 수수방관하고 있었던 것이다.

임진왜란 때 의병장으로 활약하다 순국한 조헌은 붕당의 시비와 학정의 폐단을 논한 상소문을 올렸는데, 이것이 《선조수정실록》에 남아 있다.

> 성상께서도 몸소 교화의 근원을 맑게 하고 번잡하고 보잘것없는 신하들의 폐단을 혁신할 계책을 도모하소서. 아침저녁으로 끊임없이 경계하시어 하늘의 운행이 쉬지 않는 것을 우러러 본받으소서. 모든 사물을 조리 있고 분명하게 살펴 사람의 도가 멀리 있지 않다는 것을 굽어 생각하소서. 또한 "팔다리를 갖추어야 온전한 사람이 된다"라는 교훈을 생각하시고 아울러 "세월은 사정을 두지 않고 흘러간다"라는 사실을 생각하소서.

이런 상황에서 1583년과 1587년에 두 차례의 변란이 일어났다. 그리고 1589

년에는 기축옥사가 일어나 1,000여 명이 희생되는 엄청난 일이 벌어지자 선조의 마음 역시 편하지 않았던지 그가 가장 신임해서 "자신과 함께 국사를 처리할 단 한 사람"이라고 전폭적으로 신임했던 이산해에게 다음과 같은 말을 남겼다.

"지금 언관이 역적과 교분을 맺은 사람들을 논란하는 것도 사실 옳은 일이다. 그러나 요즘 양상을 살펴보면, 사건이 번져갈 조짐이 있다. 이는 내가 매우 원하지 않는 바이다. … 역적이 조정의 반열에 끼어 있어 평범하게 서로 만나 알게 되는 것은 인지상정이다. 만약 이번 기회를 타서 평소 언론이 자신들과 같지 않은 사람들을 모조리 적의 무리로 지적한다면 그 해독은 이루 말할 수 없을 것이다. … 만약 그러한 경우가 있을 적에는 경이 힘껏 말해야 한다. 만약 말려도 내가 듣지 않으면 면대해서 바로 아뢰어라. 이것이 경이 오늘날 이리저리 주선해서 사태를 진정시켜야 할 일이다."

이어서 다음과 같이 말했다.

"나는 요즘 심기가 크게 상하여 처사가 어긋나고 언어가 거꾸로 뒤집혔다. 방금 한 이 말 또한 옳은지 모르겠다. 경이 잘 참작하여 나의 본의에 어긋나지 않게 이해하도록 하라."

기축옥사가 매듭지어지기도 전인 1589년 임진왜란이 일어났다. 《선조수정실록》에서는 "팔짱만 깊숙이 끼고 아무 일도 하지 않았다"라고 기록하고 있는데 국가적 위기상황을 제대로 인식할 겨를이 없었던 것이다.

일본은 20만 병력을 9개 부대로 나누어 침략에 나섰다. 파죽지세로 쳐들어오는 일본군의 기세에 조선군은 속수무책이었다. 《명사明史》〈조선전朝鮮傳〉의 기록을 보자.

> 당시 조선은 태평시대가 오래 계속되어 군대가 전쟁을 익히지 않았다. 게다가 임금마저 유흥에 빠져 방비를 게을리했다. 이 때문에 섬나라 오랑캐들이 갑자기 쳐들어와 난을 일으키자 적을 보기만 해도 놀라 흩어져버렸다.

곧 임진강 방어선이 무너졌다. 선조가 말했다.

"지금 백방으로 생각해 봐도 내가 가는 곳은 적도 갈 수 있으므로 본국에는 발붙일 곳이 없구나. 명이 허락하지 않더라도 나는 비빈들을 데리고 압록강을 건널 것이다. 경들은 세자와 함께 함경도로 가서 명의 원군을 기다리라."

선조의 말은 피난길에 대한 논쟁으로 이어졌다.

윤두수는 북행을 주장했다.

"북도의 군사는 강력하고 함흥과 경성이 천혜의 요새입니다."

이에 유성룡이 팽팽히 맞섰다.

"지금 의병들이 나라를 구하고자 일어나는 때에 어찌 가벼이 나라를 버리자는 의견이 나올 수 있겠습니까? 임금의 가마가 한 걸음이라도 이 땅을 떠나면 조선은 이미 우리 것이 아닙니다."

결국 중신들의 반대에도 불구하고 피난길은 이항복의 의견에 따라 평안도 쪽으로 정해졌다.

"의주로 가서 여차하면 명나라로 망명하겠노라."

영의정 최흥원(崔興源)은 선조를 달랬다.

"요동의 인심이 몹시 험해서 위험하옵니다."

그러나 선조는 요동행을 고집했다.

"천자의 나라에서 죽는 것은 괜찮다. 그러나 왜적의 손에 죽을 수는 없다."

명에서는 선조의 뜻을 받아들였다.

"조선 왕이 굳이 들어오겠다면 빈 관아를 빌려주겠소."

선조가 피난 가는 상황이 《선조실록》 26권 25년 4월 30일 기록에 이렇게 실려 있다.

> 새벽에 상이 인정전(仁政殿)에 나오니 백관들과 인마(人馬) 등이 대궐 뜰을 가득 메웠다. 이날 온종일 비가 쏟아졌다. 상과 동궁은 말을 타고 중전 등은 뚜껑 있는 교자를 탔었는데 홍제원(洪濟院)에 이르러 비가 심해지자 숙의(淑儀) 이하는 교자를 버리고 말을 탔다. 궁인(宮人)들은 모두 통곡하면서 걸어서 따라갔으며 종친과 호종하는 문무관은 그 수가 100명도 되지 않았다. 점심을 벽제관(碧蹄館)에서 먹는데 왕과 왕비의 반찬은 겨우 준비되었으나 동궁은 반찬도 없었다. 병조판서 김응남(金應南)이 흙탕물 속을 분주히 뛰어다녔으나 여전히 어찌해 볼 도리가 없었고, 경기관찰사 권징(權徵)은 무릎을 끼고 앉아 눈을 휘둥그레 뜬 채 어찌할 바를 몰랐다.

서울을 버리고 의주로 피난 가는 선조의 뒤에는 도승지 이항복과 몇몇 신하들만이 따랐을 뿐, 길을 인도해야 할 파주목사와 장단부사는 도망가고 없었다. 경기감사를 앞세우려 했지만 그도 누운 채 묵묵부답이었고 시위하는 군사조차 미미했다.

선조가 서울을 버리고 도망갔다는 소식이 전해지자 분노에 찬 민초들은 절대권력의 상징이던 대궐에 침입해 불을 질렀다. 그때 노비들이 노비 관련 일을 처리하고 문서를 보관하던 정예원에 불을 질렀다. 이 때문에 조선 왕조의 중요한 서류들과 기축옥사를 기록했던 《기축옥안己丑獄案》이 불에 타 없어졌다.

전국적으로 근왕병을 모집했지만 단 한 사람도 응모하지 않았다. 16세기 후반 조선은 이미 정상적인 국가로서의 기능이 마비돼 있었다. 오죽했으면 5월 한강을 건너온 왜군이 "고려국에는 사람이 없다고 해도 된다. 험한 고개도, 길고 긴 강도 수비하지 않는다"라고 말했을까? 심지어 조선 정부에서 명에 원병을 청하자 이런 물음이 돌아왔다.

"어찌해 정장들은 전장에 나가지 않고 상국에 청병하는가?"

선조는 이렇게 답했다.

"금군 330여 명을 제외하면 우리나라에는 군사가 없소."

결국 엄청난 시련을 거친 후에야 명나라의 군사 원조와 이순신의 선전에 힘입어 왜군을 물리칠 수 있었다. 그러나 전후에 복구사업을 할 겨를도 없이 전란의 책임을 전가하는 당쟁에 휩쓸리고 말았다.

선조는 재위 41년의 태반을 당쟁과 미증유의 전란에 시달렸다. 1,000여 명의 지식인이 희생당한 기축옥사와 임진왜란으로 나라가 무너진 데 대한 최종 책임은 선조에게 돌아간다. 하지만 이긍익은 《연려실기술》에서 선조를 이렇게 미화했다.

> 임금은 인재를 사랑해 각각 직무에 합당하게 썼으며 학문하는 선비를 중히 여겨 헐뜯는 자가 있어도 극진하게 보호했다. 문(文)으로는 지극한 정치를 이룩할 수 있었고, 무(武)로는 족히 난리를 평정할 수 있었다. 총명함은 충성스러움과 사악함을 구분할 만하고, 지혜로움은 능히 일을 처리할 만했다. 그러니 참으로 세대마다 날 수 없는 성인이요, 크게 일할 수 있는 임금이었다. 중간에 잠깐 파천하는 고생을 겪었던 것은 태평 끝에 난리가 오는 운수 때문이다. 마침내 난리를 평정하고 몸소 나라를 중흥시켜 국운을 무궁하도록 연장시켰으니 그분의 영웅 무략이 아니고야 누가 이렇게 할 수 있겠는가?

선조는 대신들에게 권력을 빼앗길까 두려워 동인과 서인 어느 쪽에도 서지 않고 오락가락했다. 피의 당쟁을 조장한 장본인이 바로 선조였다. 기축옥사로 죽은 사람들은 한목소리로 선조에 대한 불만을 토로했다. "시기심이 많고 모질며 고집이 세다. 일을 같이 할 만한 사람이 못된다"라고 했고 "괴팍하기 짝이 없는 인물이다"라고도 했다. 서인이었던 성혼조차 붕당에 대처하는 선조의 처사를 비판할 정도였다. 유희춘은 이렇게 지적했다.

"임금께서는 성품이 고집스러워 넓고 환하지 못하신 데가 있습니다."

이이도 선조를 비판했다.

"재앙이 극심해 주상이 마음으로 두려워하면서도 재앙을 풀 계책을 알지 못하십니다. 한갓 의혹만을 조장해 의혹하지 않는 사람이 없고 의혹하지 않을 일이 없습니다."

앞뒤 결정이 다르고 자의적이었던 군주권 행사에 대한 평가였다. 역사의 격랑 속에서 몸부림쳤던 선조는 훗날에도 광해군을 폐위시키고 영창대군에게 왕위를 계승하게 하려는 실수를 저질렀다. 1608년 선조는 숨을 거두기 직전 일부 신하들을 불러 놓고 영창대군을 부탁한다는 말을 남겼다. 그러나 바로 그 때문에 영창대군은 제명을 다하지 못하고 강화도에서 죽었다.

> 임금이 똑똑하지 못하면 나라는 위태롭고 백성은 혼란스럽다. 임금이 어질고 훌륭하면 나라는 편안하고 백성은 잘 다스려진다. 화와 복은 임금에게 달려 있는 것이지 하늘의 시운(時運)에 있는 것이 아니다.

강태공이 《육도문도》에서 한 말이다. 우여곡절 끝에 광해군이 왕위에 올랐고 7명의 서얼들이 역모를 꾸몄다는 칠서지옥(七庶之獄) 사건으로 영창대군은 살해되었다. 이이첨의 명을 받은 강화부사 정항(鄭沆)의 짓이었다. 이후 광해군은 인조반정으로 왕위에서 쫓겨나는 비극의 주인공이 되었다.

선조의 왼팔과 오른팔, 유성룡과 이항복

온건함과 타협의 명수, 유성룡

기축년 10월 초이틀에 기축옥사가 일어났다. 수많은 사람들이 걸려들어 파직과 삭탈이 잇따랐으며 곤장을 맞다 죽임을 당했다. 예조판서였던 유성룡은 일본에 통신사를 보내는 문제로 여러 날째 장고를 거듭하는 중이었다. 하지만 유성룡도 역사의 격랑을 피해 가지는 못했다. 벼슬을 사양하고 고향에 머물 당시 백유양이 정여립에게 보낸 편지가 화근이었다. 유성룡에게 다시 입사하도록 권하는 내용이 실려 있었기 때문에 그의 운명은 한 치 앞을 분간할 수 없는 상황이었다.

유성룡은 그동안에 일어난 일을 솔직하게 설명하고 벼슬을 사직하기를 고하는 상소를 올렸다.

> 신이 10여 년 전 호남에 정여립이란 사람이 독서와 학문에 부지런한 것으로 이름이 났다는 말을 들었습니다. 그 후 명성이 점차 커지고 전하는 자가 더욱 많아졌습니다. 그러자 모두 중요한 자리에 추천하

려 하면서 오래도록 변변찮은 자리에 머무는 것을 스스로 자제하는 것으로만 여겼습니다. 오직 죽은 이경중만이 그를 극력 배척했습니다. 그때 경중이 말했습니다.

"그의 인품은 내가 잘 아는 바이다. 젊었을 때 그와 성균관에 함께 머물면서 그가 하는 일을 살펴보았다. 그는 기질이 일정치 않은 사람이다. 물론 그는 독서하는 것을 명예로 삼고 있다. 하지만 기질을 변화시키는 것은 옛 사람도 어렵게 여겼다. 타고난 자질이 그런데 어찌 하찮은 독서의 힘으로 변화시킬 수 있겠는가? 만일 그를 쓰면 반드시 조정을 어지럽히고 선비들에게 욕을 끼치게 될 것이다. 내가 이미 이런 것을 분명히 아는데 어찌 추천할 수 있겠는가? 이로써 탄핵받더라도 근심하지 않는다."

신이 그때까지 역적의 얼굴을 보지 못했으므로 경중의 말을 듣고 마음속으로 그가 결코 좋은 사람이 아니라고 생각했습니다. 하지만 어떠한지 단정하지는 못했습니다. 이로부터 뭇사람들이 왁자하게 떠들면서 경중이 아름다운 선비를 시기한다고 했습니다. 신사년 여름에 사헌부에서 "아름다운 선비를 가로막았다"라고 간언해 마침내 이경중을 조정에서 내쳤는데 '아름다운 선비'란 곧 정여립입니다.

역적의 입사 길이 한 번 열린 후부터 번갈아가며 서로 추천해 점차 억누를 수 없는 지경에 이르렀습니다. 그러나 신은 예전부터 그 사람을 좋아하지 않았으므로 역적이 정언으로 있을 때는 조정에 함께 있으면서도 서로 만나 본 적이 없었습니다. 이 때문에 여립이 기필코 기회를 노려 신에게 재앙을 전가시키려 하면서, 신을 큰 간인이라 지적해 제거하려 했으니 그 말이 매우 참혹합니다.

이 역적이 스승과 동료들을 따라다니며 감히 교묘한 행동으로 한 세상을 현혹시켰습니다. 그런데 간혹 겉으로 드러나지 않은 그의 속마음을 엿본 자가 있기도 했습니다. 하지만 단지 그가 안정되지 못한 것을 근심했을 뿐이지 어찌 악한 짓이 극도에 이를 줄 알았겠습니까? 이제 와서 생각해 보니 여립의 간악함을 미리 안 사람은 오직 이경중 뿐입니다.

유성룡은 오직 이경중만이 정여립을 배척했고 나머지는 모두 정여립과 어울렸다고 말했다. 유성룡의 상소는 계속 확대되어 가던 기축옥사를 점차 잠잠하게 만드는 결과를 낳았다. 정여립과 어울렸던 선비들을 모두 역모의 동조자로 모는 것은 무리였기 때문이다.

《선조수정실록》에는 유성룡의 상소문에 대해 이렇게 실려 있다.

유성룡은 백유양이 역적에게 보낸 편지에 이름이 나왔을 뿐 애초부터 역모에 관련되지 않았다. 이때 조정의 신하들이 역모의 죄를 동인들에게 돌렸으므로 정여립과의 관계를 끊지 않은 죄는 피차 다름 없음을 밝혔을 뿐이다. 이 때문에 정인홍이 죄를 얻었고 유성룡과의 관계가 멀어져 남인과 북인 사이가 갈렸다.

상소문을 접한 선조는 기축옥사가 확대되는 것에 제동을 걸기 시작하면서 유성룡의 사직을 허락하지 않았다.

"백유양의 편지가 경과 무슨 관계가 있겠는가? 나는 경이 금옥처럼 아름다운 선비로서 그 마음을 모두 알고 있으리란 걸 오래전부터 짐작하고 있었다."

이렇게 해서 유성룡은 피해를 입지 않고 자리를 보존할 수 있었다. 《서애연보西厓年譜》에는 다음과 같이 실려 있다.

> 무고를 당한 명사들이 차츰 풀려났다. 선생이 한번 상소한 힘이라 하여 장안의 인사들이 상소문을 돌려가며 읽었고 부녀자들도 언문으로 바꾸어 읽었다.

선조가 유성룡에게, 그리고 사헌부에서 정여립에게 했던 '아름다운 선비'라는 말에는 오늘날 우리가 놓치고 있는 의미가 숨어 있다. 당시의 아름다움은 눈에 보이는 것이 아니었다. 문사철(文史哲)이 고루 갖추어져 모자람이 없는 상태를 진정한 아름다움으로 보았다.

그런데 《선조실록》에는 이와는 대조적인 내용이 실려 있다. 유성룡이 "무고하게 당하는 동인들을 위해 변호의 말을 한마디도 하지 않았고 한 사람도 구제하지 않았다"라는 비난이 빗발같이 쏟아졌다는 것이다. 뿐만 아니라 유성룡은 당시의 동인과 서인 지도자들이 모두 죽고 난 후에도 남인과 서인 간의 논쟁거리를 제공했다.

서인들은 당시 위관이 정철이 아니라 유성룡이었다고 주장했다. 반면에 남인들은 기축옥사가 끝날 때까지 위관은 정철이었다고 주장했다. 그러나 기축옥사의 수사 기록인 《기축옥안》이 불타 없어졌기 때문에 정확한 결론은 내릴 수 없다.

훗날 유성룡은 기축옥사에 연루된 사람들의 신원을 요청하는 상소문에서 이렇게 썼다.

> 기축년의 일은 여러 신하들이 나라를 등진 죄를 고루 가지고 있는 것이지 어떤 한 명에게 그 허물을 넘길 일이 아니옵니다.

이 말 또한 시비가 분명치 않은 유성룡의 성품에서 비롯되었을 것이다.

유성룡의 본관은 풍산이고 자는 이견이며 호는 서애로 관찰사를 지낸 유중영(柳仲郢)의 둘째 아들로 태어났다. 김성일과 동문수학했으며 21세에 형 유운룡(柳雲龍)과 함께 도산으로 이황을 찾아가 "하늘이 내린 인재이니 반드시 큰 인물이 될 것이다"라는 예언과 함께 칭찬을 받았다.

이항복은 "이분은 어떤 한 가지 좋은 점을 꼬집어 말할 수 없다"라고 했으며 이원익은 "속이려 해도 속일 수가 없다"라고 말했다.

25세에 문과에 급제한 유성룡은 승정원, 홍문관, 사간원 등과 판서를 거쳐 기축옥사 때도 굳건히 자리를 지켰다. 뿐만 아니라 동인이었음에도 불구하고 광국공신(光國功臣)의 훈공을 새긴 패를 받았고 1592년에는 영의정에 올랐다.

정치가와 군사전략가로 생애의 대부분을 보낸 유성룡은 체(體)와 용(用)을 중시한 실용적인 학문을 추구했다. 그는 임진왜란 당시 이순신에게 《증손전수방략增損戰守方略》이라는 병서를 지어주고 실전에 활용하게 하기도 했다.

그의 말년인 1598년에 명나라 정운태가 조선이 일본과 연합해 명나라를 공격하려 한다고 본국에 무고한 사건이 일어났다. 유성룡은 사건의 진상을 변명하러 가지 않았다는 북인들의 탄핵을 받아 관직을 삭탈당했으나 1600년에 복관되었다. 그러나 벼슬에 나아가지 않고 은거했다.

1604년 풍원부원군(豊原府院君)에 봉해졌고 파직된 후에 고향에서 저술한 임진왜란의 기록인《징비록》과《서애집》,《신종록愼終錄》,《영모록永慕錄》등 수많은 저술을 남겼다. 유성룡이 병들어 누워 있다는 소식을 전해들은 선조는 의원을 보내어 치료하게 했지만 65세에 생을 마감했다. 하회에서 세상을 떠난 유성룡의 살림이 가난해 장례를 치르지 못한다는 소문이 돌았다. 그 소식을 전해들은 수천 명의 사람들이 그의 빈집이 있는 서울 마르냇가(지금의 서울 인현동)로 몰려들어 삼베와 돈을 한 푼 두 푼 모아 장례에 보탰다.

유성룡이 죽은 후 실록의 사관은 이렇게 평했다.

> 타고난 품성이 총명하고 기상이 단아했다. 학문을 열심히 익혀 종일 단정히 앉아 있으면서 몸을 비틀거나 기댄 적이 없었다. 남을 대할 적에는 남의 말에 귀를 기울여 듣고 말수가 적었다.

그러나 칭찬의 말 뒤에는 이렇게 기록했다.

> 이해가 앞에 닥치면 동요를 보였기 때문에 임금의 신임을 오래 얻었다. 곧은 말을 드린 적이 별로 없었고 정사를 오래 맡았다. 그러나 잘못된 풍습은 구해내지 못했다.

《석담일기》에서 이이는 유성룡을 이렇게 평했다.

공은 재능과 식견이 있고 임금에게 아뢰는 말을 잘하여 경연에서 하는 말을 사람들이 좋은 말이라고 모두 칭찬했다. 다만 일심으로 봉공하지 못하고 때로는 이해를 돌아보는 경향이 있어 군자들이 이것을 부족하게 여겼다.

유성룡은 총명했지만 정여립처럼 과격한 성품이 아니었다. 동인과 서인이 첨예하게 맞서 있을 때에도 동인에 속해 있었지만 서인에게도 항상 온건한 태도를 취했다. 유성룡은 조정에 분란이 생길 때마다 중도적 입장을 견지했는데 이런 사실을 잘 보여주는 일화가 있다.

선조가 어느 날 조정 신하들이 모인 자리에서 물었다.

"과인을 예전의 성군인 요순과 폭군인 걸주에 비긴다면 어느 쪽이겠는가?"

이에 정이주가 말했다.

"요순과 같은 군주올시다."

김성일이 말했다.

"걸주와 같사옵니다."

김성일의 말에 선조는 안색이 변해 못마땅한 표정을 지었다. 이때 유성룡이 어색한 분위기를 누그러뜨렸다.

"둘 다 바른말입니다. 정이주는 장차 전하의 성덕을 바라는 뜻이요, 김성일은 전하께 경계를 드리는 말인 줄 아옵니다."

온건함과 타협의 명수였던 유성룡은 이렇듯 세월의 격랑 속에서 여러 가지 모습을 보여주었고 빼어난 정치가와 저술가로서 역사의 한 페이지를 장식하고 있다.

굳건한 줏대와 인간적 성품, 이항복

이항복은 기축옥사가 일어났을 때 예조정랑이었다. 그는 죄인을 문초한 조서를 작성하여 읽어주는 일을 하는 임시 관직인 문사낭청(問事郎廳)으로 친국에 참여해 선조의 두터운 신임을 받았다. 그는 최영경 등 동인들이 국문을 받을 때 공정한 판단으로 많은 사람들을 구하려 애썼다. 그때의 상황이 〈오성부원군이공행장鰲城府院君李公行狀〉에 이렇게 실려 있다.

> 기축년 정여립의 옥사 때에 문사낭청이 되었는데 밝고 민첩해 임금의 뜻에 맞았다. 임금은 언제나 공의 이름을 부르며 "이항복으로 하여금 말을 전하게 한다"라고 말했다. 동료들은 팔짱만 끼고 감히 그런 대우를 바라지 못했다. 대신이 죄인의 형을 결정할 때 매번 공이 그 중간에서 억울한 것을 힘써 풀어주어 살아 나온 자가 퍽 많았다.

상촌 신흠(申欽)이 지은 영의정백사이공신도비에는 이렇게 실려 있다.

> 이항복은 죄수가 많이 연루돼 옥사가 빨리 끝나지 않아 남이 화를 당하길 바라는 자의 마음을 민망히 여겼다. 그리하여 죄상이 의심스러

울 때는 바로잡아 억울한 사람을 살렸다.

이항복은 기축옥사를 처리한 공로로 평난공신 3등에 녹훈되었다. 《선조실록》을 기록한 사관은 이항복을 이렇게 비판하고 있다.

기축옥사 때 독살스러운 정철과 함께 악한 일을 자행했다. 그때 그는 문사낭청으로 정철에게 역적들 중에는 호남에서 일어난 자도 있고, 서울에서 일어난 자도 있으며, 영남에서 일어난 자도 있다고 말했다. 이는 선비들을 모두 살해하고자 한 것이었다.

훗날 정철이 몰락했을 때 사람들은 자신에게 화가 미칠 것이 두려워 정철을 찾지 않았다. 하지만 이항복은 좌승지의 신분으로 그를 찾아가 위로했다. 이 때문에 이항복은 정철의 사건을 게을리했다는 공격을 받고 파직되었다.

그 후 임진왜란이 일어나자 선조를 의주까지 모신 공로로 오성부원군에 봉해졌다. 또한 명나라에 구원병을 요청해 성사시키기도 했다. 그때 이항복이 접대했던 명나라 사신은 그를 '동방의 인물'이라며 존경해 어려운 일이 있을 때마다 찾았다.

기축옥사가 끝난 뒤 10여 년의 세월이 흐른 뒤 선조와 백사 이항복이 나눈 이야기가 정약용이 지은 〈동남소사東南小史〉 3권에 실려 있다.

"경연이 파하고 좌우 사신들이 물러났는데, 이상이 홀로 머물러 일어나 절하며 말하였다.

"신이 일찍이 한 번 아뢰라했지만 그러지 못한지 여러 해가 되었습니다."

임금이 말했다.

"경은 그렇게 장황하게 말하지 말고 그냥 말하시오." 그 말을 들은 이항복이 일어나 절하고 앉아서 상세하게 기축옥사에 대해서 아뢰었다.

"신이 문랑이 되어서 처음부터 끝까지 이발 형제의 원정原情과 형신刑訊 공사供辭를 자세하게 알고 있습니다. 대저 흉변이 진신縉紳 가운데 일어나 천위(天威, 제왕의 위엄)가 진노하여 사람들이 두려워 부들부들 떨지 않은 사람이 없어, 그 원통한 상황을 말한 사람이 없었습니다. 대개 주상의 분노가 두려워서 그랬습니다. (…) 신에게 하고 싶은 말이 있었지만 두려워서 아뢰지 못한 것이 이것입니다."

이 말을 들은 임금이 웃으며 말했다.

"이런 말이 경의 입에서 나오다니 뜻밖이요."

1598년에 우의정, 1600년에는 영춘추관사(領春秋館事) 및 세자의 사부로 임명되었다. 그러나 최영경을 모함한 장본인이 성혼이라는 정인홍의 상소가 올라왔을 때 성혼을 비호했다가 정철의 당으로 몰려 영의정 자리에서 물러났다. 이후에도 그의 인생은 평탄하지 않았다.

1617년에는 인목대비를 폐비하자는 주장에 맞서다 관직이 삭탈되어 북청으로 유배되었다. 이때 귀양지로 가는 도중 애틋한 시 한 수를 남겼다.

철령 높은 재에 자고 가는 저 구름아
외로운 신하의 원통한 눈물을 비 삼아 띄워다가
임 계신 구중궁궐에 뿌려 본들 어떠리

이항복은 백사(白沙)라는 호보다 오성대감라는 별칭으로 널리 알려져 있다. 특히 죽마고우였던 한음 이덕형과의 재미있는 어린 시절 이야기들은 너무나 유명하다. 고려 때 문장가 이제현의 후손으로 참찬 이몽량(李夢亮)의 아들이었던 이항복은 1556년 포천에서 태어났다.

그는 9세에 아버지를 여의고 편모슬하에서 자랐다. 소년 시절 불량배들의 우두머리로 헛되이 세월을 보냈지만, 어머니의 말씀에 큰 감화를 받고 학업에 열중하여 성균관에서 크게 이름을 떨쳤다. 1575년 진사 초시에 합격했고 1581년에는 예문관 검열이 되었다. 이이의 추천으로 선조의 《자치통감강목資治通鑑綱目》 강연에 참여했는데, 함께한 선비들 중에는 죽마고우 이덕형도 있었다.

그가 살았던 16세기에서 17세기 초 조선의 운명은 동인과 서인의 분열, 그리고 임진왜란이라는 국난으로 바람 앞의 등불 같았다. 이런 상황에서 그는 어느 한 당파에 속하지 않고 중심을 지키며 살았다. 그 때문에 난처한 상황에 빠진 적이 한두 번이 아니었다.

특히 최영경과 정언신의 재판, 그리고 정언신의 아들 정율의 죽음 후에 보여준 그의 모습은 인간 본연의 모습이 어떠해야 하는지를 강렬하게 보여주는 사례였다. 이항복은 의지가 굳고 강인한 인물이었다. 그가 죽자 한 선비가 시를 읊어 이렇게 애도했다.

> 오성 대감이 기둥이 되어 하늘을 떠받들어 평온하더니,
> 그가 죽고 기둥이 부러지니 하늘을 어이하리
> 북풍이 비를 불러와 뿌리지만
> 내가 흘린 눈물이 비보다 많네

조선 중기 한문사대가의 한 사람이었던 이정구(李廷龜)는 이항복의 인격과 문장을 이렇게 칭송했다.

"그가 관직에 있은 지 40년, 누구 한 사람 당색에 물들지 않은 사람이 없었다. 하지만 오직 그만 초연히 중립을 지켜 당색을 찾아 볼 수 없었다. 그의 문장이 이런 기품 위에서 이루어졌으니 어찌 뛰어나지 않겠는가?"

이항복은 기지와 해학이 뛰어났고 보신에 대한 걱정이나 두려움이 없어 강직했다. 소신이 뚜렷해 시비를 공정하게 가렸으며 다른 사람을 자신처럼 사랑했다. 그는 사람에 대한 정이 넘치는 인간적인 인물이었다.

⑥ 상소 공방전과 대동계의 비밀

정여립이 이이를 공격한 지 한 달 만인 을유년 5월 28일에 이이, 정철과 지우(志友)로 교유하던 의주목사 서익이 상소를 올려 정여립을 공격했다. 기축옥사의 싹이 트기 시작한 것이다. 《선조수정실록》에는 이렇게 실려 있다.

> 신이 삼가 들으니 정여립이 경연에서 이미 세상을 떠난 이이를 공격하고 드디어 박순과 정철까지 공격해 그들이 직책에 편안히 있지 못하고 물러가게 되었다고 합니다. 다른 사람이라면 그럴 수 있어도 정여립만은 그럴 수 없습니다. 그는 본래 이이의 문하생입니다. 송응개, 박근원, 허봉이 내쫓기고 이이가 부름을 받아 돌아왔을 때에 정여립은 전주의 글방에 있었습니다. 그때 어떤 선비가 찾아와 함께 이이의 사람됨에 대해 논했는데, 이때 정여립이 뜰에 있는 감을 가리키며 이렇게 말했습니다.
> "공자는 푹 익은 감이고 이이는 반쯤 익은 감이다. 반쯤 익은 것은 다 익게 되지 않겠는가? 이이는 참으로 성인이다."

그때 찾아갔던 선비가 바로 이정란(李廷鸞)이었습니다. 신이 부름을 받고 도성에 들어왔을 때에 이이는 이미 병석에 누워 있었습니다. 친분 있는 사람이 정여립이 이이에게 보낸 편지를 보여주었는데 그 편지에는 이렇게 쓰여 있었습니다.

"송응개, 박근원, 허봉이 비록 내쫓겼지만 아직 큰 간인이 남아 있으니, 훗날의 변란이 지금보다 더 심해 구할 수 없을 것입니다."

큰 간인이란 유성룡을 지목한 것이었습니다. 전에도 정여립이고 지금도 정여립인데, 어떻게 지금에 와서 직접 이이를 비난하면서 부끄러운 줄 모를 수 있습니까? 스승과 친구 간의 정리가 살아 있을 때와 죽었을 때 다르고, 분위기에 따라 문풍지처럼 흔들리면서 "나는 글을 읽은 군자다" 한다면 어느 사람이 믿겠습니까? 정철이 술을 즐기는 것은 곱고 고운 흰 구슬의 작은 티입니다. 다른 산에서 나는 빛깔만 깨끗한 돌과 비교한다면 하늘과 땅처럼 그 차이가 현격할 것입니다.

여립은 이 시대의 형서이니

서익의 상소에 선조가 답했다.

"네 상소를 보건대 생각이 있으면 기필코 전달하는 뜻이 있으니 내가 가상하게 여긴다."

이어 전교를 내렸다.

"이 상소를 보니 정여립의 말이 허망해 헤아리기 어렵다. 대개 내가 말하는 현인이란 이이와 성혼이다. 그러므로 이 두 사람을 공격하는 자들은 반드시 간사할 것이라고 생각한다. 유성룡도 군자임에 틀림없는데, 나는 그를 지금의 대현(大賢)이라 부를 수 있다고 생각한다. 그를 바라보고 함께 이야기하다 보면 나도 모르게 속으로 감복하는 때가 많다. 어찌 그런 학식과 기상을 가진 자가 큰 간인일 수 있겠는가? 어느 담 큰 자가 그런 말을 했는가? 그러나 나는 정신이 혼미하고 용렬하니 어찌 감히 내 견해만을 옳다고 할 수 있겠는가? 정여립에 대해서는 내가 여러 차례 접견해 그의 사람됨을 관찰한 적이 있다. 보건대 큰 기개를 가진 자인 듯했다. 그러나 실제로 어떤 인물인지는 모른다. 그러나 정여립도 사리와 체면을 갖추고 있거늘, 어찌 예판을 큰 간인이라 지목해 차마 그 입으로 말할 수 있겠는가? 절대로 그럴 리가 없다. 그러나 정여립이 이이에게 서신을 보냈다는 서익의 말은 근거가 있는 듯하다. 무릇 사람의 인정이 흔들리게 됨은 매우 바람직하지 못한 일이다."

이때만 해도 선조는 정여립에게 기대를 가지고 있었다. 남의 말을 유난히 칭찬하는 듯싶으면 같은 당이고, 비난이 지나치다 싶으면 다른 당인 경우가 허다하다는 사실을 선조 역시 잘 알고 있었을 것이다.

뒤를 이어 승정원에서 임금에게 회신을 보냈다.

"서익의 마음은 측량할 길이 없습니다. 정여립이 이이에게 보낸 편지에 실제로 큰 간인이라는 말이 있는지 알 수 없습니다. 설혹 있다 하더라도 직접 정여립에게 듣지 않았다면 어찌 그 큰 간인이란 말이 유성룡을 지목한 것인지 알 수 있겠습니까?"

이에 선조가 말했다.

"그 말이 자못 의심스럽다. 이이가 어질지만 어찌 성인까지 될 수 있겠는가? 여립이 이이를 성인이라 했다가 유성룡을 큰 간인이라 했다 하니 여립이 이 말을 했다면 천지간의 요물이다."

사간원과 사헌부에서 서익을 파직할 것을 청했다. 그러나 선조는 허락하지 않았다. 그 사이 사간원의 간원이었던 김권(金權)이 선조에게 고했다.

"지난 번에 송응개, 박근원, 허봉이 귀양 가고 이이가 조정으로 돌아왔습니다. 정여립이 이 일로 말미암아 생각한다면 마땅히 진정하여 중도를 지켜야 했을 것입니다. 그런데 그 편지에 '한두 명의 간인이 이미 귀양 갔지만 큰 간인이 아직도 조정의 여론을 장악해 화를 좋아하는 마음이 떠들썩하다. 진시황처럼 글을 불태우고 선비를 무찔러 죽이는 참화가 눈앞에 다가와 있다'라고 했습니다. 훗날 경연에 들어왔을 때에는 이전에 삼사가 논핵하던 내용이 채택되지 못한 죄를 이이에게 돌리며 욕하고 배척하기를 못하는 말이 없었습니다. 서익이 예전에 남쪽 지방에 머물면서 여립의 생각을 알지 못하는 것이 없기 때문에 분개해 이런 말이 나온 것입니다. 그 뜻은 진실로 화평인 것이니 서익을 파직시키자는 동료들의 논의는 지나친 것이옵니다."

선조가 김권에게 물었다.

"정여립이 이이에게 보냈다는 편지를 직접 보았느냐? 그 편지는 여립이 이이를 배척하기 전에 보낸 것이냐? 후에 보낸 것이냐?"

이에 김권이 말했다.

"신이 직접 보았는데 그 편지는 여립이 이이를 배척한 후에 나왔습니다."

선조가 김권에게 답했다.

"서익이 정여립을 논란한 일이 옳다 하더라도 그 나머지는 사악한 말이다. 네가 서익이 화평을 주장했다고 말하는 것은 잘못이다. 이미 그 편지를 보았다니 다시 의심할 만한 것은 없지만 측량할 수 없는 것이 사람의 말이다."

선조는 정여립이 이이에게 편지를 보낸 것이 사실이 아니라고 여기고 있었다. 그런데 홍문관에서 다시 차자를 올려 서익이 올린 상소가 옳지 못하다고 비판했다. 이에 선조가 말했다.

"서익의 사람됨에 대해서는 완고하고 거친 태도를 의심하고 있었다. 이 상소문을 보니 마음가짐이 음흉하고 음모가 괴이하다. 이는 한편으로는 동료를 위해 변명하며 한편으로 어진 선비를 배척하려 한 것이다. 공박하는 말을 지어내 대간들을 위협하고 억눌러서 조사하고 논핵하지 못하게 한 것이다. 또는 의에 죽는 절개라는 말로써 임금을 두렵게 해 시비를 구별하지 못하게 한 것이다. 서익은 밖으로는 화평을 이야기했지만 사실은 가슴 속에 있는 술책을 드러낸 것이다."

이어 선조는 다시 승정원에 이렇게 전교했다.

"분명 정여립이 이이에게 절교하는 서찰을 보냈는가? 승지 중에 본 자가 있는가?"

이에 승지들이 답했다.

"여립이 편지를 보낸 일에 대해서는 항간에 떠도는 말이 있습니다. 그러나 신들 중에 직접 본 사람은 없습니다. 그 후에 이이에게 절교하는 서찰을 보냈다는 말도 들었습니다. 그러나 그것 역시 보지 못했습니다."

그러나 사건은 그것으로 마무리되지 않았다. 뒤를 이어 6월 열엿새에 이이의 조카인 생원 이경진(李景震)이 상소를 올렸다.

"정여립이 경연에서 숙부 이이를 헐뜯고 배척했다는 말을 듣고 놀랍고 괴이하게 여겼습니다. 그래서 혼잣말로 '다른 사람이 헐뜯었다면 이상할 것이 없겠지만 여립이라면 그럴 리가 없을 것이다' 했습니다. 신이 집안의 편지들을 뒤져 여립이 숙부에게 보낸 것을 찾았는데, 그 내용은 이러했습니다.

> 여러 소인들에게 미움을 받아 황급하게 도성을 떠났다는 소식을 듣고부터 저는 누워도 자리가 편치 못하고 먹어도 맛을 알지 못했습니다. 몇몇 사람들이 남을 시기하고 미워해 국사를 그르치는 상황에 대해 의견을 피력해 강력하게 주장하려 생각했습니다. 하지만 얼마 후에 다시 생각해 보니 무상한 몸이 임금에게 버림받고 있으면서 지금 뻔뻔스럽게 얼굴을 들고 말할 수가 없었습니다. 다시 성장(成丈)이 상소해 변론했으니 제가 말하지 않더라도 한스러울 것이 없겠다 여겼습니다.

그런데 그는 상황이 이미 드러나 사람들의 이목을 가리기 어렵게 되자 변명할 말이 없음을 걱정했습니다. 그래서 도리어 숙부에게 절교하는 편지를 보냈다고 말했습니다. 신이 집안에 들어가 여립이 계미년 11월에 보낸 편지를 찾아보니 대략적인 내용이 이랬습니다.

> 임금께서 의심을 물리치고 여러 사람들이 미워하는 가운데 존형(尊兄)을 발탁해 수장으로 삼고 국사를 맡기기를 주저하지 않으셨습니다. 이는 한나라와 당나라 이래로 일찍이 없었던 성대한 일입니다. 이 일을 보고 들은 자라면 누구인들 감격해 눈물을 흘리지 않겠습니까? 저의 기쁨은 그보다 더 큽니다.

이것이 과연 절교의 편지입니까? 이로부터 숙부가 죽을 때까지의 기간이 겨우 한 달뿐이었으니 어찌 그 사이에 다시 편지를 보내 절교할 수가 있겠습니까?"

선조는 경연에서 이렇게 말했다.

"정여립은 이 시대의 형서(邢恕)이다. 일개 소인의 하찮은 일이 무슨 큰 관련이 있기에 이것을 가지고 서로 용납하지 못하는가?"

선조가 정여립에 빗대어 말한 형서는 송나라의 유명한 학자 정이천(程伊川)의 제자이다. 스승을 배반한 못된 인간의 표본이며 삼국지의 여포처럼 두고두고 사람들 사이에 회자된 인물이다. 선조가 정여립을 두고 형서라고 말했다면 정여립에게는 씻을 수 없는 치욕이었을 것이다.

그 당시 스승과 제자는 어떤 관계였던가?

이이는 그의 저술 《학교모범》에서 "스승을 쳐다볼 때 목 위를 보아서는 안 되고, 스승 앞에서는 개를 꾸짖어서도 안 되며, 웃을 때도 치아를 드러내고 웃지 말며, 스승과 겸상할 때는 칠 푼만 먹고 남김으로써 배부르게 먹지 말아야 한다"고 하였다.

'스승의 그림자도 밟지 않는다'는 시대였다. 그런데 스승을 배반한 제자인 '형서'라는 말을 들은 정여립의 마음은 과연 어떠했을까?

이 말을 듣고 정여립은 선조 아래서는 어떤 일도 이룰 수 없다는 사실을 깨달았다. 그는 두 손으로 땅을 짚은 채 임금의 얼굴을 똑바로 바라보며 말했다.

"신이 지금부터는 용안을 뵐 수 없겠습니다."

그리고 곧바로 고향으로 돌아갔다. 이때의 상황이 《선조수정실록》에는 이렇게 실려 있다.

> 여립은 크게 기운이 꺾여 시골로 돌아갔는데 이발 등이 서로 잇따라 변호하고 여러 차례 삼사에 추천했다. 그러나 상은 끝내 기용하지 않았고 비록 지방의 관직이라도 낙점하지 않았으니 여립의 울분이 더욱 심했다.

우성전이 지은 《계갑일록》에도 이와 비슷한 글이 있다.

> 처음으로 여립의 상소문을 보았는데, 다만 그가 병이 있어 벼슬하기 어렵다는 것만 말했을 뿐 다른 일을 말하지 않았다. 다만 마지막에 말하기를 "지금 나라 일이 어렵고 염려스러운데 안으로는 선비들이 흩어지고 밖으로는 싸움이 곧 일어나려 하니, 신처럼 어리석고 변변치 못한 사람으로 직무를 맡아 하나라도 도움이 되겠습니까?"라고 적혀 있었다.

동인들이 집권하던 시기에 신망을 한 몸에 받았던 정여립. 그가 벼슬을 사직하고 고향으로 돌아갈 수밖에 없었던 데는 세간의 비난도 있었지만 선조에 대한 불쾌감이 더해진 이유가 컸다. 정여립이 벼슬을 그만두고 고향으로 돌아갔다는 소식이 알려지자 그를 추종하던 사람들은 "오히려 잘된 일이다"라며 입을 모아 칭찬했다. 그때 그의 나이 39세였다.

훗날 변고가 있으면 와서 기다려라

세상은 갈수록 어지러워졌다. 군정이 문란해지고 재정은 쇠진했으며 매년 흉년이 들어 도적들이 들끓었다. 거기다가 남쪽 백성들을 북쪽으로 강제 이주시킨다는 소문이 떠돌았다. 어떤 변란이 일어날지 아무도 몰랐다.

선조 19년과 20년 사이, 정여립은 임금에게 하직을 고하고 고향인 전주로 내려갔다. 선조 20년(1587)은 동인들이 주도권을 잡고 있던 삼사가 서인들의 손에 넘어간 의미심장한 해였다.

사람은 누구나 한 생애를 살면서 한두 번씩은 일생을 걸고 결단해야 할 때가 있다. 주어진 운명에 순응하여 살 것인가, 자신의 전부를 걸고서 새롭게 시작할 것인가. 이 두 가지 중에서 하나를 선택해야 하는 것이다. 대다수의 사람들은 전자를 택한다. 살아온 날들의 익숙함이 미지의 것에 대한 두려움을 이기고, 이제껏 살아온 대로 익숙함에 젖어 살아간다. 그러나 역사의 한 획을 긋는 시기에 중심축을 이루었던 사람들은, "창조란 불행한 것들 사이로 자신의 길을 금그어 나가는 것이다"라고 말한 프랑스의 철학자 들뢰즈의 말처럼 사회적 통념을 깨뜨리고 앞이 보이지 않는 어둠 속에 단호히 온몸을 내던진다.

정여립 역시 그러했다. 그도 다른 사람들처럼 선조 앞에 머리를 조아리고 적당히 아부하고 살았더라면, 그의 앞길은 탄탄했을지도 모른다. 어쩌면 재상 반열에까지 올랐을 수도 있고, 임진왜란 때 불세출의 의병장으로 빼어난 활약을 했을지도 모른다.

정여립이 전주로 돌아오자 그의 명성은 높아져 갔다. 호남 지방은 물론 다른 지역에서도 그를 찾아오는 선비들이 점점 늘어났다.

정여립은 진안의 금강과 동향천이 합류하는 지점에 있는 죽도에 서실을 짓고 자신의 호를 죽도(竹島)라 했다. 제자들이 정여립을 죽도 선생이라고 불렀기에 전주 일대에서는 죽도 선생이라면 모르는 자가 없었다. 그 무렵 정여립은 처가에서 가까운 금구의 제비산 아래로 이주했다. 그 위에는 미륵신앙의 요람인 모악산 금산사가 있었다.

그 사이 서울에 있던 이발 등이 정여립을 천거해 요직에 앉히려 했다. 정여립도 선조 19년(1586) 김제군수로 가고자 인맥을 동원했다. 기축옥사가 일어난 선조 22년(1589)에는 황해도사로 가고자 했는데, 그때의 상황이 《선조실록》의 〈정여립을 김제군수와 황해도사로 추천했을 때〉에 실려 있다.

> 김제군수로 추천한 병술년(1586)에는 판서 이산해, 참판 이식(李拭), 참의 백유양이 당상이었고 정랑(正郎)은 유근(柳根), 정창연(鄭昌衍), 강신(姜紳)이었다. 황해도사로 추천한 기축년(1589)에는 판서 이양원(李陽元), 정탁, 참판 정언지(鄭彦智), 참의 이성중(李誠中)이 당상이었고 정랑은 이항복, 좌랑은 강신이었다.

그러나 선조는 정여립이 오만방자한 사람이라고 하여 그들의 청을 들어주지 않았다. 훗날 정여립은 이 일로 인해 서인들로부터 역모를 준비했다는 의심을 받게 되었다.

정여립이 근무하기 원했던 황해도는 1559년에서 1562년까지 임꺽정의 난이 일어난 곳이었다. 그가 황해도사로 가고자 했던 사실 자체가 매우 불리한 요인으로 작용했던 것이다. 특히 서인들은 그가 역모를 준비하려 한다는 의심을 품었다. 군사를 거느리는 황해도사가 되어 대동계 세력을 황해도까지 확대하고 남북에서 서울을 협공하려는 전략이었다는 것이다. 황해도는 명종 때 일어난 임꺽정의 난으로 민심이 흉흉해 제2의 혁명기지가 될 만한 조건을 갖추고 있었다. 기축옥사를 정확하게 바라보는 사람들은 이렇게 말한다.

"기축옥사야말로 당파 싸움의 극치를 보여주는 커다란 사건이자 《정감록》의 참설을 이용한 조선 왕조 최초의 민중 혁명 시도였다."

어떻게 앞일을 헤쳐 나갈 것인가를 고민하던 정여립은 우선 자기 집을 드나들던 사람들을 중심으로 기존의 체제에 도전하고 평등한 개혁을 실천하기 위한 조직을 만들었다.

전주, 태인, 금구 등 인근 읍의 사람들을 규합해 반상의 귀천과 사농공상의 직업적 차별, 그리고 남녀의 성적 차별이 없는 대동계를 만들고 누구나 들어올 수 있게 했다. 《국조보감》에서는 이렇게 말하고 있다.

"이웃 여러 고을의 여러 무사들, 그리고 관노와 사노들 중 씩씩하고 용감한 사람들과 대동계를 만들어 매월 15일 한곳에 모여 활쏘기를 겨루고 술과 음식을 장만해 즐겼다."

그가 미륵신앙의 요람인 금산사 일대에 자리를 잡은 것도 자신이 건설하고자 했던 대동세상의 진원지로서 가장 합당했기 때문일 것이다.

정여립이 대동계를 조직해 그 세력을 키워 가고 있을 당시 해서 지방에는 이런 말이 떠돌았다.

"호남 전주에 성인이 일어나서 우리 백성을 구제할 것이다. 그때는 바다와 뭍으로부터 조례를 받는 것, 친지와 이웃을 홅어 놓는 것, 도망자를 색출하는 것을 모두 없앨 것이다. 그리고 관노, 사노, 서얼의 벼슬길을 막는 법까지 모두 개혁할 것이다. 그러니 이로부터 국가가 태평하고 무사할 것이다."

이 말은 백제 멸망 이후 금산사를 중심으로 일어났던 미륵의 세상, 꿈의 나라에 대한 민중의 염원이나 다름없었다.

정여립이 조직한 대동계원들은 매달 보름날에 한 번씩 회합해 글도 배우고 활 쏘는 법, 말 타는 법, 칼과 창 쓰는 법도 배웠다. 이때 정여립의 본가에서는 술과 고기, 음식을 많이 준비해 그들을 배불리 먹였다.

부근의 잘사는 사람들도 정여립이 도움을 청하면 거절하는 법이 없었다. 유성룡이 "인품이 고상함을 내세워 큰 소리를 높여 당할 자가 없었다"라고 술회했던 것처럼 정여립은 멀리서 조정을 움직일 만큼 세력을 떨치고 있었다.

죽도 선생이라고 하면 부근의 어린 아이들까지 한 푼 두 푼 기부할 정도였으며, 재산이 많은 한 과부가 전 재산을 팔아 바쳤다는 기록도 남아 있다.

그들은 예전부터 정여립이 비범한 인물인 줄 알고 있었고 또한 어수선한 세상에 어떤 일이 일어날지 몰랐다. 그 때문에 정여립의 청탁이 가기만 하면 곡식과 돈, 그 밖의 각종 물자를 바리바리 실어서 보내주었다.

정여립의 세력이 갈수록 커지자 부와 명예를 얻고자 하는 사람들이 다투어 그의 문하에 들어갔다. 제자들이 많아지자 조정에서는 그를 두고 수나라 사람으로 경학에 밝아서 문도의 수가 1,000여 명에 달했던 하분(河汾)과 송나라의 주린(周麟)에 비견하기도 했다.

조경남(趙慶男)은 《난중잡록亂中雜錄》에서 정여립을 이렇게 평했다.

> 정여립은 전주 사람으로 명망이 일찍부터 드러나 세상을 뒤덮었다. 그는 조정에서 물러나와 집에 있으면서 고매하고 자중해 관직을 사양하고 받지 않았으며 나라에서 불러도 가지 않았다. 선비들은 달려

가서 한 번이라도 그를 만나는 것을 다행으로 생각하기까지 했다

정여립의 학문 역시 당대에 가장 빼어났다고 한다. 《괘일록》에는 "읽지 않은 책이 없을 정도였다"라고 실려 있다.

선조 32년(1599), 정개청의 제자인 나덕준은 상소문에 이렇게 썼다.

> 정여립은 애초 불을 지르고 사람을 겁략하는 도둑이 아닙니다. 왕망의 세상을 속이고 육당(陸棠)의 착한 것을 꾸미는 재주로, 온 나라 선비들이 그 이름을 알지 못하는 자가 없고 그 얼굴을 보지 못한 자가 없습니다.

선조 39년(1606) 10월에 오익창(吳益昌)이 올린 상소문은 정여립의 학문적 명성이 높았음을 보여주고 있다.

> 당당한 성명(成命)이 내려지는 조정에서 감히 임금 자리를 넘겨다보는 방책을 꾸민 것이 이 역적보다 더 심한 사람이 없었습니다. 바야흐로 그 명성을 도둑질하던 초기에 학문으로 거짓 핑계를 대고 넓은 견문과 사리를 따지는 말로써 역모를 꾸려 나갔습니다. 인성과 천명의 학문을 논하고 도의를 설파하는 척하여 세상을 속였습니다. 그러니 위로는 공경대부부터 아래로는 서민에 이르기까지 모두 한 번 보는 것을 다행으로 여겼습니다.

전주부윤이자 양명학자였던 남언경 또한 당파가 달랐음에도 "정공은 학문에 뛰어날 뿐만 아니라 그 재주도 다른 사람이 가히 따르지 못할 바이다" 하며 주자에 비견했다. 정개청은 자신보다 18살이나 어린 정여립을 일컬어 "도를 높고 밝게 봄이 당대에 오직 존형뿐"이라 했다. 이발 역시 정여립을 당대 "제일가는 인물"이라 했고 이이도 "호남에서 학문하는 사람 중 정여립이 최고"라고 했다. 그리하여 대동계원뿐만 아니라 호남의 지식인들이 정여립의 집에 모여들었다. 그들은 정여립의 집에서 책을 읽고 무술을 연마했다.

정여립은 그 시대의 스승이었다. 사서오경은 물론이고 글로 적힌 것이라면 모르는 것이 없었다. 어떤 경우에도 모호한 법이 없고 명쾌하게 설명했다. 이무렵 정여립은 대동계원들에게 이렇게 말했다.

"우리나라는 아무리 큰 적자라도 학문과 예법만 숭상할 줄 알았지 육예(六藝)를 다 가르쳐주지 않았다. 이제 내가 육예를 가르쳐주겠다."

육예란 예(禮), 악(樂), 사(射), 어(御), 서(書), 수(數)를 말한다. 대동계에는 여러 계층의 사람이 모여들었는데, 정여립 또한 신분에 차별을 두지 않았다. 전주, 금구, 태인, 김제 일대의 상민, 노예, 승려, 사당, 광대, 점쟁이, 풍수, 무당 할 것 없이 별의별 인물들이 다 속해 있었다. 정여립은 "활 쏘는 것은 육예 중 하나이니 남자들은 모두 배워야 한다"라고 말하며 활을 쏘는 법에서부터 유학에 관계되는 글까지 모든 것을 가르쳤다. 《선조수정실록》에는 정여립의 제자들이 그를 어떻게 생각했는지를 알 수 있는 기록이 남아 있다.

> 동방의 선유(先儒)들은 예악만 알 뿐인데 활 쏘는 재주를 가르치는 이는 오직 우리 죽도 선생뿐이다.

정여립이 조직한 대동계가 어떤 형태로 운영되었는지는 확실하지 않지만 《중종실록》 37년 2월 2일 기록을 보면 "옛날에 유사들에게는 대동접(大同接)이라는 것이 있어서 제술한 글을 가지고 서로 이기려고 했다"라고 실려 있고, 평남민보사에서 1967년에 간행한 《평양지》에는 "매 식년 5월에서 6월까지 보름간 10여 명씩 모여 서로 쓴 글을 가지고 문답한다"라고 실려 있는 것으로 보아 전시에 대비해 일종의 군사 훈련도 하고 각자 쓴 글도 나누어 보았던 것으로 추정된다.

정여립이 대동계를 조직해 전주 지역에서 활동을 전개하고 있던 선조 20년(1587), 전라도 해안 지방 손죽도(지금의 여천군 삼산면)에 왜구가 쳐들어왔다. 해마다 봄철이 되면 왜구가 몰려왔는데, 그해에는 더 큰 규모로 몰려와 흥양 녹아보를 습격했다. 그리고 이 싸움에서 보장(堡將) 이대원(李大元)이 죽었다. 조정에서는 좌우방어사로 변협(邊協)과 신립을 보내 적을 막게 하고, 전라감사에게 영을 내려 도내 각 부군의 병사를 모조리 동원해 방어하게 했다.

남언경과 정여립의 관계는 기축옥사가 일어나기 오래 전인 정해년(1587)에 일어난 정해왜변 때부터 시작되었다. 정해왜변에 대한 자세한 기록은 남아 있지 않지만 《선조실록》에 따르면 손죽도와 선산도 일대에 왜선 18척이 들어와 불을 지르고 많은 사람들을 죽였으며, 병선 5척을 빼앗아가고 조선인 포로 수백 명을 잡아갔다고 한다. 왜변으로 인한 피해가 심해지자 임금은 직접 시종관을 보내어 죽은 사람을 조문하고 생존자들을 위로했다. 그 당시 전주부윤이었던 남언경은 여러 읍에 병력을 요청했다. 그러나 여의치 않자 대동계라는 막강한 세력을 거느리고 있던 정여립에게 도움을 요청했다. 이는 국가 권력 차원에서 이미 정여립이 조직한 대동계를 반쯤 승인했던 것으로 볼 수 있다. 금구에 있던 정여립을 찾아간 남언경이 말했다.

"남해에 왜구가 쳐들어왔는데, 지금 전라도 일대에 군사가 마땅치 않소. 정공이 거느린 대동계원들을 동원해 도와줄 수 없겠소?"

"알겠습니다. 속히 대동계원들을 동원해 출동하겠습니다."

평소에도 존경하고 있었던 남언경의 요청에 정여립은 선뜻 대답했다. 대동계원들을 모이도록 하자 수많은 사람들이 모여들어 부서를 나누어 출발한 지 하루 만에 일이 마무리되었다. 정여립은 대동계원 중에서 가장 믿을 수 있는 무사를 장령으로 임명했다. 적이 물러가고 군사를 해산하면서 정여립이 장령에게 말했다.

"훗날 혹시 변고가 있으면 너희들은 각각 부하들을 거느리고 한꺼번에 와서 기다려라."

그리고는 군사들의 이름을 적은 군부(軍簿) 한 건을 가지고 돌아갔다. 남언경은 전주부윤으로 재직하던 당시에 정여립을 후하게 대우했는데, 이때의 일로 인해 기축옥사 당시 사헌부의 탄핵을 받고 파직됐다. 남언경은 서경덕의 문인으로 이황과 학문을 함께 논해 벗이 되었다. 명성이 일찍 드러났고 여러 차례 추천돼 조정의 벼슬이 참의에 이르렀다. 훗날 남언경은 정여립의 반역 음모 주장을 일축했다.

"정여립은 조만간 전쟁이 있을 줄 알고 전주, 금구, 태인 등 부근 읍의 무사와 공사 노비 중에서 건장한 사람을 뽑아 술과 음식을 즐기면서 무예를 닦는 장을 마련한 것뿐이다."

"그의 대동계는 신분 차별이 없고 군현의 경계를 넘는다는 점이 특징이다. 왜구에 대비한 지역 방어를 위해 일부러 광역적 조직을 만든 것이다."

달리 말하면 정여립이 당시의 허약한 국가 방위체제를 보완하기 위해 사병들을 양성했다는 뜻이었다. 하지만 민인백은 《토역일기》에서 이런 남언경의 말을 비난했다.

"남언경은 비록 유자로 소문난 자이지만 또한 머리를 굽신거리며 명령대로 따르는 것을 면치 못하고 정여립을 공경해 섬겼으니 그 밖의 사람들이야 무슨 말을 할 것인가? 가히 어리석음이 심하다 할 만하다."

정여립이 대동계를 조직해 군사를 훈련한 것은 어떤 의미에서는 이이의 십만양병설보다 실천적인 대처 방안일 수도 있다. 또 당시 국내외의 위기 상황에 대처하기 위한 적절한 시국관에서 비롯된 것으로 볼 수도 있다.

오래된 미래로부터 내려온 꿈, 대동세상

본래 대동계는 주나라 시대에 어질고 재능 있는 인재를 등용할 목적으로 시행되었던 향사례(鄕射禮)를 지역사회에서 구현한 것이었다. 주대의 관제를 기록한 《주례周禮》에 의하면 향사례는 지역 단위인 주(州)에서 정월 중 길일을 택해 행하도록 되어 있었다. 조선 성종 때에는 사림파가 유향소 복원 운동을 추진하면서 그곳에서 시행해야 할 의례로 추천하기도 했다. 향사례는 지방의 결속과 자치를 위한 방편이었던 것이다.

대동계에서 대동이란 말은 일반적으로 대동소이, 대동단결, 태평성세라는 의미로 쓰였다. 이 가운데 태평성세라는 의미의 뿌리는 《예기》의 〈예운편禮運篇〉에 처음 등장하는 이상사회로서의 대동이다. 이때의 동(同)은 사람들이 장막 안에 모여서 대화를 나누고 음식을 먹는다는 의미로 평(平)과 화(和)를 뜻한다. 대동사회는 천하위공(天下爲公), 즉 '천하는 가문의 사물(私物)이 아니고 만민의 공물(公物)'이라는 뜻이다.

《예기》에 실린 대동세상에 관한 설명은 다음과 같다.

> 큰 도가 행해지니 천하가 만민의 것이 되고 어질고 유능한 자가 선출됨으로써 모두가 신의를 중히 여기고 화목한 사회가 되었다. 그러므로 자기 부모와 자식만을 사랑하지 않고 모두가 한 가족같이 사랑했다. 늙은이는 수명을 다하고 젊은이는 재능을 다하고 어린이는 무럭무럭 자라며 홀아비와 과부, 고아와 자식 없는 늙은이, 병자들도 모두 편히 부양받게 되었다. 또한 남자는 모두 직분이 있고 여자는 모두 시집을 갈 수 있었다. 재물을 땅에 버리는 낭비를 싫어하지만 결코 자기만을 위해 소유하지 않으며 노동하지 않는 것을 부끄러워했다. 그러나 반드시 자기만을 위하지 않았다. 풍습이 순화돼 간특한 모의가 통하지 않으니 변란이 일어나지 않고, 도둑질과 약탈이 없으니 대문을 닫지 않고 살았다. 이것을 일러 '대동'이라 말했다.

그런데 16세기 말에 이르러 조선에서 대동계를 조직해 천하위공의 대동사상을 주장한 사람이 바로 전주의 정여립이었다. 그는 평소 유교의 이단자인 순자에 대해 자주 말했다.

"인간의 본성은 요 임금과 순 임금, 그리고 포악한 사람과 큰 도둑이 다르지 않으며 시정잡배도 배우면 우 임금이 될 수 있다."

심지어 이렇게 공언하기까지 했다.

"하늘의 뜻인 인심이 이미 주나라를 버렸는데 주나라를 존중함은 무엇인가?"

《예기》에서는 역사가 대동사회에서 소강사회로 변화했으며, 이에 따라 지배이념도 대도(大道)에서 예(禮)로 변했다는 것을 설명하고 있다. 여기서 대동사회란 '대도'가 행해지는 사회이므로 대도와 예는 분명히 다른 것임을 알 수 있다. 원래 묵가(墨家)에서 지향한 이상사회의 표상은 겸애(兼愛, 공동체적 사랑)를 이념으로 하는 하나라 우왕의 공동체적 평등사회이다. 유가에서 지향한 이상사회의 표상은 주나라 문(文) · 무(武) · 주공(周公)의 예로 다스리는 봉건적 신분사회이다. 앞서 언급한 소강사회는 봉건 예치사회로 유가에서 지향하는 사회이며, 대동사회는 공동체적 평등사회로 묵가에서 지향하는 천하무인(天下 無人)의 안생(安生) 사회라고 할 수 있다. 따라서 소강사회의 예는 공자가 말하는 주례이며 대동사회의 대도는 묵자가 말한 상동(尙同, 대동을 숭상함)과 겸애이다.

묵자의 〈겸애편〉은 다음과 같이 시작한다.

"성인이란 천하를 다스리는 일에 종사하는 사람을 말한다. 반드시 혼란이 일어나는 까닭을 알아야만 이에 천하를 다스릴 수 있게 되고, 혼란이 일어나는 까닭을 알지 못하면 곧 다스릴 수가 없는 것이다. 마치 의사가 사람의 병을 고치는 것과 같다. 병이 생기게 된 까닭을 알지 못하면 병은 고칠 수가 없는 것이다. 천하를 다스리는 것이나 혼란이 일어나는 것이나 다 마찬가지가 아니겠는가?"

묵자의 말은 이어진다.

"일찍이 살펴보건대, 혼란은 어디에서 일어나는가 하면 서로 사랑하지 않는 데에서 일어난다. 신하나 자식이 그 임금이나 아버지에게 도리에 어긋나는 짓을 하는 것이 바로 혼란이다. 자식이 자기 자신은 사랑하면서도 자기 아버지를 사랑하지 않는다. 그래서 아버지를 해치면서 자신을 이롭게 하는 것이다. 아우가 자신은 사랑하면서도 형을 사랑하지 않는다. 그래서 형을 해치면서 자신을 이롭게 하는 것이다. 신하가 자신은 사랑하면서도 임금을 사랑하지 않는다. 그래서 임금을 해치면서 자신을 이롭게 하는 것이다. 이것이 이른바 혼란이다."

《예기》 이후 이런 뜻을 기록한 사람은 순자와 동시대를 살았던 진나라의 여불위(呂不偉)였다. 여불위는 3,000여 명의 저명한 학자들을 식객으로 거느렸던 대상인이자 대부호였다. 그는 유가, 묵가, 명가, 법가의 사상을 모아《여씨춘추呂氏春秋》를 펴냈다. 그는 이 책에서 "대동이란 천지만물이 일신동체라는 뜻이며, 천하는 한 사람의 것이 아니라 만인의 것이며, 그리고 군주의 세움은 대중들에 의해 이루어진다" 라고 말했다. 그러나 이러한 여불위의 사상은 진시황과 충돌하여 급기야 죽임을 당한다.

이후 청나라의 홍수전(洪水全)도 대동사회를 실현하고자 했다. 그는 기독교 평등사상과 대동사상을 결합하여 천하가 한 가족처럼 다 같이 형통하고 태평한 태평천국의 세상을 외치며 이것이 바로 천하위공의 대동사상이라고 선전했다. 이에 발발한 사건이 바로 1851년 태평천국 운동이다.

특히 그는 '경제평균주의'가 바로 대동사회의 '대도'라고 말하며 대동사상을 국가이념으로 설정하였다. 그 뒤를 이어 중국에서 대동이라는 말을 사회·사상적 개념으로 다시 거론한 사람은 청나라 말 근대화를 위해 개량주의적 혁명 운동을 전개한 강유위(康有爲)였다.

강유위는 《대동서大同書》를 저술하여 나름대로의 대동사상을 전개하였는데 그 내용은 유가적 범주를 상당히 벗어나는 것이었다. 그는 대동사회가 이룩되지 못한 원인이 자기 자신과 가족에 집착하는 이기심 때문이라고 지적하면서 가족제도의 폐지를 역설했다. 출생부터 사망까지 모든 것을 국가가 관리하고 민족이나 인종, 종교에 관한 편견을 초월하여 대동의 이상향을 건설하자는 것이었다. 대동을 이렇게 설명하고 있다.

"나는 이미 난세에 태어나 이 세상의 괴로움을 목격했으며, 이것을 구제할 방도를 생각했다. 어리석은 나의 생각으로는 대동 태평의 도를 행하는 것만이 구제의 유일한 방법이라고 여긴다. 세상의 모든 도를 두루 살펴볼 때 대동의 도를 버리고는 고통에서 벗어날 길도 즐거움을 구할 방도는 거의 없다. 대동의 도는 지극히 균등하고 어진 것으로 통치의 가장 훌륭한 경지라 할 수 있다. 그러므로 비록 다른 도가 있다고 해도 이 대동의 도를 능가할 수는 없다."

이어 그는 "인도(人道)의 괴로움은 이루 다 셀 수도 생각할 수도 없고, 사람과 장소에 따라 다르게 나타나므로 일일이 기록할 수 없다. 따라서 대략 쉽게 볼 수 있는 것만 들어보면 다음과 같다." 고 하며 인간이 세상에 태어나 겪는 괴로움을 여섯 가지로 제시했다.

첫째, 태어남으로 인한 고통이다. 이는 수태의 차이, 요절, 폐질, 야만 상태, 변경에 거주하는 것, 노비의 삶, 부녀의 삶이다. 둘째, 천재지변으로 인한 고통이다. 홍수와 가뭄으로 인한 굶주림, 메뚜기 재해, 화재, 수재, 화산 폭발, 가옥 붕괴, 배의 침몰, 전염병이 여기에 해당한다. 셋째, 삶에 있어서 겪는 고통이다. 홀아비와 과부, 부모나 자식이 없는 것, 의료 혜택을 받지 못하는 것, 빈궁함, 비천함이 해당한다. 넷째 다스림을 받는 고통이다. 이는 형벌과 감옥살이, 가혹한 세금, 병역, 국가가 있는 것, 가정이 있는 것이다.

다섯째는 인정으로 인한 고통이라고 했다. 우둔함, 원수에 대한 원한, 사랑과 그리움, 얽매임, 힘들고 고생스러움, 소원과 욕망, 억압당함, 계급차별이 여기에 포함된다. 마지막 여섯째는 세상 사람들에게 부러움을 받는 사람들의 고통을 들었다. 부자(富者), 귀인(貴人), 오래 사는 사람, 제왕(帝王), 신인(神人)이나 성인(聖人), 신선(神仙), 부처를 예로 들었다.

앞서 언급한 강유위의 대동사상은 서구의 근대사상, 특히 공상적 사회주의의 영향을 받은 것이라고도 하고 전통사상에 입각한 것이면서도 개혁적인 성격을 띠었다고 본다.

그 뒤 중국의 학자였던 진정염(陳正炎)과 임기담(林其錟)은 대동사회를 다음과 같이 정리한다.

첫째, 대동사회의 궁극적 원칙은 천하위공이다.

둘째, 재산의 공유는 대동사회의 경제적 기초이다.

셋째, 각자 진력하여 사회를 위하여 노력한다.

넷째, 성별·연령과 사회의 수요에 따라 분업을 한다.

다섯째, 현자를 지도자로 뽑고 능력 있는 자에게 관직을 수여한다.

여섯째, 사유 관념이 없으며 진정한 박애가 인간의 사상을 지배한다.

일곱째, 자신의 위치를 확보하며 아름답고 충만한 생활을 한다.

여덟째, 도적과 전쟁이 없어 전 사회가 모두 태평한 생활을 한다.

한편 이익은 분수를 지키는 것이 대동 풍속을 이루는 요건이라 하였고, 최한기는 "사회구성원 각자의 사회적 자각이 대동사회 구현에 필수적인 조건"이며 "하늘의 이치와 사람의 이치가 같아지는 것이 대동"이라고 주장하였다. 이렇듯 포괄적 의미에서의 대동사상은 그리스의 철학자 플라톤이 《공화국》에서 말한 이상향과 상통되는지도 모른다.

열자(列子)에 의하면 대동이란 차별을 하지 않는 상태이고, 장자(莊子)에 의하면 극히 공평하고 평화로운 상태이자 인심이 잘 화동하는 상태를 말한다. 또한 강유위의 해석처럼 '고통이 없는 사회'이며 동시에 '나눔의 사회'이자 '더불어 사는 사회'였다. 이를 정여립이 살았던 호남 지방을 근거로 설명한다면, 수탈로부터의 해방이며 백제(百濟)유민으로 신라와 고려 왕조를 거치면서 품었던 한(恨)이 없는 사회를 의미한다. 어느 나라, 어느 시대에나 불평등과 한은 존재한다. 대동은 반제, 반봉건의 이상적 상태이며 한과 비애로부터의 자유였다. 그래서 "하늘은 사사로이 만물을 싣지 않고, 해와 달은 사사로이 만물을 비추지 않는다"는 대동사상은 인류 역사상 어떤 사상에도 뒤지지 않음에도 불구하고 오랜 역사 동안 반체제의 위험한 사상으로 남았던 것이다.

정여립은 공자의 기본 강령인 복례(復禮)를 거부했고, 육예를 한다는 구실로 무술을 연마했다. 정여립은 봉건사회의 강령과 정면으로 충돌하는, '천하는 만인의 것'이라는 대동사상을 내세웠다. 그리고 호남 일대를 중심으로 대동계를 조직해 전국으로 확대시키던 중 진안 죽도에서 의문사하고 말았다. 그는 평소《시경》의 다음 구절을 즐겨 암송했다고 한다.

> 씨 뿌리고 거두지 않으면 어찌 많은 곡식을 얻으며, 사냥하지 않으면 어떻게 뜰에 걸려 있는 짐승이 보이겠는가? 군자여, 일하지 않는다면 먹지도 말라

조선에서는 대동세상을 실현하려는 욕구가 중국보다 훨씬 강하게 일어났

다. 중종 때 조광조는 하늘의 이치가 실현된 이상사회의 건설을 목표로 했다. 정치적 실천을 통해 임금과 백성을 요순시대처럼 만듦으로써 대동세상을 만들자는 것이었다. 그는 대동세상처럼 매우 잘 다스려진 정치사회를 건설하기 위해서는 구성원 모두가 인간의 본성을 회복해 만물일체적인 인도주의를 실천해야 한다고 보았다.

조광조가 중종에게 정성껏 학문을 가르친 것이나 이황이 선조에게 《성학십도》를 만들어 올린 것, 그리고 이이가 선조에게 《성학집요》를 만들어 올린 것 등은 전자에 속한다. 중종반정이나 인조반정으로 왕을 바꾼 것은 후자에 속한다.

아마도 정여립은 관의 힘만으로는 역부족이었던 지역 자치를 실현하고 자신의 세력을 키우기 위한 방편으로 대동계를 조직했을 것이다. 그리고 결국 대동계는 그가 꿈꾸었던 대동세상을 실현시키기 위한 방편이었을 것이다. 대동계는 마을의 자치를 맡았던 대다수의 계와 달리 양반, 상반, 노비가 모두 계원이 되었다는 점, 그 범위가 군현의 경계를 뛰어넘는 광역 조직이었다는 점, 그리고 무술 훈련을 병행했다는 점 등이 다른 계들과 달랐다.

이렇듯 당시로서는 위험하기 짝이 없는 대동계를 조직했던 정여립에 대해 조정에서 큰 의심을 품지는 않았다. 이 때문에 조정에 있는 높고 낮은 관료들이 호남 지방을 다녀갈 때는 아무 부담 없이 그를 만났던 것으로 추측된다.

죽이는 자와 죽는 자, 정철과 최영경

천재 시인, 역사에 오점을 남기다

정철은 중종 31년(1536) 정유침(鄭惟沈)의 넷째 아들로 서울 삼청동에서 태어났다. 그는 가사문학에서 뛰어난 업적을 남겼는데, 그가 지은 〈관동별곡〉, 〈성산별곡〉, 〈사미인곡〉은 지금까지도 한국 시문학의 백미로 높이 평가되고 있다. 강원감사로 재직할 때는 〈훈민곡訓民曲〉을 지어 백성들에게 부르게 하기도 했다.

그러나 정철은 16세기 후반 정치적인 역경 속에서 도저히 납득할 수 없는 행태를 보였다. 특히 1589년 10월에서 이듬해까지 벌어진 기축옥사의 현장으로 들어서는 순간 그에 대한 의문은 더욱 커진다.

정철이 평생 벗어나지 못한 권력에 대한 집착은 궁궐 안에서부터 시작됐다. 고운 잔디가 깔려 있는 넓은 뜰, 솟을대문, 중문, 높은 댓돌, 그 안을 소리 낮춰 거니는 비단 치맛자락, 우아하고도 고적한 궁궐 안에서 그의 꿈은 자라났다.

인종의 귀인인 큰누이와 계림군 이유(李瑠)의 부인이었던 작은누이 덕에 어려서부터 자연스럽게 궁궐을 출입할 수 있었던 것이다. 경원대군(명종)과 소꿉 친구가 되면서부터는 후문이 아니라 버젓이 정문으로 출입할 수 있는 의젓한 빈객이었다. 계림군에게 출가한 작은누이와 귀인인 큰누이는 친정의 막내를 어느 동생보다도 사랑했다. 또한 총명하고 의젓한 성품은 그로 하여금 궁중에서 귀여움을 독차지하게 했다.

정철의 일생 동안 가실 줄 모르던 왕가에 대한 충성심은 어린 시절 추억의 세계이자 꿈의 요람이었던 궁궐에 대한 필연적인 향수에서 나온 것이었으리라. 그러나 좋은 세월도 잠시뿐이었다. 그가 10세 되던 해인 명종 즉위년(1545)에 을사사화가 일어났는데, 거기에 매형 계림군이 관련돼 있었다.

을사사화는 왕실의 외척이었던 소윤과 대윤 간의 반목으로 일어난 사건이었다. 이 사화로 인해 문정왕후가 지지하던 세력인 소윤이 장경왕후 세력인 대윤을 몰아내고 정권을 잡게 되었다. 당시 중종의 제1계비 장경왕후는 원자 호(峼)를 낳았고, 중종의 제2계비 문정왕후는 경원대군 환(㬇)을 낳았다. 소윤인 윤원로, 윤원형 형제는 경원대군을 왕위에 앉히려 했다. 그러나 원자 호(인종)가 즉위하면서 대윤이 득세하게 되었다.

하지만 인종이 재위 8개월 만에 죽고 이복동생인 경원대군이 어린 나이에 명종이 되자 정국의 형세가 역전돼 실권이 소윤으로 넘어갔다. 다시 등용된 윤원형의 첩 정난정이 문정왕후에게 대윤 일파인 중추부지사 정순붕(鄭順朋), 병조판서 이기, 호조판서 임백령(林百齡), 공조판서 허자(許磁) 등이 역모를 꾀하고 있다고 무고하면서 을사사화가 일어났다. 소윤 일파는 인종이 승하할 당시 윤임이 계림군을 옹립하려 했다는 소문을 퍼뜨렸다.

이러한 이유 때문에 윤임, 유관, 유인숙 등은 반역 음모죄로 유배됐다가 사사됐고, 계림군도 음모에 관련됐다는 경기감사 김명윤(金明胤)의 밀고로 주살

됐다.

을사사화가 끝난 뒤에도 한동안 그 파장이 계속됐다. 명종 2년(1547) 가을, 문정대비의 수렴청정과 이기 등의 권력 남용을 비방하는 벽서가 양재역에 붙었다. 이 사건으로 봉성군, 송인수 등이 사형당하고 이언적 등 20여 명이 유배당하는 정미사화가 일어났다. 이후 수년간 윤원형 일파의 음모로 인해 화를 입은 사람들이 100여 명에 달했다.

을사사화가 일어났을 당시 정철의 아버지 정유침은 사온령(司醞令), 즉 궁중에서 술을 빚는 사온서의 책임자였고 형 정자(鄭滋)는 이조정랑이었다. 계림군은 머리를 깎고 중이 되어 도망쳤다가 붙잡혀 와 모진 고문 끝에 능지처참당했다. 그리고 정유침은 함경도 정평으로, 정자는 전라도 광양으로 귀양길에 올랐다. 이후 정유침은 잠시 귀양에서 풀려났지만 양재역 벽서 사건으로 다시 붙잡혀 경상도 영일로 귀양을 갔고, 정자는 새 유배지 경원으로 가는 도중 장독이 도져 죽고 말았다. 정철 역시 아버지를 따라 여러 곳을 전전했다.

명종 6년(1551) 정유침은 순회세자가 태어난 것을 축하하는 대사면으로 풀려났다. 그는 가족을 이끌고 선산이 있는 담양 창평으로 내려가 10년을 보냈다. 정철의 인생 중 그곳에서 보낸 시절이 가장 안정적이고 따뜻하던 때였다. 이 무렵부터 정철은 본격적인 공부를 시작했다.

당대의 대학자였던 기대승, 김인후, 양응정(梁應鼎), 송순 등 호남 선비들에게 학문을 배웠으며 임억령(林億齡)에게 시를 배웠다. 그는 무등산 자락에서 시인의 꿈을 키웠고 이이와 성혼, 송익필과 교류하기 시작했다.

17세에 성산 지방의 부호였던 유강항(柳强項)의 딸과 결혼한 정철은 26세에 진사시에 일등으로 합격했고, 그 다음에 별시문과에 장원으로 급제했다. 그가 장원으로 급제하자 명종은 옛정을 잊지 않고 왕궁으로 불러들여 성대한 축하연을 베풀어주었다.

정철은 성균관 전적 겸 지제교(知製教)로 임명됐다가 곧바로 법을 다루는 사헌부 지평으로 승진했다. 그런데 이 무렵 명종의 근친인 경양군이 처남을 죽인 사건이 일어났다. 명종은 정철을 따로 불러 관대한 처분을 부탁했다. 그러나 정철은 임금의 부탁은 아랑곳하지 않고 경양군을 사형에 처해버렸다. 그러자 이를 못마땅하게 여긴 명종이 그를 지방으로 좌천시켰다. 정철이 지방 현감이나 도사 등 외직을 맡게 된 것은 그런 이유 때문이었다.

정철은 정치가의 필수 요건인 포용력이 없는 성품이었다. 그렇기에 동인과 서인이 나누어지면서 당쟁이 일어나자 투사로 변신했다. 정철은 성격상 학자나 문인에 어울리는 사람이지 정계에 몸을 담을 사람은 아니었다. 이러한 탓에 그에게는 평생토록 절친한 벗이 적었다.

그는 31세에 함경도 암행어사를 지내고 그 다음해에는 이이와 함께 모든 사람들이 부러워하던 사가독서(유능한 문신들에게 휴가를 주어 독서에 전념하게 하는 제도)를 하게 되었다.

이듬해 선조 원년 이조좌랑에 임명됐고, 6월에 원접사 박사암(朴思庵)의 종사관을 지냈으며, 다음해 34세 때는 수찬, 홍문관 교리를 거쳐 5월에 다시 지평에 임명됐다. 정철이 이 무렵을 시로 남기기도 했다.

> 신응시가 교리 적에 내 마침 수찬으로
> 상하번을 갖춰 근정문 밖에 있으려니
> 고운 님 옥 같은 모습 눈앞에 아른거려라

정철은 명종의 뜻을 거슬러 한때 영달의 길이 막혔다. 그러나 이때까지의 정치 생활은 비교적 평탄한 편이라 할 수 있었다. 진정한 파란은 선조 원년 이후에 겪게 된다.

조선의 정치가 당쟁의 양상을 띠어 갈수록 정철의 존재감은 더욱 두드러졌다. 직선적이고 다혈질이었던 정철은 흑백을 분명히 가렸고 그런 까닭에 반대파로부터 공격의 화살이 그에게 집중되었다. 동인과 서인이 나뉘는 싹이 트는 중에 유파(儒波)와 비유파(非儒波) 간의 알력 싸움이 일어났는데 유파, 즉 사림을 배척하는 척사파와의 싸움에서 유파가 승리를 거머쥐었다.

정철은 유파 중에서도 일선에서 싸우는 일종의 행동대장이었다. 그는 당시 척사파의 대표 대사헌 김개(金鎧)를 공격해 축출했으며 김개는 몇 달 후 죽고 말았다. 김개와 같은 파였던 홍담(洪曇) 역시 이조판서에서 물러났다. 정철은 더 많은 척사파들이 물러나야 한다고 주장했다. 그러나 이이가 이를 무마했다. 선조 2년(1569), 34세의 정철이 지평으로 있던 때의 일이었다.

정철의 어린 시절은 형과 매형의 처참한 죽음과 아버지의 오랜 귀양 생활로 불우했다. 그런 영향으로 그는 젊은 시절부터 술을 마시면 폭음을 했다. 《연려실기술》에서는 정철이 그처럼 술을 즐긴 것을 난세를 당해 몸을 보전하기 위해 평생을 술에 취해 지낸 완적(阮籍)의 고사에 비유하고 있다. 정철은 대낮에 조정으로 들어가서 공무를 볼 때에도 술에 취해 사모가 비스듬히 한쪽으로 기울어지는 경우가 많았다고 한다.

선조 3년(1570)에 부친 정유침이 세상을 떠나고 3년 후 어머니마저 세상을 떠났다. 그러자 정철은 고양군 신원에 산소를 모시고 옆에 초막을 짓고는 아침저녁으로 예를 올리며 그때마다 통곡했다. 40세 되던 해에야 정철은 상복을 벗었다.

다시 조정에 돌아온 정철은 내자시정(內資寺正), 사인(舍人), 직제학 등을 역임했다. 그동안 동인과 서인 간의 골은 더욱 깊어 갔고 그 역시 그런 분위기에 휩쓸릴 수밖에 없었다. 심의겸과 김효원의 대립이 된 동인과 서인 간의 다툼이 치열해짐에 따라 정철은 심의겸 편에 서게 되었다. 결국 서인으로 지목된 것이다.

심의겸과 김효원의 사사로운 대립은 조정에서 일어나는 크고 작은 모든 일에 영향을 미치게 되었고, 조정에서 일하는 사람은 누구나 한 편에 속해야만 했다.

정철은 다른 서인들과 마찬가지로 동인을 꺾고자 했기 때문에 서인의 기세를 누르고자 한 이이와 뜻이 맞지 않았다. 결국 정철은 구봉령, 신응시 등과 함께 김효원을 소인이라고 말하며 이이에게 탄핵하기를 권했다. 이이가 결국 그의 권유를 듣지 않자 조정을 떠나 성산으로 돌아가면서 시 한 수를 남겼다.

그대의 뜻은 산과 같이 굳어서 움직이지 않고
내 마음은 물과 같아 가서 돌아오기 어렵네
물 같고 산 같음이 모두 이러한 운명이니
서풍에 머리 돌리며 홀로 배회하네

이이가 지은 《석담일기》에는 이런 글이 실려 있다.

우의정 강사상(姜士尙)은 조정에 들어온 지 10년인데도 단 한마디도 당대의 사회적 사건을 논의하지 않고 매양 이렇게만 말했다.

"나라의 다스림은 하늘에 있는 것이요, 마음대로 되는 것이 아니다."

직책에 있어서 공론을 펴지 않고 사정도 듣지 않으며 자연에 맡길 따름이었다. 술을 좋아했다. 그러나 취한 뒤에는 더욱 말이 없고 매양 사람들을 대할 때면 손으로 코만 만질 뿐이었다. 강사상이 정승이 되던 날, 정철의 조카였던 정인원(鄭仁源)이 술을 사서 정철을 찾아가 말했다.

"인생이 얼마입니까? 어찌 스스로 고생을 사서 하십니까? 바라건대 숙부도 부디 입을 열지 마시고, 단지 코나 만져서 정승 자리를 얻어 우리처럼 궁한 일가나 살려주십시오."

그러나 정철은 조카의 말을 듣지 않았다.

정철이 성산에 돌아가 있는 동안 여러 차례 벼슬이 내려졌다. 그러나 응하지 않고 자연과 시 속에 묻혀 어지러운 정치판에서 시달린 몸과 마음을 쉬었다.

그러던 중 42세 되던 해 겨울, 인성대비가 세상을 뜨자 달려 올라와 궁궐에 나아가 곡을 올렸다. 해가 바뀐 1578년 정월 다시 조정에 들어간 정철은 사간(司諫)과 집의(執義), 직제학을 거쳐 5월에는 승지에 임명됐다.

3월에 이이가 조정의 부름을 받아 상경하자 정철은 이를 기회로 삼아 동인과 서인 간의 화합을 시도해 보았다. 그러나 이이는 이미 한 번 실패를 맛본 뒤였기 때문에 정철에게 모든 것을 일임하고 다시 시골로 내려가 버렸다. 정철의 시도 역시 성공하지 못했고, 동인과 서인 간의 분쟁은 수습할 길이 없는 상태가 되어버렸다.

정철은 김효원의 후임인 이발과의 불화, 이수(李銖)의 뇌물 사건 등 매번 동인들과 맞서 싸우게 됐고, 동인이 서인을 누르게 되자 사당(邪黨)으로 몰릴 지경에 이르렀다. 정철은 이이에게 조정을 청했고 이에 이이도 상소로 응했다. 그러나 당쟁은 날이 갈수록 극심해져 갔다.

정철은 강원도관찰사로 재직할 당시 일 처리가 공정하지 못해 백성들의 원성이 자자했다. 그때 그의 처사가 얼마나 가혹했으면 강원도 해안가 사람들은 6.25 전쟁 이전만 해도 이름을 잘 모르는 물고기를 잡으면 "이놈, 정철아" 하고 소리치며 몽둥이로 머리를 내리쳐 죽였다고 한다. 또한 관동 지방에 전해지는 설화 중에는 정철을 부정적으로 묘사하는 이야기가 여러 편 있다. 설화에 등장하는 정철은 대부분 심술궂은 관리로 산의 혈(穴)을 끊거나 마을을 망하게 한다. 그리고 마지막에는 말에서 떨어져 다치거나 절벽에서 떨어져 죽는다.

정철은 강원감사 1년 만에 전라감사로 전임되었다. 당시 전라도사, 즉 부지사는 조헌이었다. 그는 괴팍하기로 유명한 정철이 감사로 오자 병을 칭하며 사직서를 냈다. 이에 정철이 말했다.

"그대와 나는 서로 아는 사이도 아닌데 내가 못된 인간인 줄 어떻게 아시오? 함께 일해 보다가 정말 소인이면 그때 물러가도 늦지 않을 것이오."

그래도 조헌은 듣지 않았다. 정철은 그의 사람됨이 마음에 들었던지 이이와 성혼에게 중재를 부탁해 겨우 자리에 주저앉혔다. 조헌이 같이 일해 보니 과연 듣던 바와는 다른 점이 있었다. 사실 그의 성격 역시 정철과 다를 바 없었다. 불같은 성격의 두 사람은 그 뒤 교분이 매우 두터워졌다.

그 후 정철은 도승지와 예조참판, 함경도 감사를 지내고, 48세에 예조판서로 승진했다. 그리고 이듬해 이이가 죽은 후 대사헌이 되었다. 그러나 이이처럼 공정한 인물이 없어지니 당쟁이 날로 치열해져 정철은 고립무원의 처지가 되었다.

선조 18년(1585) 4월, 정철은 조정에서 물러나와 부모가 묻힌 고양에 머물다가 창평의 송강정으로 갔다. 그리고 그곳에서 〈사미인곡〉, 〈속미인곡〉, 〈성산별곡〉 등 후세에 길이 남을 가사들을 지어 한국 시문학사에 빛나는 업적을 남기게 되었다. 그는 이 작품들 속에서 임금에 대한 그리움과 자연에 대한 경이감, 그리고 고요한 생활에 대한 동경을 표현했다.

그러나 운명이란 얄궂은 것이었다. 기축년 10월에 정여립 역모 사건이 일어났다. 고양에 머물러 있던 정철은 이 소식을 듣자 주위의 만류를 물리치고 즉시 궁궐로 달려갔다. 그 당시의 기록이 〈선조수정실록〉 1589년 11월 1일자에 다음과 같이 실려 있다.

> "유생 이귀. 신경진은 모두 이이의 문인이었다. 맨 먼저 정철을 찾아가 보고 말하였다.
>
> "… 이러한 때에 죽은 스승(이이)이 이와 같은 일을 담당한다 해도 오히려 진정시키기 어려움을 염려할 터인데, 하물며 영공令公(정철)이 가능하겠습니까? 설사 영공의 처사가 십분 결함이 없어도, 동인 쪽에서 보면 반드시 자신들의 뜻에 부합되지 못할 것입니다.
>
> 정철이 말했다.
>
> "그대 말이 내 생각과 부합된다. 하지만 내가 어찌 감히 힘을 다해보지 않겠는가?"
>
> 옥사가 점차 번지고 탄핵이 더욱 준엄하게 되자 정철의 힘으로도 진정시킬 수가 없었다.
>
> 여러 날이 지난 뒤 이귀가 정철을 찾아가서 시론이 잘못되었다는 것

을 강력히 애기하자 정철이 머리를 흔들며 말했다.

"그때 그대가 나에게 했던 말이 옳았다. 과연 내가 해결할 수 있는 것이 아니었다."

선조는 임금과 국가의 안위를 걱정하는 정철의 뜻을 충절이라 가상히 여겼다.

1589년 11월 8일, 선조는 특명으로 정철을 우의정에 임명했다. 50세에 조정에서 물러난 이후 4년 만에 화려하게 정계에 복귀한 것이다. 정철은 상소해 사면을 청했다. 그러나 선조는 윤허하지 않았고 옥사를 다스리는 위관까지 겸하게 했다.

옥사에서 가장 중요한 역할을 맡은 정철은 항상 술기운이 있었고 사모를 비뚤게 썼으며 말소리는 거칠었다. 이에 황추포(黃秋浦)가 국청으로부터 나와 성혼에게 이런 말을 남기기도 했다.

"위관이 항상 취해 실수하는 일이 있으니 극히 민망스러운 일입니다."

결국 옥사에 연루된 이발 등 동인의 영수급 대다수가 사형을 당하면서 동인 세력이 무참히 꺾였다. 그리고 정철을 비롯한 서인들이 정권을 잡으면서 그가 서인의 영수가 되었다. 하지만 역사는 흐르는 강물과 같은 것, 세월의 흐름 속에서 선조는 정철을 매우 싫어하게 되었다. 이를 눈치 챈 이산해가 세자 책봉 문제를 이용해 정철을 함정에 몰아넣었고, 정철을 비롯한 서인들은 몰락의 길을 걸었다.

이로 인해 드디어 정철이 파직됐다. 그리고 임금의 명으로 조정에 붙인 방문에 그의 죄목이 널리 회람된 후 명천으로 유배됐다. 정철이 바람에 부러진 나뭇가지처럼 시들고 말자 명맥을 유지하고 있던 나머지 서인들도 모조리 파면되거나 유배되고 말았다.

유배지가 강계로 옮겨진 후 곧 위리안치(圍籬安置)의 명이 내려졌다. 하늘도 보지 못하고 새나 짐승도 얼씬 못하는 극형의 시간. 이제 정철은 하루의 운명을 알 수 없는 막막한 삶을 살게 되었다. 그러나 동인들이 미처 손을 쓰기도 전에 커다란 변란이 닥쳐왔다. 일본을 통일한 도요토미 히데요시가 바다를 건너 조선을 침략해 온 것이다.

1592년 5월 3일 서울이 왜군에게 점령당했으며 황급히 피난길에 나선 선조는 개성, 평양을 거쳐 의주까지 밀려갔다. 선조는 개성에서 백성들을 모아 놓고 위로의 말을 전했는데, 자리에 모인 노인들이 정철을 석방시켜 나라 일을 보도록 하라는 진정을 올리자 즉시 석방하도록 명을 내렸다. 임진왜란은 전대미문의 국난이었다. 그러나 정철 개인에게는 천재일우의 기회이기도 했다.

시간이 흐르면서 동인들 중 과격파는 세력이 꺾이고 온건파인 남인이 세력을 잡게 되었다. 개성에서 영의정 이산해는 파면당했고 서인 윤두수가 좌의정에 올랐으니 전란 중에 백성들의 요구로 집권당이 바뀐 것은 조선사상 유례없는 일이었다.

정철은 강계에서 풀려나와 평양에서 선조를 모시게 되었는데, 박천, 가산, 의주까지 가는 동안 임금을 모시는 사람들은 불과 얼마 되지 않았다. 그해 9월 정철은 체찰사가 되어 기호 지방과 호남으로 내려가게 되었다. 일본군이 평양 이남을 점령하고 있을 때에 정철이 맡은 체찰사란 임무는 죽음의 땅으로 들어가는 일이나 다름없었다. 그리고 이듬해 5월 정철은 사은사가 되어 중국에 들어갔다가 11월에 돌아왔다. 그것이 마지막이었다. 그가 돌아오자 모함하는 유언비어가 나돌았고 결국 정철은 다시 자리에서 물러나게 되었다.

반복되는 정치적 격변에 지친 정철은 젊은 날의 정열과 패기를 잃어버리고 조용히 강화에 물러가 살았다.

비록 역사의 소용돌이에서는 벗어났지만 만년에 이르러서는 입에 풀칠조차 하기 어려운 형편이었다. 평생을 청렴함으로 일관된 삶을 살았던 그는 할 수 없이 친분이 두터웠던 이희삼(李希參)에게 도움을 청하는 편지를 써야 했다. 이 글이 《송강집》 별권에 남아 있다.

> 제가 강화로 온 후 사방을 돌아보아도 입에 풀칠할 계책이 없으니, 형이 조금 도와줄 수 없겠습니까? 평소에 관직에 있을 때 여러 고을에서 보내 온 것도 감히 받지 못했는데, 지금 장차 신조를 어기게 되니 만년에 대책 없이 이러는 게 자못 부끄럽습니다. 그러나 친하기가 형과 같이 친한 사람에게도 감히 많은 것은 받을 수는 없고 약간의 것이 마음이 편하겠습니다.

한 나라의 정승 자리까지 올랐던 정철이었지만 입에 풀칠할 계책이 없다 보니 어쩔 수 없는 일이었다. 당시 그는 마음을 나누는 절친한 사람에게서 약간의 도움이라도 받지 않으면 살 길이 막막했던 것이다.

> 한잔 먹세 그려 또 한잔 먹세 그려
> 꽃 꺾어 셈하면서 무진무진 먹세 그려
> 이 몸 죽은 후면 지게 위에 거적 덮고
> 졸라매어 지고 가나 화려한 상여에 만인이 울어 예나

억새풀과 속새와 떡갈나무와 백양나무 숲에 가기만 하면
누런 해 흰 달 굵은 눈 쓸쓸한 바람 불 때 누가 한잔 먹자 할고
하물며 무덤 위에 잔나비 휘파람 불 때 뉘우친들 무엇하리

시 〈장진주사〉에서 노래한 것처럼 정철은 이미 떨어져 내린 한 잎의 낙엽이었다. 그는 빈곤과 울분 속에서 신음하다 선조 26년(1593) 12월 18일 강화도 송정촌에서 58세를 일기로 파란만장한 생애를 마감했다. 정철이 죽음에 임했을 때 둘째 아들 종명(宗溟)이 손가락을 잘라 피를 내어 주자 정철은 눈을 살며시 뜬 채로 말했다.

"이 아이가 헛된 일을 하는구나."

그러나 한 인간의 삶은 죽음으로 매듭지어지지 않는 법인가? 사헌부에서는 선조에게 정철의 관직을 삭탈하라며 이렇게 보고했다.

"정철은 성질이 강퍅하고 시기심이 많아 질투를 일삼고 사사로운 감정으로 반드시 모함으로 보복했고, 뱀과 전갈 같은 성질로 귀신과 불여우 같은 음모를 품었으니 독기가 모여서 태어난 것이며, 이에 오직 사람을 상하게 하고 해치는 것을 일삼았습니다. 또한 정철은 진짜 소인 또는 옹색한 소인이라는 평가를 받았음을 분하게 여겨 최영경을 길삼봉으로 만들어 죽음에 이르게 만들었고, 자기 당이 아닌 사람은 사소한 감정에도 쳐서 없애려고 했으므로 그 해가 얼마나 많은지 알 수 없습니다."

이에 선조가 말했다.

"천고의 간웅 정철이 악독한 것은 성혼과 마음으로서 둘이면서도 하나이다. 성혼이 정철의 심복이 되었으니 철의 마음은 곧 혼의 마음이다. 천지신명이 밝

게 굽어보고 있으니 머리털이 마르지 않은 아이들이라도 알 것이다."

"정철을 말하면 입이 더러워질까 염려된다. 그대로 두는 것이 좋겠다."

훗날 선조는 성혼의 관직을 삭탈하라는 상소를 접하고 사헌부와 간원에 비답했다. 그 비답이 《혼정편록混定編錄》에 실려 있다.

> 성혼의 죄는 말을 많이 할 것이 없고 다만 "간흉과 당을 맺었다"는 말만 가지고도 반드시 죄를 묻게 되어 만세 뒤에도 피할 곳이 없을 것이다. "사람을 죽인 간악함에 이르러서는 아울러 논할 필요가 없으니, 얽어 죽인 것으로 죄를 논하지 아니한다"라고 한 말이 옳다. 악독한 정철이 최영경을 얽어 죽인 뒤로 약간 식견 있는 사람은 모두 정철과 더불어 압록강의 동쪽에 같이 났음을 부끄러워하는데, 성혼은 절교하지 아니했으니 그가 절교하지 않은 것은 무엇인가? 그 마음을 넉넉히 알 수 있지 아니한가? 그러나 이제 조정의 공론이 행해지고 있으니 이미 준 관직 같은 것은 삭탈할 필요가 없다.

그 뒤에 나덕윤(羅德潤)이 상소를 통해 정철을 비난했으며, 그 후에도 정철의 잘못을 지적하는 상소는 끊임없이 이어졌다.

"정철이 사납고 강퍅한 성질로 화의 실마리를 만들고 온당치 않은 무리들을 모아 그 세력을 확장했습니다. 몰래 함정을 파서 무고한 사람을 빠뜨리며 법을 사칭해 사사로이 원수를 갚았습니다. 이는 평생에 눈 흘긴 조그만 혐의까지도 모두 보복하려 한 것입니다. 그리해 밖으로는 경박한 무리들을 충동질해 다수의 여론인 것처럼 임금의 귀를 미혹시키고, 안으로는 간사한 무리들을 사주해 대간의 성세를 빌어 엉큼한 모함을 꾸며댔습니다. 이는 밤낮으로 끊임없이 공격해 반드시 죽을 땅으로 몰아넣으려 생각했던 것입니다."

이렇듯 사람들로부터 부정적인 평가를 받은 정철의 유해는 이듬해 2월 고양 신원에 묻혔다. 그해 6월, 정철에 의해 피해를 입었던 동인 측에서 다시 상소해 정철의 관직을 삭탈하고 말았다. 그러나 광해군 원년에 신원되었으며 인조 원년에 비로소 관직을 되찾게 되었다. 현종 6년(1665)3월에 그의 유해는 다시 고양에서 진천 지장산으로 옮겨졌지만 상소는 계속됐다. 숙종 17년(1691)에는 정무서(鄭武瑞)가 정철의 관직을 추삭할 것을 주장하는 상소를 올렸는데, 그 글이 《기축록己丑錄》에 실려 있다.

> 아! 정철의 흉악함을 이루 다 헤아릴 수 있겠습니까? 칼과 톱으로 시서(詩書)를 삼고 죄인을 목 베어 죽이는 일을 사업으로 삼았습니다. 속으로는 시기하고 억누르며 모함하고 질투하는 마음을 품고, 밖으로는 사기와 허위, 간사함과 영리한 행동으로 꾸며 선왕을 속이고 과분한 대접을 받았습니다. 그러나 그 음흉한 성품과 경박한 모습은 이름 있는 사람에게 용납될 수 없었습니다. 그 때문에 쌓인 감정이 뼈에 맺히고 얽힌 원한이 깊이 박혔다가 마침 역적 정여립의 변란을 맞으니 그것을 기화로 삼아 일망타진할 계획을 세웠습니다. 그리하여 뭇 사람의 존경을 받는 이름난 유학자로 학식이 많은 선비들이 그물에 걸려 해를 입지 않은 이가 없었습니다.

그는 특히 "할 말이 있으면 반드시 입 밖에 내야하고 사람의 허물을 보면 아무리 가까운 사람이라도 조금의 용서함도 없었으며 화를 산같이 입더라도" 앞장서 싸우기를 불사했다. 그런 정철의 성격상 정치가로서의 삶은 파란의 연속일 수밖에 없었다. 그리고 기축옥사에서 행한 정철의 행위는 엄정한 법 집행이 아니라 사적인 감정의 표출에 가까운 것이었다.

신미년 11월 22일, 정무서가 올린 상소문에는 이런 글이 실려 있다.

> 신들이 유성룡이 손수 쓴 일기《운암잡록》을 살펴보니 이런 말이 있었습니다. '임진년 가을에 내가 안주에 있었는데, 정철은 체찰사로서 나를 백상루에서 만나 술이 돌자 내게 말했다.
> "들으니 공이 내가 최영경을 모함해서 죽였다고 했다는데, 참말인가?"
> 이에 내가 답했다.
> "공의 마음은 알 수 없다. 그러나 행동으로 본다면 그런 것 같은 까닭에 그런 말을 한 적이 있다."
> 그러자 정철이 격노해서 술잔을 던지고 일어나 몇 걸음 걸어가다 돌아와 앉기에 내가 곁에 사람들과 서로 돌아보며 한번 웃었다'라고 했습니다.

세인들은 정철이 사적인 감정으로 수많은 사람들을 곤경에 빠뜨렸다고 여겼다. 정적들은 그에게 '동인백정(東人白丁)', '간혼독철(奸渾毒澈)' 등의 별칭을 붙여주었다.

기축옥사로 인해 원한이 깊었던 호남 선비 집안에서는 아낙네들이 도마에 고기를 놓고 다질 때마다 반드시 "증철이 좃아라, 증철이 좃아라" 혹은 "철철

철철" 하고 입버릇처럼 중얼거리는 모습을 흔히 볼 수 있었다. 그것은 아낙네들의 단순한 입버릇이 아니라 정철을 미워하는 주술이었고, 400여 년간을 대물림해 온 풍습이었다.

이처럼 당쟁 사상 첫 번째 역모 사건인 기축옥사는 정철과 성혼, 송익필과 송한필 형제 등 서인들에 의해 일어난 사건이라고도 볼 수 있다. 하지만 속내를 자세히 들여다보면 송익필과 이발, 정철과 최영경, 유성룡과 이발, 백유함 등의 사적인 감정이 크게 작용해서 확대된 사건임을 알 수 있다.

기축옥사를 조종해 역사에 지울 수 없는 오점을 남긴 정철은 300여 년 동안의 피비린내 나는 당쟁시대를 열었던 장본인이었다. 그러나 그는 서인들로부터는 이이와 성혼 다음으로 추앙받았다.

그대는 바를 정(正) 자를 아는가?

기축옥사 때 순전히 유언비어로 인해 희생된 최영경은 본관은 화순, 자는 효원, 호는 수우당으로 1529년 서울에서 태어났다. 어릴 때부터 남달랐던 최영경은 선조 6년(1573)에 이조의 추천으로 이지함, 정인홍, 조목, 김천일과 함께 6품직에 제수됐다. 당시 행실이 뛰어난 선비를 천거하라는 선조의 명이 있어서 추천된 것인데, 그는 벼슬을 사양하고 초야에 은거했다.

최영경은 나이가 들면서부터 상소리를 입에 담지 않았고, 걸음걸이에도 법도가 있었다. 효성이 지극해 친상을 당하자 애통함이 지나쳐 거의 살아나지 못할 지경에 이르렀고, 장사를 지낼 때에는 힘을 다했다. 3년 동안 묘 앞에 초막을 지은 채 살면서, 아침저녁으로 음식을 올릴 때에는 물고기와 고기를 잊지 않았다. 한번은 큰비가 와 냇물이 넘쳐 시장에 갈 수 없음을 한탄하며 울던 적이 있었다. 그런데 큰 호랑이가 나타나 산돼지를 잡아다가 상석에 놓고 갔다고 한다.

최영경은 학문이 뛰어나 당대에 명성이 자자했다. 하지만 선비들의 논의가 두 갈래로 나뉘고 명리에만 치우치므로 두 번이나 벼슬에 임명됐는데도 조정에 나가지 않았다. 집이 가난해 끼니를 잇지 못하는 것을 본 어떤 사람이 둑을 같이 쌓아서 농사를 짓는 게 어떻겠느냐고 묻자 최영경은 이렇게 말했다.

"빈부는 하늘이 정한 것이니 둑을 쌓는 것은 내 분에 맞는 일이 아니외다."

그는 온전한 옷 한 벌이 없어서 출입할 때에는 남의 옷을 빌려 입어야 했지만 조금도 부끄러워하지 않았다. 서울에 있을 때 성혼과의 교분이 두터웠던 최영경은 성혼이 파주에서 서울로 돌아왔다는 소식을 듣고 찾아가던 길에 그가 심의겸과 가까이 지낸다는 말을 듣고서 다시는 만나지 않았다. 이이가 처음 조정에 나왔을 때 사람들이 모두 "옛날의 어진 사람이 다시 나왔다" 하고 극찬했는데 최영경은 홀로 "그렇지 아니하다"라고 했다. 유교가 국교였던 시대에 이이가 불교에 몸담았던 것을 못마땅하게 여겼기 때문이기도 했지만, 겉으로는 공정한 입장에서 선비들을 키우는 것처럼 하면서도 속으로는 자기 세력을 키우는 것을 두고 한 말이었을 것이다.

다른 사람들과 사귀기를 즐기지 않아 그를 아는 사람이 별로 없었고, 마을 사람들은 그를 고집쟁이 선비쯤으로 생각했다. 그를 처음으로 찾아간 안민학(安敏學)이 돌아와 성혼에게 이렇게 물었다.

"우리 마을에 의인이 있는데도 모르고 있다가 이제야 서로 알았으니 찾아가 보지 않겠소?"

그 말을 들은 성혼이 일부러 찾아가 문을 두드리자 한참 만에야 맨발의 작은 여종이 나오고 최영경이 나타났다.

그때 최영경은 베옷에 떨어진 신을 신은 궁색한 차림이었다. 그러나 얼굴에는 다른 사람이 함부로 범할 수 없는 기상이 서려 있었다. 앉아서 대화를 나누니 한 점 티끌이 없어서 마음속으로 즐거워했다. 성혼은 돌아와 백인걸에게 말했다.

> 내가 최영경을 보고 돌아오니 홀연히 밝은 바람이 소매에 가득함을 깨달았다.

이때부터 최영경의 이름이 선비들 사이에 널리 퍼져 나갔다. 최영경이 진주로 이사 간 것은 그의 동생 최여경이 그곳으로 장가를 들어 따라간 것이었다. 최영경이 지리산 자락에 머물러 있을 당시 기축옥사가 일어났고 나라 안팎이 떠들썩했다.

경인년 2월, 사헌부에서 선조에게 아뢰었다.

"최영경은 역적 정여립과 매우 친하게 지냈습니다. 정언신의 서찰 중에 나오는 최효원이란 바로 최영경을 가리킴이니 이것으로도 역모에 참여해 서로 밀접하게 지내 온 것을 알 수 있습니다. 따라서 관직을 삭탈하기를 청합니다."

사헌부에서 세 번을 아뢰었다. 그러나 선조는 듣지 아니했다.

6월 2일에 정언 이흡(李洽)이 다시 청했다.

"최영경이 역적 정여립과 가장 친했으므로 관직을 삭탈하기를 바랍니다."

"최영경이 어떤 사람인지는 알 수 없다. 그러나 역적과 결탁했다는 것은 드러난 증거가 없으므로, 그대로 두어도 불가할 것이 없으니 벼슬을 삭탈할 것까지 없다."

선조는 역시 듣지 않았다가 후에 이르러 허락했다.

당시 조정에서는 기축옥사의 중심인물로 지목되었던 길삼봉이 잡히지 않았기 때문에 길삼봉의 존재 유무를 따지고 있었다. 그리고 정철과 송익필을 비롯한 서인 측이 궁지에 몰리면서 하나의 계략이 만들어지고 있었다. 길삼봉에 대한 유언비어가 널리 퍼져 나갔다. 그때 떠돌던 말들은 여러 가지가 있었는데, 그 내용들은 이러했다.

"역적모의를 할 때 길삼봉이 상장군이 되고 정팔룡과 정여립은 그 다음이 되기로 했다."

"전주 길삼봉의 집에 갔더니 삼봉은 나이가 60세쯤 되고 낯은 쇳빛이었으며 살은 피둥피둥 쪘더라."

"삼봉은 나이가 30세인데 키가 크고 낯이 여위었다."

"삼봉은 나이가 50세쯤 되고 수염은 길어서 허리에까지 내려오며, 낯은 희고 길다."

그 후에 김세겸(金世謙)은 "삼봉은 상장군이 아니며 역적의 졸병인데, 진주에 살며 나이는 30세쯤 되고 하루에도 300리 길을 걷는다"라고 했고, 어떤 사람은 말하기를 "삼봉은 본래 나주의 사족이다"라고 했으며, 박문장(朴文長)은 "삼봉의 성은 길가가 아니고 진주에 사는 사노로서 최삼봉이다"라고 했다.

이런 유언비어가 퍼져 나가자 그해 6월 평소에 정여립과 사이가 좋지 않았던 금구의 유생 김극관(金克寬)이 제원 찰방 조기(趙騏)에게 "길삼봉이 곧 최영경입니다"라고 고해바친 후 어사 백유함의 말을 증거로 들었다. 조기가 감사 홍여순에게 말했는데 진사 양천경(梁千頃), 강현(姜), 홍천경(洪千璟) 등이 증인으로 거론되었다. 홍여순은 사람을 보내 조정에 아뢰는 한편 경상우병사 양사영(梁士瑩)에게 문서를 보내 형리를 풀어 최영경을 체포하게 했다. 또 그 집을 수색해 선비 이황종의 편지를 찾아냈다.

국청에서 선조는 홍여순에게 물었다.

"길삼봉이가 최영경이 맞다고 한 사람이 누구인가?"

정언 구성(具宬)은 경상도사 허흔(許昕)에게 들었다고 했고, 허흔은 김수로부터 들었다고 대답했다. 국청이 병조판서였던 김수를 잡아다 국문하기를 청하자 임금이 정원에서 문초하도록 명했다.

그 무렵 동인과 서인 어느 당에도 속해 있지 않았던 이항복은 최영경이 길삼봉이라는 말을 처음부터 이상히 여겨 이렇게 말했다.

"여러 역적의 공초가 서로 같지 아니하고 늙고 젊음과 비대하고 야윈 것이 모두 판이하게 다르다. 지금 여러 역적들의 공초 중에서 최영경과 비슷한 몇 가지를 맞추어 이로써 곧 최영경이라고 한다. 지금 생각해 보니 그 말들은 외간에서 낭설로만 전해졌던 것이 아니다. 반드시 국청에서 옥사의 곡절을 밝게 아는 사람이 교묘한 함정을 만들어 최영경을 길삼봉으로 만들려고 먼저 낭설을 퍼뜨려 사람들의 귀에 익게 한 것이다."

이항복은 어느 날 정철에게 최영경의 옥사에 대해 물었다.

"이 옥사가 시작된 지 이미 해가 지났는데도 어디 최영경을 길삼봉이라고 지목한 자가 한 사람이라도 있었습니까? 지금 무던히 들은 말로써 최영경을 잡아 가두었다가 불행히 죽게 되면 반드시 공론이 있을 것이외다. 그때 가서 대감이 그 책임을 어떻게 지겠습니까?"

이 말을 들은 정철은 깜짝 놀라 말했다.

"내가 평소에 최영경과 비록 의논은 같지 않았지만 어찌 해칠 마음이야 있었겠소? 이 말은 전라도에서 와전돼 나왔으니 내가 무슨 상관이 있겠소?"

이항복이 다시 답했다.

"대감이 최영경을 모함했다는 것이 아니외다. 무근지설인 줄 알면서도 앉아서 보고만 있고 구하지 않으니 어찌 그것이 위관의 올바른 체신이라 하겠습니까? 위관이 역적의 명목으로 옥에 가득한 죄수들을 하나하나 신원할 수는 없습니다. 그러나 최영경으로 말하면 죄수들 중에도 가장 죄목을 붙일 수 없는 처지일 뿐만 아니라, 효성과 우애가 바른 처사인데 어찌 구하지 않습니까?"

이에 정철이 대답했다.

"내가 마땅히 힘을 다해 구해 보리다."

이건창이 지은 《당의통략》에는 이런 글이 실려 있다.

> 최영경을 국문할 때에 정철은 그를 쳐다보며 웃으면서 말했다.
>
> "저런 얼굴을 가지고 죽림총(竹林叢) 안에 드러누워 세상을 조롱하고 풍자했으니 남들이 현자라고 부를 만하군."
>
> 국문을 마친 후 정철은 국청 뒤에서 이항복을 불러 놓고 불같이 화를 냈다.
>
> "공은 최영경의 공초를 한번 보시오. 이게 무슨 말이오? 공이 좋아하는 최영경은 심히 좋지 못한 사람이오."
>
> 그러나 이항복이 오히려 웃으면서 답했다.
>
> "내가 최영경과 평생을 안 일이 없으니 '공이 좋아하는 최공'이란 말

은 당치가 않습니다. 대감의 기분이 좋지 못한 것은 최영경이 말한 시국 이야기가 아니겠습니까?"

"그렇소."

"대감은 최영경을 도무지 모르시오. 최영경의 생각이 다른 사람과 다른 것은 그 논의가 같지 않은 데 있는 것입니다. 만약 엄한 국문으로 요행히 죄를 면하기를 바라서 전일에 가졌던 자기 소견을 다 잃어버리고 억지로 아첨의 말을 한다면 그것을 어찌 참 최영경이라고 할 수 있겠습니까? 지금은 그런 것을 논의할 것 없이 다만 최영경이 삼봉인가 아닌가를 따질 뿐이며 논의가 같고 다른 것이야 어찌 옥사에 상관이 있겠습니까?"

"공의 말이 정히 옳소. 내 생각이 미치지 못했소. 내가 이미 최영경을 구해 낼 묘책을 강구했소. 만약 형벌로 문초하라는 명이 내린다면 유성룡과 약속해 연명으로 구하면 일은 될 것 같소."

이에 이항복이 거듭 물었다.

"금석같이 굳게 약속이 되었소?"

그 뒤에 이항복은 공적인 일로 유성룡의 집에 갔다가 최영경의 억울함을 간절하게 말하면서 구해주기를 요청했다. 이에 유성룡은 말했다.

"나와 같은 사람이 어찌 감히 구할 수 있겠는가?"

이항복이 다시 지극히 간청하자 이렇게 말했다.

"그대는 너무 비분강개하지 말게. 세상인심이 심히 험하니 부디 말을 삼가게나."

이 말에 이항복이 물었다.

"저는 최영경과 한 번 만나본 교분도 없는데, 누가 감히 의심하겠습니까?"

"측량할 수 없는 것이 세상이네. 일이 번져 가면 어찌 벗어날 수 있겠는가? 천금 같은 몸을 소중히 하게."

유성룡은 그 뒤에 대궐에서 정철을 만나 최영경의 옥사가 어찌 돼 가느냐고 물었다. 술에 취해 있던 정철은 손으로 자기 목을 가리키며 말했다.

"그가 일찍이 내 목을 이렇게 찍어 넘기려 했습니다."

그 말은 최영경이 항상 정철을 두고 '옹색한 소인'이라고 하면서 "박순과 정철은 모두 머리를 베어 달아야 된다"라고 말했기 때문이다.

최영경은 서인의 영수인 이이와 성혼을 비방했다는 죄, 역적 정여립과 편지를 주고받았으며 이발과 가깝게 지냈다는 죄, 그리고 선조의 눈에 난 이유로 국문을 받았다. 이와 관련된 내용은 다음에 이어진다.

"지금 소인들이 신을 가리켜 역적과 사귀었다 하고 또 삼봉이라고도 하나, 신은 역적과 아는 사이도 아닐 뿐더러 사귄 일도 없는 것을 나라 사람이 다 알고 있는 바입니다. 정축년에 아들이 죽어서 서울에 올라갔을 때 정여립이 이발과 함께 찾아왔었습니다. 그러나 그때 신은 울고 있는 중이라서 다만 얼굴을 한 번 보였을 뿐이고 … 또한 신이 역적과 사귀었다면 역적의 문서 중에 그런 편지 한 통이 없을 수 있겠습니까? 삼봉이라는 호 역시 정도전의 별호인데 신이 어찌 그것을 본받음으로써 스스로 더럽히겠습니까? 간당의 무리들이 신의 죄를 조작하고 엮어서 죽이려 하니 조그마한 이 몸이 어찌 그것을 밝힐 수 있겠습니까? 믿을 것은 임금뿐입니다."

《괘일록》에 실린 글을 보자.

최영경이 처음 진주의 감옥에 갇혔을 때 사대부 및 품관들이 최영경을 알든 모르든 간에 옥문에 모여들었는데, 거의 1,000여 명에 이르렀다. 선생이 옥문을 닫고 들이지 아니하니 그들은 여러 날을 노숙하면서 흩어지지 아니했다. 어떤 사람이 최영경에게 물었다.

"선생이 여러 달 동안 옥에 있으면서 혹시 조그만 동요라도 있었습니까, 없었습니까?"

최영경은 이렇게 대답했다.

"죽고 사는 것을 이미 잊은 지 30년이 지났네."

죽고 사는 것을 마음에 두지 않고 몸 다스리기를 아무런 일 없는 것처럼 한다면, 먹을 것을 그리워하는 마음에서 그런 말을 할 수 있을 것이다.

그 무렵 성혼의 문인이며 최영경과 절친한 사이인 김종유(金宗儒)가 파주로 성혼을 찾아가 울면서 말했다.

"최영경을 선생이 구원하지 않으면 훗날에 반드시 비난이 있을 것입니다"

성혼은 한참을 말없이 있다가 대답했다.

"최영경은 편벽한 사람이다. 삼봉이 아마도 그의 별호이지."

"길삼봉은 요괴가 지어낸 말인데, 선생이 어찌 그런 말을 하시는 겁니까?"

김종유가 돌아오는 길에 여러 친구들을 만나 이렇게 말했다.

"최영경이 죽는다네. 성혼은 구원할 생각이 없다네."

최영경은 오랫동안 옥중에 있으면서도 항상 대궐을 향해 앉아 있었고, 단정히 꿇어앉아 기대는 법이 없었다. 그러던 어느 날이었다. 밥을 먹고 난 후 기색이 파리해진 최영경이 같은 옥사에 갇혀 있던 박사길(朴士吉)의 무릎을 베고 눕자 사람들이 그의 위독함을 알고 가족에게 연락을 취했다. 가족들은 최영경의 병세를 파악하기 위해 글씨를 한 장 써달라고 했다.

이에 최영경은 조용히 일어나 바를 정(正) 자를 크게 썼는데 글자 획이 비뚤어졌다. 최영경은 박사길을 돌아보면서 물었다.

"그대는 이 글자를 아는가?"

그 뒤 조금 있다가 최영경이 죽었다. 1590년 9월 8일이었다.

최영경의 문서 중에 이황종이 보낸 편지 한 통이 있었다. 그 내용 중에 역모에 대한 대신들의 처사를 비방하고, 심지어 기축옥사를 역모 사건이 아니라 선비들이 화를 입은 사화라고 표현한 대목이 있었으므로 결국 그를 잡아다가 고문해 죽이고 말았다. 이황종의 글은 기축옥사를 사화라고 표현한 최초의 글이었다.

남하정(南夏正)은 《동소만록同巢漫錄》에서 독살설을 주장했다. 그에 의하면 무근한 낭설을 만들어낸 홍정서(洪廷瑞)가 국청에 잡혀가게 되자 겁이 나서 진주 선비 정홍조(鄭弘祚)에게 이렇게 말했다고 한다.

“너한테서 들은 이야기이니 숨기지 말라. 다른 말 하지 말고 내가 하라는 대로 해서 환난도 부귀도 함께 누리자.”

이렇게 회유와 협박을 거듭해 홍조를 발설자로 만들어 놓고, 국청에 나아가 홍조로부터 들었다고 공술했다. 이에 홍조가 국청에 끌려갔다. 그러나 홍조는 끝내 발설을 부인했다. 뿐만 아니라 홍정서가 무근한 말을 만들어 놓고 지적할 사람이 없으므로 자기를 발설자로 삼으려 하나, 어떻게 최영경처럼 어진 분을 모함에 빠뜨릴 수 있겠냐고 실토했다. 이에 무고죄로 처벌될 것을 두려워한 홍정서가 옥졸을 매수해 병으로 식음을 전폐하고 하루에 한두 잔의 술만 입에 대던 영경을 독주로 살해했다는 것이다.

선조 역시《선조실록》에서 이렇게 말했다.

“내가 이 무렵의 일을 알 수가 없고 또한 누구의 소행인지는 알 수가 없다. 그러나 영경이 독물로 살해된 것만은 확실하다.”

정여립과 최영경을 길삼봉으로 무리하게 연결시키다가 조작이 탄로 날 것을 두려워한 서인 측에서 최영경을 독살해버렸다는 것이다.

그 뒤 정인홍은 최영경의 신원을 위해 올린 두 번의 상소문을 통해 기축옥사를 주도했던 사람들을 비난했다.

“예로부터 소인이 군자를 공격할 때 혹 붕당으로 지목하기도 하면서 역모로 엮습니다. 이보다 더욱 참혹한 일이 없으니 통탄스럽습니다. 세상을 올바르게 다스리는 도리로 말하면 학문이 높은 선비들을 얽어 반역의 죄에 빠뜨리는 것은 실로 한 나라의 수치입니다.”

기축옥사에서 소인이 군자를 역모와 반역의 죄로 몰아 죽였다고 갈파한 정인홍의 상소는 기축옥사가 끝난 후 그 음모를 폭로한 최초의 글이었다.

선조는 훗날 자신의 결정을 부정하며 후회했다.

"조헌이 사건 중에 보낸 상소문 두 건은 송익필의 사주를 받아 쓴 것이다. 조헌을 잡아 가두고, 주인을 배반하고 도망친 송익필을 서둘러 잡아라. 내가 흉악한 성혼과 표독한 정철에게 속아 어진 신하들만 죽였구나!"

정인홍은 "뒤에서 사주한 자는 성혼이고 얽어서 죽인 자는 정철이다"라고 단정해 말했다.

한편 유성룡이 남긴 《최지평전崔持平傳》에는 이런 기록이 있다.

> 최영경과 성혼은 평소 친밀했다. 그러나 성혼이 정철과 어울리자 최영경은 정철을 행동이 거친 소인이라고 말했다. 최영경은 술을 마시고 취하면 두 무릎을 내놓고 손으로 어루만지며 "이 무릎이 끝에 가서는 정철의 고문을 당할 바가 될 것이니 내 무엇이 무섭겠는가?" 했고, 그 후 성혼과의 교제도 끊어졌으며, 사람들은 기축옥사는 정철로 인해 일어난 것이지만 성혼도 방조함이 없지 않았을 것이라고 말했다.

그리고 유성룡은 《최지평전》의 마지막을 이렇게 끝맺었다.

> 성혼이 정철을 교사해 최영경을 죽였다 하여 성혼도 함께 관직을 삭탈했는데, 이 논쟁은 아직도 끝나지 않고 있다.

7 얼굴 없는 주인공

기축옥사의 최고 지휘관이 정철이었다면 배후에서 조종한 사람은 송익필이었다. 이지함은 조헌에게 보내는 편지에서 시대의 스승으로 따라야 할 사람으로 성혼, 이이와 더불어 송익필을 들었다. 평생 동안 따른 송익필의 가르침을 조헌은 이렇게 말했다.

"공은 학문이 깊고 경서에 밝아 족히 그 부친의 허물을 덮을 수 있었다. 그러므로 성혼과 이이, 두 현인이 모두 뜻을 나눌 만한 친구로 삼았다. 구봉 선생의 친구였던 고청 서기(徐起)도 그 문인들에게 '송익필은 살아 있는 제갈공명, 아니 공명 이상이다'라고까지 말했다."

송익필은 경기도 고양의 구봉산 아래에서 후학을 가르쳤으므로 구봉 선생이라 불렸다. 학문이 깊고, 인간적 매력이 대단했기 때문에 한번 만나 이야기하면 심취하지 않는 사람이 없었다. 임진왜란 때 의병장으로 전사한 조헌, 대제학에 올라 광산 김씨의 5대 문형(文衡, 대제학의 별칭) 시대를 열었던 김장생, 인조반정 때의 최고 지휘관 김류가 모두 그의 제자였다. 그 중 김류는 공을 이루어 재상이 된 후 사람들에게 이렇게 말했다.

"내가 오늘에 이르게 된 것은 구봉 선생에게 친히 지도를 받았기 때문이다."

송익필은 문학과 도학 양면에서 크게 인정받았으며, 특히 문학으로는 김시습, 남효온 등에 비견할 만한 뛰어난 업적을 남겼다. 그의 문집인 《구봉집龜峰集》은 상당한 분량이며 내용 역시 충실하다. 송익필은 문학하는 도리를 이렇게 정했다.

"하늘은 사사로움이 없으니 천리를 믿고 따르며 헛된 욕심을 가지지 않는 것이 마땅하다."

그는 사람은 어떤 처지에 있더라도 성현의 가르침을 온전하게 실행해야 한다고 가르쳤다.

'헛된 욕심을 부리지 않고 살아야 한다'라고 말했던 송익필이었지만 집안이 철저히 망하고 당쟁에서 서인이 밀리게 되자 목숨을 건 도박을 벌였다. 그 한판 승부가 바로 기축옥사였다. 송익필은 도피 중에도 조헌에게 동인을 모함하는 상소를 올리게 하는 등 서인 주류와 긴밀한 관계를 맺었다. 전면에서 싸우는 책임은 송한필에게 맡겨졌다. 한편 역사가 얼마나 변화무쌍한 것인지를 보여주는 일화가 있다. 정여립이 이이의 문하에 있을 때 송익필과 송한필이 군자와 소인을 논하며 이이, 성혼, 이산해, 정철과 더불어 정여립을 크게 써야 한다고 청하는 상소를 올렸던 것이다.

그러나 세월이 흐르자 송익필, 송한필 형제는 동인으로 돌아선 정여립을 겨냥해 화살을 쏘았다. 그들은 해서 지방에서 멀리 떨어진 호남에 여러 가지 참언을 널리 유포시켰다. 그리고 안악의 유생 조구로 하여금 정여립을 고변하도록 조종했다. 정여립에 대한 제보가 호남이 아니라 해서에서 나온 연유가 이러한 것이다.

고변이 있은 후 송익필은 성혼과 함께 정철에게 입궐을 권했다. 그리고 위관으로 임명된 정언신이 정여립과 동성동본이므로 적임자가 아니라는 밀차를 올렸다. 정철이 정언신을 대신하여 우의정이 되고 옥사를 전담할 당시, 송익필은 정철의 집에 기거하면서 그를 배후에서 조종했다. 기축옥사의 전개 과정에 큰 영향을 준 양천회의 상소나 양사의 여론 역시 대부분 송익필에게서 나왔다.

이 때문에 안처겸의 옥사에서 처절한 패배를 맛본 안윤은 분노에 찬 필치로 송익필을 '흉인종자(凶人種子)'라고 묘사했다. 기축옥사를 이야기할 때마다 빼놓지 않고 등장하는 송익필을 안윤이 그토록 증호하게 된 전말은 이러하다.

송익필은 아버지 송사련(宋祀連)과 어머니 정씨 사이에서 태어났다. 송익필은 초시를 한 번 본 뒤 과거를 단념하고 학문에만 몰두해 성리학의 깊은 이치를 깨달았는데, 그의 아버지 송사련은 자신의 외삼촌이었던 안당(安瑭)과 그의 아들 안처겸(安處謙)을 고변해 화를 입혔다. 안당은 조광조를 천거했던 사람으로 기묘사화로 화를 입게 된 선비들을 두둔하다가 파직당했다. 안처겸은 모친상을 당했을 당시 조문을 온 사람에게 이렇게 성토했다.

"기묘사화를 일으켜 선비들을 몰아내고 정권을 잡은 심정과 남곤을 제거해야 하네!"

송사련은 이를 고변했고 안당은 교사형(絞死刑)에 처해졌으며 이 사건을 신사무옥(辛巳誣獄)이라고 부른다. 송사련은 그 공으로 당상관에 올라 안씨 가문의 노비와 전답을 차지했다.

그 뒤 중종 28년(1533) 기묘사화에 연루된 선비들이 귀양에서 풀려나면서 안당의 억울한 죽음이 알려졌고, 명종 때 손자인 윤(玧)의 상소에 의하여 누명이 벗겨지고 복관되었다. 더욱이 선조 원년(1568)에는 남곤 등의 관직이 삭탈되었고 조광조에게 시호가 내려졌다.

선조 8년(1575)에는 안당에게도 시호가 내려져 송사련에게는 반좌지율이 적용돼야 할 형국이었다. 반좌지율이라 함은 무고나 위증으로 타인에게 해를 입힌 사람에게 피해자가 받은 형벌과 동일한 정도의 형벌을 가하는 제도이다.

송익필은 당대의 석학인 이이, 성혼과 말을 트던 사이여서 그들의 도움으로 세력이 약해지지는 않았다. 하지만 출세 길은 영영 막혀버렸다. 송익필이 추천되기만 하면 "송사련은 죄인이고 익필은 그 자식이니 부당하다"라는 동인들의 상소가 빗발쳤다.

그러던 중 송익필과 송한필 형제에게 최악의 상황이 벌어졌다. 선조 17년(1584) 7월, 임금이 곽사원(郭士源)의 땅 소송 사건을 계기로 송한필에게 죄를 주라고 명한 것이다. 곽사원은 송한필의 사돈으로 교하에 있는 논에 대한 소유권 문제로 소송을 벌이던 중이었다. 곽사원의 땅 소송 사건은 당사자들이 양측에서 세력가들을 동원하는 바람에 판관이 결정을 내리지 못한 채 사퇴를 거듭해 10여 년을 끌었다.

마침내 선조 17년 4월에 임금이 관심을 보이며 사헌부에 신속한 결정을 명하자 형조에서는 일단 곽사원 측에 유리한 판결을 내렸다. 그런데 공조참판 정언지가 곽사원의 문서가 위조되었으며 그 사돈인 송한필이 후원자가 되어 판관을 움직인다고 간언했다.

이듬해 동인은 심의겸이 박순, 정철, 윤두수 등과 모의했다고 주장하면서 이이와 성혼 역시 심의겸에게 농락당했다고 공박했다. 또 심의겸과 관련된 자는 모조리 파직시키고 죽은 자까지도 삭직할 것을 청했다. 서인의 전면 붕괴를 노린 공세이자 당쟁의 전세가 역전되려 하는 순간이었다. 이때 생원 이귀(李貴)가 상소를 올렸다.

"이이와 성혼을 심의겸의 당으로 모는 것은 대간의 할 짓이 아니옵니다."

이귀는 훗날 부안 기생 이매창의 정인이었고, 인조반정의 주역이 된 사람이다. 어느 쪽도 믿지 않았던 선조는 이번에는 이귀의 편을 들었다.

"이귀의 말이 옳다."

그런데 이귀가 상소문을 만들 때 그 초안을 잡아 준 인물이 바로 송익필이었다. 이로써 송익필은 "서인의 모주(謀主)"라는 세평을 입증했다. 이번에는 동인들이 발끈했다.

이발, 이길, 백유양 등 동인들은 송익필에게 결정타를 날리기로 했다. 그들은 안당의 손자였던 안윤(安玧)으로 하여금 송익필 형제를 제소하게 했다. 송익필의 할머니가 본래 안씨 가문의 노비로서 속량되지 않은 사람이라는 것이었다. 송익필 형제를 노비로 되돌리려는 계획은 안처겸의 옥사에 대한 복수였다. 송익필이 당쟁에 미치는 영향이 워낙 컸기 때문에 이 사건 자체가 또한 동인과 서인 간의 대결이 되었다.

《일월록》과 《계갑일록》에는 당시의 상황이 이렇게 실려 있다.

> 7월에 임금이 전교했다.
>
> "서얼 송한필은 이름 있는 선비들과 결탁해 마음속에 감추어 둔 계책을 여러 방면으로 움직였다. 그 사위 곽건(郭健)과 함께 사당과 서원의 모주가 되어 무리하게 송사를 일으켰다. 간사한 계교와 비밀스러운 수단으로 사당과 서원을 지도했다. 이로써 진실한 신하를 모함하고

판관을 협박하니 음흉하고 교활한 것이 지극히 해괴하다. 늙은 흉물과 심히 간특한 자들이 차례로 죄를 받는 마당에 송한필은 그 괴수로서 홀로 뱀이 수풀을 빠져나가듯 법망을 벗어났다. 이로써 형법이 완전히 무용지물이 되었으니 이래서는 나라가 제대로 운영될 수 없다. 형조는 그를 몽둥이로 신문해 죄를 결정하도록 조치하라."

당시 감사는 배삼익(裵三益)이었다. 그는 대간으로 있으면서 신중하게 일을 의논했을 뿐 아니라 이해에 흔들리는 일이 없었다. 예전에 송사련이 안당의 집안을 무고했는데, 그 후에 그 자손이 복수를 위해 송사했다. 하지만 세력이 약해 이길 수 없었고 판관들이 모두 회피해 결정을 내리지 않았다. 그런데 배삼익이 판결을 내리니 사람들이 너무나 훌륭한 일이라고 입을 모아 칭찬했다.

결국 송익필 형제를 비롯한 노비의 자손들 70여 명이 종의 신분으로 떨어졌다.

한편《동남소사東南小史》에는 이렇게 기록되어 있다.

> 송사련은 죄인이고 송익필은 동인의 미움을 샀다. 그러나 법이란 가장 근본적이고 중요하며 돌이나 쇠처럼 변하지 않는 것인데, 한때의 사사로운 원한으로 법을 어기는 일은 옳지 않다.

송익필의 문인인 정엽(鄭曄)의 반론이다. 송익필은 김장생, 정철, 이산해의 집 등을 전전하면서 숨어 지냈다. 그리고 나머지 70여 명의 인척들은 안씨 가문의 복수를 피하기 위해 흩어져 살게 되었다. 절체절명의 위기에 몰린 송익필. 그는 살 길을 찾고 피맺힌 원한을 풀기 위해 동인 세력을 몰아낼 수 있는 결정적 사건을 찾았다.

그런 송익필에게 정여립이 무사들을 모아 대동계를 조직하고 반체제적 발언까지 서슴지 않고 있다는 정보가 들어갔다. 자신뿐만 아니라 서인 모두에게 희망을 되돌려줄 수 있는 기회였다. 제갈공명 같은 지모를 지녔다는 송익필이 그 진가를 드러내면서 기축옥사의 서막이 오르기 시작했다.

송익필은 여러 곳을 돌아다니며 사람들을 만날 때마다 《정감록》 중 '목자는 망하고 전읍은 흥한다'는 내용의 참서를 보여주었다.

"머지않아 이씨가 망하고 정씨가 새로 왕이 될 것이외다. 내가 바라보니 호남에 왕의 기운이 돌고 있으니 빨리 찾아보고 새 운명을 받아들이시오."

정여립이 살았던 16세기 조선에서 지배자나 반란자들은 모두 정감록 같은 참설을 이용했다. 송익필이 《정감록》을 이용한 것도 보편적인 방법이었다.

송익필이 면죄할 길을 백방으로 모색하던 중 일차 표적으로 떠오른 사람이 정여립이었을 것이다. 정여립은 박학다식하고 다재다능해 이이와 친교가 두터웠다. 이 때문에 이이의 추천을 받아 홍문관 수찬에까지 올랐지만 이이가 죽은 후에는 공공연히 그를 비방했다.

이로 인해 서익과 이경진 등의 상소가 잇달았고, 서인들로부터 증오의 대상이 되었다. 뿐만 아니라 선조 역시 기질이 일정치 않은 사람이라며 미워했기 때문에 정여립은 결국 벼슬을 버리고 낙향했다. 그는 실의와 불만을 달래며 자기 주변에 모여든 무사, 선비들과 대동계를 만들어 매월 보름에 향사례를 베풀었다. 이 말을 들은 조헌은 정여립이 반드시 역모를 꾀할 것이라고 혹평했다. 이처럼 정여립에 대한 서인들의 증오와 선조의 철저한 불신, 그리고 조헌의 독

설이 송익필로 하여금 안심하고 정여립을 모함할 수 있도록 했을 것이다.

송익필은 정여립을 함정에 몰아넣을 심산으로 구월산에 있던 승려 의엄(義嚴)을 시켜 길삼봉과 정여립을 결부시킨 정감록의 참설을 민간에 유포하게 했다.

조선을 뒤흔든 최대금서 사건, 《정감록》

"이 세상에는 세 부류의 사람이 있다. 첫째는 무엇이 일어나는지조차 모르는 사람, 둘째는 무엇이 일어나는지 알고 있으나 단지 지켜보기만 하는 사람들, 그리고 셋째는 무엇인가 일어나게 할 수 있는 사람이다. 우리는 마지막 부류에 속하는 사람을 지도자라고 부른다."

컬럼비아대학교의 총장을 역임한 버틀러의 말이다. 무엇인가 일어나게 할 수 있으리라고 여겼던 정여립의 꿈은 실패로 돌아가고 그 여파로 수많은 사람들의 희생과 절망이 뒤따랐다.

정여립이 활동했던 16세기 당시의 유교적 사회에서도 지배자나 반란자들은 모두 정감록 같은 참설을 이용했다. 특별한 것이 아니라 일반적인 현상이었던 것이다. 사실 민중은 사상이나 이념보다는 구전되는 참설에 더 빠지기 쉬웠다. 물론 정여립이 이용했다고 전해지는 목판도 증거가 있었던 것이 아니고 근거도 없는 내용이라서 어느 정도 신빙성이 있는지는 알 수 없다. 그러나 백사 이항복은 "정여립이 황해도의 배우지 못한 자들, 산승들과 사귀면서 참설을 유포시켰다"고 하였다.

명종 때의 점술가 남사고(南師古)는 이렇게 예언했다.

오래지 않아 조정에 반드시 분당이 생길 것이며 또한 반드시 왜변이 있을 것이다. 만약 진년(辰年)에 일어나면 구할 수 있지만 사년(巳年)에 일어나면 구할 수 없을 것이다. 병오년 화마(火馬)에 태어나고 정씨 성에 시종(侍從)을 지낸 호남 사람이 기축년 겨울에 역모를 꾸미다가 발각될 것이다. 조정의 벼슬아치들 중 연루되는 사람이 많을 것이다.

또한 《혼정편록》에는 기축년 봄에 정각이 가깝게 지내는 선비들에게 이런 말을 했다는 기록이 있다.

"금년 겨울에 나라에 큰 변란이 있을 것이니 글을 배운 사람은 시골에 물러가 있는 것이 좋겠다."

정여립이나 그와 함께했던 사람들이 의도적으로 퍼뜨린 것으로 보이는 유언비어도 있다.

"호남 지방에 내려와서 여러 방면으로 들으니 전주에 정여립이란 선비가 있는데, 인물이 크고 그 집에 사람들이 많이 모인다 하여 찾아가니 과연 듣던 말과 같았다."

이능화(李能和)는 《조선기독교 및 외교사》에서 정여립과 《정감록》의 관계를 다음과 같이 기술하고 있다.

당시 〈목자망 존읍홍(木子亡 尊邑興, 목자는 망하고 전읍은 홍한다)〉이라는 민요가 있었는데, 여립이 황급히 이를 이용하여 이 요언을 옥판에 새겨 중 의연을 시켜 지리산의 암굴 속에 은닉하게 하였다. 그런 연후에 시치미를 떼고 아무 것도 모르는 척 바람을 쐬러 나갔다가, 몇 사람과 함께 지리산에 올라가 우연히 이를 얻은 것처럼 하였다. 그 후 일행 중의 변숭복과 박연령 등은 이러한 속임수를 그대로 믿고 정여립이 왕위에 오를 인물이라고 사방에 퍼뜨렸다.

정여립은 또한 의연과 몰래 자기 집 후원에 있는 뽕나무 껍질을 벗기고 그곳에 '새로운 왕이 나올 것'이라고 쓰여진 말갈기를 대신 붙여 두었다. 그리고 수십 일이 지나 그곳의 껍질이 합치된 것을 기다렸다가 마치 우연히 이를 발견한 듯 놀란 얼굴로 이웃 사람들을 불렀다. 그러고는 이것을 보이면서 절대로 입 밖에 내서는 안 된다고 당부했다. 하지 말라고 하면 오히려 더 하고 싶은 사람의 심리를 이용한 것이다. 정여립이 의도한 대로 이러한 소문은 순식간에 사람들 사이에 퍼져 나갔다.

《조선의 풍수》를 지은 무라야마 지준(村山智順)도 다음과 같이 말했다.

"정여립은 정치적 목적으로 '목자는 망하고 전읍은 흥한다는 참설을 이용했다."

이런 이야기들로 당시 상황을 유추해 보면, 정여립의 당시 행적이나 참설의 의미를 짐작해 볼 수 있을 듯하다.

조선 개국 이래 전해오는 참설인 《정감록》에 의하면 연산현 계룡산에 있는 개태사(開泰寺)가 장차 정씨가 도읍할 길지라고 했다. 당시 떠돌던 《정감록》은 《주역》을 비롯한 여러 비기를 집대성한 것으로 반왕조적이며 현실 부정적인 내용을 담고 있어 금서에 속했다.

《정감록》의 작가를 정감 혹은 이심으로 보기도 하는데 이는 《정감록》이 정감과 이심의 대화 형식으로 기술되었기 때문이다. 한편 조선 태조를 도와 역성 혁명을 주도했던 정도전이 그것을 합리화하고 민심을 조작하기 위하여 저술하였다는 설도 있다.

《정감록》은 예언설, 참요, 역수뿐만 아니라 풍수지리설에 의한 해설까지 포괄적으로 다루고 있으며 사상적으로는 유교, 도교, 참위서, 음양오행설까지 포함하고 있다. 어떤 의미에서는 급격한 사회변동 속에서 몰락한 양반들이 풍수지리설과 음양오행설을 바탕으로 왕조교체와 사회변혁의 법칙을 우주론과 결부시킨 것으로 보는 견해도 있다. 《정감록》의 내용을 대변하는 〈감결〉의 구절은 이러하다.

> 한륭공이 완산백에 봉해졌다. 세 사람의 아들이 있었는데 맏아들 임은 일찍 죽었고, 둘째가 심이고 셋째가 연이었다. 정공과 더불어 팔도산수의 기이한 절승지를 유람하다가 금강산 비로대에 올라 서로 말하기를 "천지는 음양이 먼저 주장하는구나" 하자 심이 "산수의 법이 기이하고 절승하다"고 하였다. 또 정감이 "곤륜산으로부터 맥이 백두산에 이르고, 원기가 평양에 이르렀으나 평양은 이미 1,000년의 운이 지나가고, 운이 송악에 옮겨가 500년의 도읍지가 되나. 요승과 궁녀가 작란하여 땅 기운이 쇠하고 하늘의 운수가 막히게 되면 다시 운이 한양으로 옮겨갈 것이다"하였다. 그러자 심이 "백두산의 맥이 금강산으로 옮겨가고 태백산과 소백산에까지 이르러서 산천의 기운이 계룡산으로 들어갔으니 정씨의 800년 도읍지요, 뒤에 가야산에 들어갔으니 조씨의 1,000년 도읍지이다. 전주는 범씨의 600년 도읍지

이고, 다시 송악은 왕씨가 부흥할 땅이나 그 뒤는 자세하지 않아 상고할 수 없다" 하였다.

《정감록》에서 난세의 재앙을 피하기 위한 길지인 십승지(十勝地)로 기록된 곳은 아래와 같다.

경북 풍기 차암(車巖) 금계촌(金鷄村) 동쪽 골짜기로 금 닭이 알을 품고 있는 금계포란(金鷄抱卵)의 명당 터인 소백산 땅 열 군데

- 화산(花山)의 소령고기(召嶺古基)로 안동 춘양면의 춘양(春陽)마을
- 충북 보은 내속리면과 외속리면의 속리산 아래 증항(蒸項) 근처
- 경북 예천 용문면 상금곡리의 금당동(金堂洞) 북쪽
- 전북 남원 운봉읍(雲峰邑) 동점촌(銅店村) 주변 100리
- 충남 공주 유구읍(維鳩邑)과 마곡사(麻谷寺)의 두 물줄기 사이
- 강원 영월 영월읍의 정동쪽 상류 거운리 일대
- 전북 무주 무풍면 북쪽 골짜기
- 전북 부안 변산반도 호암(壺巖) 아래와 변산의 동쪽(개암사 부근) 금바위 아래
- 경남 합천 가야면 가야산 자락 남쪽 만수동(萬壽洞) 골짜기

《정감록》 신앙은 첫째 삼절운수설(三絶運數說), 둘째 계룡산 천도설, 셋째 정성진인 출현설로 요약할 수 있다. 삼절운수설이란 이씨 왕조가 내우외환에 의하여 세 번이나 단절될 운수를 맞는다는 말세운수의 예언으로 그 처방을 밝힌 것이다.

삼절 중 첫째는 임진왜란, 둘째는 병자호란을 뜻하며 셋째는 앞으로 반드시 일어날 숙명적인 국가사회의 위기이다. 그런데 각각의 위기 때마다 파자풀이 내지 은유의 방법으로 대책을 언급하고 있는 것이 특이하다. 이미 정여립의 역모 사건 때 '목자는 망하고 전읍은 흥한다'라는 파자풀이가 나돌았다. 임진왜란과 병자호란 때에도《정감록》은 여러 형태로 민중에게 회자되었다.

비록 허무맹랑한 풍수지리설에서 비롯된 예언이라 하지만, 당시 가혹한 왕정에 시달리던 백성들이나 조정에 대해 실망을 느끼던 민중에게 끼친 영향은 지대했다. 특히 광해군과 인조 이후의 모든 혁명에는 거의 빠짐없이《정감록》의 예언이 거론되었다.

연산군 이래의 국정 문란, 임진왜란과 병자호란, 당쟁의 틈바구니에서 암담한 세월을 보내던 백성들에게 이씨가 망하면 다음엔 정씨, 그 다음엔 조씨, 범씨가 있어 민족을 구원할 것이라는 희망을 불어넣었다는 점에서《정감록》은 진지하게 평가될 필요가 있다. 그러나 재난이 일어날 때마다《정감록》에서 "난리를 피하기에 좋고 가난과 전염병이 미치지 않는 땅"으로 회자되는 십승지를 찾아 떠나는 사람들이 많았던 것은 문제점으로 지적된다.

《정감록》을 이용한 송익필의 미끼에 걸린 사람들 중 대표적 인물이 정여립의 집에 출입하던 변숭복, 박연령, 지함두였다. 그들은 송익필의 말을 신의 계시처럼 믿었다.

얼음과 불의 엇갈린 운명, 송익필과 이발

제갈공명, 역모의 알리바이를 만들다

송익필은 의엄으로 하여금 재령군수 박충간에게 밀고하게 한 직후 정철에게 입궐을 권하는 한편, 이수(李綏), 조구 등을 시켜 자복하게 했을 것이다. 그 뒤 그들은 해서 지방의 백성들을 사주해 정여립에게 동조한 것으로 알리바이를 조작했다. 그리고 날조된 사건으로 정여립을 꼼짝 못하게 얽어 놓고 성혼의 문인인 민인백을 시켜 때려죽이고는 자살이라고 퍼뜨렸을 것이다. 정여립의 아들 정옥남과 역도로 지목된 해서 사람들에게는 위협을 하고 혹형을 가해 자복을 강요했을 것이다. 드디어 정여립의 역모 사건은 부인하지 못할 엄연한 사실이 되어버렸고 동인 세력은 완전히 쑥대밭이 되었을 것이다.

한편 이수, 조구, 민인백 등은 고변을 한 공로로 평란 이등공신에 제수되었다. 그러나 모주라고 조작해 놓은 길삼봉이 문제였다.

사건의 드라마는 송익필이 만들었지만 연출하는 현장에서 골치를 앓은 이는 정철이었다. 최영경을 길삼봉이라고 입증하는 과정에서 물의를 빚었고, 이를 입증하지 못한 채 정철과 서인들은 몰락의 길을 걸었다.

당쟁의 소용돌이 속에서 기축옥사를 배후 조종했던 송익필은 다투며 사는 사람들의 삶을 부정했으면서도 그 당파 싸움의 선봉에 섰다. 도도하게 흐르는 역사 앞에서는 보잘것없는 한 인간에 지나지 않았던 것이다. 한편 그는 모든 것이 부족하고 불만이지만 자신은 만족한다는 뜻의 시를 썼다.

내 나이 칠십에 궁한 골짜기에 누웠노라니
사람들이야 부족하다고 하지만 나는야 족하다
아침에 일만 봉우리를 바라보니 흰구름이 일어
스스로 가고 스스로 오며 높이 오르는 것이 족하다
저녁에 푸른 바다를 바라보니 밝은 달을 토해
넓고도 넓게 금물결 일어나니 눈앞 광경이 족하다
봄에는 매화가 가을에는 국화가 있어
번갈아 어우러지는 것이 무궁하니 그윽한 흥이 족하다
상 하나에 경서를 두니 도학의 맛이 깊고
언제나 만고의 인물을 사귀니 스승과 벗이 족하다
덕이야 선현에 비한다면 비록 부족하다 하겠으나
백발이 머리에 가득하니 나이도 족하다

이처럼 모든 것에 만족한다고 표현했던 송익필도 집안이 철저하게 몰락하고 당파 싸움에서 서인이 밀리자, 일생을 건 도박을 벌인 것이다. 그 한판 승부가 기축옥사였다.

그는 문학으로는 김시습, 남효온 등에 비견할 만한 평가를 받은 사람이다.

이이도 칭송을 마지않았다. 송익필은 1586년까지 고양의 구봉산 아래에서 크게 문호를 벌여 놓고 후학을 양성하였다.

그의 문하에서 사계 김장생, 인조반정 때 최고 지휘관 김류 등 많은 학자들이 배출되었다. 한때 과거를 보러 온 선비들이 시험장에 들어온 이이에게 글을 물으니 "송익필이 고명하고 박학해 널리 통하니 가서 묻는 것이 좋다"라고 하자 수많은 선비들이 물결처럼 그에게 달려갔다고도 한다. 《구봉집》 〈의복衣服〉 편에는 이런 글이 있다.

> 대저 사람의 마음은 사방 한 치 밖에 안 되는 심통 안에 있다. 그러나 여기에서 요순이 되고 때로는 걸주가 되니 어찌 두렵지 않겠는가?

송익필은 시에서는 이태백을 기준으로 삼았고, 문장은 중국 노나라 때의 역사가인 좌구명과 《사기》를 지은 사마천을 본받았다. 그는 자신의 학문과 재능에 대한 자부심이 강해 스스로 대단하게 행세했고, 아무리 고관대작이라도 한번 친구로 사귀면 자로 부르며 관직으로 부르지 않았다. 이런 태도는 그의 미천한 신분과 함께 조소의 대상이 되기도 했다.

훗날 송시열은 그를 이렇게 평가했다.

"선생은 포부가 크고 세상에 대한 책임감이 강해 세도에 뜻을 가지고 있었다."

고종 역시 그에 대해 호의적이었다.

"송익필은 도학과 덕행이 모두 훌륭했다."

고종의 뒤를 이은 순종도 그를 높이 평가해서 관작을 내렸다.

"평의 벼슬에 추증된 송익필은 학문이 순수하고 지도와 행실이 엄정했다. 탐욕스러운 자를 깨끗하게 하고 나약한 것을 굳건하게 한 기풍은 백대 동안 길이 물려줄 만하니 특별히 품계를 뛰어넘어 정2품의 품계를 주고 규장각 제학의 벼슬을 추증하노라."

송익필에게는 '문경(文敬)'이라는 시호가 내려졌다. 그의 아우 송한필의 경우는 그 가계가 철저하게 파괴된 까닭에 생애에 대해 알 길이 별로 없다.

> 지난 밤 비에 꽃이 피더니
> 오늘 아침 바람에 꽃이 졌네.
> 애달프다! 봄날의 사연이
> 비바람 속에 왔다 갔구나

이렇게 아름다운 〈우음(偶吟)〉이라는 시를 남긴 송한필은 그의 형 익필과 함께 선조 때의 학자와 문장가로 이름이 높았다. 심지어 이이가 성리학을 토론할 만한 사람은 송익필 형제뿐이라고 말할 정도였다. 하지만 《괘일록》의 평은 냉정하다.

> 송익필 형제는 스스로 처세하기를 문벌이 훌륭한 가문의 사람처럼 했으며 과거에 응해 나란히 1등하기에 이르니, 교만한 기색과 뽐내는 모습이 옆에 아무도 없는 듯한 태도였다. 이 때문에 비록 한 동아리 사람들이라도 많이 불편해 했다.

정여립과 이발을 중심으로 한 정치 세력과 정철과 송익필을 중심으로 한 정치 세력은 군자와 소인이 얼음과 불처럼 함께 할 수 없듯이 어차피 공존할 수 없었다. 그런 이유로 정여립과 송익필은 같은 시대를 살면서 뛰어난 문장으로 이름을 날렸으면서도 정적으로 비운의 생을 마감했다. 《연려실기술》에는 그들이 나란히 소개돼 있다.

호남은 상도에는 이항(李恒)이 있었고 하도에는 기대승이 있었다. 기대승은 일찍 죽어서 학문을 강론하기까지에는 미치지 못했다. 이항은 제자는 많았지만 오직 김천일만이 절개로 이름을 떨쳤을 뿐 학문은 전함이 없었다. 정여립이 그 뒤에 나와 이발, 정개청과 서로 어울려 화답하여 온 도에 기세를 부렸다. 그러나 정여립이 반역하게 되니 함께 죽음을 당했다. 호남 풍속이 경박해 본래부터 유학을 좋아하지 않았는데, 여립이 패망하니 사람들이 학문하다가 죽게 된 일의 시작이라고 하여 호남의 학문은 이로부터 없어졌다. 그와 더불어 서류로서 학문한 사람은 이중호, 김근공(金謹恭), 박지화, 박동(朴洞)이었고, 천인으로서 학문이 있는 사람은 서기, 송익필이었다. 송익필은 타고난 자질이 투철하고 총명해 정밀하고 자세한 이치를 분석하고 시사(詩詞)도 뛰어나 세상에 많이 전송되었으며 배우는 자도 많아 그를 따랐다. 다만 그 집안이 대대로 흠이 있었다. 그러나 덮어 감추기를 생각하지 않았으며 몸이 천한 무리에 있으면서 함부로 제가 잘난 체했다. 안씨의 자손이 송사를 일으키니, 송익필 형제의 가족 100여 명과 함께 도주해 숨었으므로 선조가 명해 잡아서 희천에 귀양 보냈다. 왜란을 만나서 석방되었다. 그러나 오히려 큰 소리와 거리낌 없는 이야기로 당시의 일을 비난하고 나무라니, 송익필이 이르는 곳마다 문간에 신발이 가득했다.

기축옥사 이후 아우 한필과 함께 회천으로 유배되었던 송익필은 1593년 사면돼 풀려났다. 그러나 일정한 거처도 없이 아는 사람들의 집을 전전하다가 임진왜란이 끝나던 해에 죽었다. 그때로부터 150여 년의 세월이 지난 후 남하정은《동소만록》에서 "기축옥사는 송익필이 뒤에서 조종하고 정철이 이를 성사시켰다"라고 썼다.

둥글지 않을 때는 늦게 둥글다고 탓했는데,
둥글고 난 뒤는 어찌해 쉬 이지러지는가,
삼십 일 중 둥근 밤은 딱 하루뿐이니,
우리네 평생의 심사가 모두 이와 같구나

송익필이 쓴 시이다. 인생이 무상하다는 것을 이렇게 갈파한 송익필이었지만 오랜 세월 동안 수많은 사람들의 원성을 산 기축옥사의 주인공이 되고 말았다.

산길을 가면 쉬는 것을 잊고 앉으면 가기 싫네
소나무에 말을 매고 누워 물소리 듣노라
이 길을 몇이나 오고 가고 했는가

인생은 누구나 죽는데 왜 다투며 사는가

역시 송익필의 〈산행山行〉이라는 시이다. 세상을 살아가면서 명리를 다투는 것을 멀리하면서 살라고 가르쳤던 그가 자신과 가문의 이익을 위해 수많은 사람들의 피를 담보로 하였으니, 이를 어떻게 평해야 할까?

역적으로 몰린 천재 선비 이발

기축옥사의 주인공 정여립과 동갑내기였으며 알성 급제로 장래가 촉망되던 선비가 이발이었다. 그가 어떻게 정여립과 처음 만났고, 어느 때 정여립이 동인에 합류했는지에 대해서는 분명하게 알려진 것이 없다. 다만 도학자풍의 이이보다는 혁명가적인 이발이 정여립의 기질상 더 맞았을 것이고, 이발의 아버지 이중호가 전라감사로 부임한 시기(1573년 5월)에 이발 형제가 전라감영에 출입하면서 만났을 것이라고 추측할 뿐이다.

이발과 정여립의 관계가 《괘일록》에 다음과 같이 실려 있다.

> 정여립이란 자는 전주 사람이다. 학식과 견문이 매우 넓어 성인들이 저술한 서적들을 읽지 않은 것이 없었다. 우계 성혼과 율곡 이이의 문하에 출입하였으므로 두 사람이 다 함께 그를 홍문관 수찬에 추천하였다. 서인들이 권세를 잃어 소망이 없게 되자 정여립은 다시 동인이 되었는데 이발이 이를 허용한 것이다. 이발은 전라도 남평 사람이었는데 이 때문에 서로 친하였다. 정여립의 사람됨이 심술이 바르지

> 못하고 어리석으면서 혈기가 많아, 이이를 반박하는 데 하지 못할 일이 없었으므로, 서인들이 그를 몹시 미워하였다. 비록 동인이라도 또한 그로 인한 훗날의 폐단이 있을 것을 알았기 때문에 어떤 이들은 이발에게 정여립과 관계를 끊으라고 권하였지만, 이발은 그의 재주가 아깝다 말하고 듣지 아니하였다.

기축옥사에서 최영경, 정개청과 함께 최대 피해자가 된 이발은 남평에서 태어났다. 이이와 성혼의 추천으로 홍문관 수찬에 올랐던 정여립이 세력을 잃은 서인을 떠나 동인에게 손을 내밀었고, 이때 이발이 받아들임으로써 서로 친하게 된 듯하다.

《연려실기술》에도 이렇게 기록돼 있다.

> 여립의 사람됨이 바르지 못하고 어리석으며 기운이 과해 이이를 공격하는 데 못하는 말이 없었다. 그래서 서인들은 정여립을 극구 미워했고, 비록 동인들 중에서도 혹시 후에 폐가 있을 줄 알고 이발에게 절교할 것을 권하기도 했다. 그러나 이발은 인재가 아깝다 하여 듣지 아니했다.

어쨌든 같은 호남 출신이었던 두 사람의 운명적인 만남이 기축옥사의 중요한 원인으로 작용한 것만은 분명한 사실이다. 그리고 그 만남이 세상에서 말하는 행운과는 거리가 먼 불행의 전주곡이었던 것도 사실이다.

이발의 본관은 광주, 자는 경함이며, 호는 동암이다. 직제학과 전라관찰사를 지낸 이중호의 둘째 아들로 무진년에 생원이 되고 계유년 문과에 장원으로 급제해 부제학에 이르렀다. 이중호의 큰아들 이급은 생원으로 정읍현감을 제수받았으며, 셋째 아들 이길은 생원으로 정축년 알성시에 부장원으로 뽑혀 홍문관 응교에 이르렀다. 이발은 중후하고 엄정했으며 성격이 분명해 시비를 논하기 좋아했다. 젊을 때부터 학문에 뜻을 두어 홍가신, 허당, 박의, 윤기신, 김영일, 김우옹 등과 뜻을 같이하는 벗이 되어 서로 원대한 포부를 기약했다. 임금 앞에서 보는 알성시에 장원이 되어 명성이 자자했던 이발은 곧 이조정랑이 되었다.

이발은 조광조의 지치주의를 이념으로 삼아 선비들의 논의를 주도하고 왕도정치를 제창해 기강을 확립했다. 그는 경연에 출입하면서 사정을 가르치는 것을 자기 소임으로 여겨 조금도 구차하게 합하려는 뜻이 없었다.

이발은 1584년 동인과 서인을 화해시키고자 애쓴 이이가 죽자 동인의 선봉으로서 서인의 거두였던 심의겸을 탄핵해 파직시켰다. 그리고 곧바로 동인이 정권을 잡게 되었다. 그러나 부제학이었던 이발은 서인들과 알력이 생기자 기축년 9월 "시사(時事)가 이루어질 수 없다"라는 말을 남긴 채 고향으로 돌아왔다.

그리고 한 달 후 기축옥사가 일어났다. 동인 타도의 기치를 높이 들고 처음 공격의 포문을 연 사람은 호남 생원 양천회였다. 양천회는 상소문에서 "이발, 이길, 김우홍, 백유양, 정언신 등이 정여립과 함께 역모를 꾀했다"라고 했다. 이어 11월 12일에 예조정랑 백유함이 같은 내용의 상소를 올렸고, 그 후 정여립의 조카 정집(鄭緝)의 공초 과정에서도 이발과 정언신 등 여러 사람들이 역모에 관여했다는 내용이 나왔다. 이발은 정여립 역모 사건이 벌어지자 자신도 화를 면하지 못할 것을 알았다. 그래서 조용히 서울을 떠나 교외에서 명을 기다리고 있다 잡혀 와 대궐 뜰에서 신문을 받았다.

선조가 물었다.

"너는 어찌 벼슬하지 않고 시골에 갔더냐?"

"신의 노모가 있기 때문이었습니다. 형 이급이 전하의 은혜로 모친 봉양에 허락을 받아 정읍현감이 되었습니다. 동생 이길도 이미 올라왔고 신도 역시 올라왔습니다."

"네가 벼슬하지 않겠다는 이유는 무엇이냐? 네가 네 죄를 아느냐?"

"신은 저의 낯가죽을 벗겨버리고 싶습니다."

선조는 미소를 지으며 말했다.

"이미 때가 늦었다."

옥사는 크게 확대돼 갔고, 성균관과 사학의 유생으로 조금이라도 이름 있는 사람들은 모두 금고형을 받았다.

이발은 정여립과 사이가 좋지 않았던 이정란과 같은 옥중에 있으면서 이렇게 말했다.

"사람 알기가 어렵다고 하나 정여립 같은 역적은 쉽게 알아볼 수 있었을 것인데도 나는 홀로 알지 못했으니, 내 눈을 빼어 마땅할 것이며 죽어도 오히려 죄가 남을 것이네. 하지만 자네는 이미 정여립과 원수가 되었으니 죽을 리가 없을 것이네."

이 말처럼 이정란은 옥에서 풀려나오고 이발은 종성으로 귀양길에 올랐다.

정철의 아들인 정홍명(鄭弘溟)이 지은 《기옹만필畸翁漫筆》에는 그에 얽힌 이야기가 이렇게 실려 있다.

조헌은 젊었을 때부터 이발 형제와 친근하게 교제해 정의가 형제와 같았다. 만년에 와서 이발 형제가 역적 정여립과 서로 친근하니 조헌이 금하라고 간절히 주의시켰지만 이발은 친구 간에 까닭 없이 절교할 수 없다고 대답했다.

중봉(조헌)은 그들이 끝내 어찌할 수 없음을 알고, 옥천에서 걸어 남평 이씨의 집으로 가서 수일 동안을 머물며 여러 가지로 비유해 가며 타일렀지만 이발이 끝내 듣지 않았다. 조헌은 떠나가면서 칼을 뽑아, 앉은 자리를 베어 칠언시 한 구를 써서 주며 작별했는데 끝 구절은 이렇다.

"나는 가고 그대는 머물러 각자 닦을지어다."

그 후로 그만 절교되고 말았다.

그때 임금이 "역적의 협박으로 부득이 따라간 자들은 그 죄를 다스릴 것이 없다"라고 말했다. 그러나 선홍복을 비롯한 여러 사람들의 참소가 그치지 않자 이발과 이길은 다시 서울로 압송돼 왔다. 이발은 함께 옥에 갇혀 있는 사람에게 말했다.

"내가 조헌의 말을 듣지 않다가 이 지경에 이르렀구나."

그 이유는 조헌이 이전에 이발에게 경계하면서 한 말이 있었기 때문이다.

"정여립과 절교하지 않으면 장차 큰 화를 입을 것이다."

효성이 지극했던 이발은 죽음을 앞두고 자기 옷 앞섶에 혈서를 썼다.

"망령되게 역적과 사귀었다가 화가 늙은 어머니에게 미쳤다. 남쪽을 바라보며 통곡하니 땅이 검고 하늘이 푸르도다."

결국 이발은 온몸에 살이 온전한 곳이 없을 만큼 혹독한 고문을 받고 죽었다. 그리고 회천으로 유배돼 갔던 이길도 다시 잡혀 와서 곤장을 맞고 죽었다.

이발이 죽자 선조는 이런 전교를 내렸다.

"이발 등은 처음에 정집의 공초에 나왔고 다음에는 선홍복의 공초에 나왔으니, 역적 모의에 참여한 사실이 한두 가지가 아니다. 하물며 평일에 역적과 결탁해 한 덩어리가 되어 일을 해온 것은 조그만 아이들도 아는 바요, 정여립과 왕래한 서찰은 친밀하기가 마치 부자와 형제보다 더하니, 이런 자를 처단하지 아니하고 어떤 자를 처단할 것인가? 춘추대의로 역적을 치는 데는 역적의 몸이 살았거나 죽었거나 가릴 것 없고, 옛날 것이거나 지금 것이나 가릴 것 없다. 이미 이발의 죄상이 드러나서 증거가 모두 나타났으니 마땅히 법에 의해 처단해야 할 것이니 의논해 아뢰라. 그리고 역적 정언신에게 무기를 나누어 보내주었다는 것은 가령 그 말이 실제에 들어맞는다 해도 웃음거리도 되지 않는 일이다. 정언신이 들으면 자복하지 않을 것이다. 하물며 그 '양형(梁泂)'이 올린 상소문에는 거짓말이 백 가지인데 이것은 물을 것도 없으니 이것으로 고문하지 말라. 다만 조강(趙綱)은 역적이 김효원에게 편지를 보냈다고 말하나, 무릇 역적이 제 자제를 입학시키려고 했다면, 당시 친한 친구로 요직에 있는 자가 많았는데 하필 영흥에 있는 김효원에게 부탁했다는 것은 이치에 합당치 않다. 이처럼 인심이 험악한 시기를 당해서 헤아릴 수 없는 일이 일어날까 염려되니, 다음에는 옥사를 일으킬 수 없다. 무릇 당당한 국가에서 한낱 유생의 허무맹랑한 상소를 받고 국문을 하여 형벌을 주는 것은 사리와 체면에 크게 손상이 된다. 뿐만 아니라 훗날에 폐가 많을 것이니 그냥 두는 것만 같지 못하다. 따라서 조강은 고문하지 말고 놓아 보낼 것이며 방대진(房大進)은 논하지 말라."

5월 1일, 이발의 어머니 윤씨와 그의 아들이 국문을 당했다. 이발과 이길의 가족들은 2년째 옥에 갇혀 있었다. 대신들이 미봉책으로 죽음은 면하게 했지만 석방시키자고 말하지는 못했다. 이는 선조가 옥사를 완결시켰으면서도 이발의 가족에 대해서만은 다시 국문하라는 명을 내렸기 때문이었다.

운명을 피해 갈 수가 없었던 이길도 그 해 11월에 형장 아래에서 죽고 12월에 이발의 어머니 윤씨와 여러 손자들이 모두 끌려와 옥에 갇혔다. 당시의 상황이 《혼정편록》에는 이렇게 실려 있다.

> 이발의 어머니 윤씨의 나이가 그때 82세였는데 압슬형으로 고문을 하자 이렇게 말했다.
>
> "아프다. 아프다. 자식이 이미 역적과 친했다면 진실로 죽어 마땅하지만 반역을 공모했다고 하는 것은 천부당만부당 애매한 일이다. 설사 아들이 역적과 공모를 했다 하더라도 이 늙은 몸이 무엇을 알겠는가? 형법이 너무 과하다."
>
> 8세였던 이발의 아들 명철(命哲) 역시 이렇게 말했다.
>
> "평일에 아버지가 저를 가르치기를 집에 들어가서는 효도하고 나가서는 나라에 충성하라고 했을 뿐 역적의 일은 들은 바 없습니다."
>
> 선조는 이 말을 듣자 때려서 죽이라고 했다.
>
> "이런 말이 어찌 역적 놈의 자식의 입에서 나올 수 있단 말이냐?"
>
> 우의정 이양원이 "늙은이와 어린아이에게는 형벌을 실시할 수 없습니다"라고 간곡하게 아뢰었지만 선조는 허락하지 않았다. 뿐만 아니라 홍가신의 아들 홍절과 김응남의 아들 김명룡(金命龍)에게도 압슬형을 가했으며, 그 문생들과 노복에게도 모두 참혹한 형벌을 가했지만

승복하는 사람이 하나도 없었다. 을사사화 때도 이런 일은 없었기 때문에 옥졸들도 눈물을 흘리지 않는 이가 없었다. 이렇듯 어머니에서부터 어린아이들까지 압슬형을 받고 한 집안이 풍비박산이 된 연유는 이발이 임금에 대한 기대를 버리고 신랄하게 비판해 선조의 감정을 극도로 자극했기 때문이었을 것이다.

이발의 형이었던 현감 이급은 앞서 형벌을 받고 죽었고, 그의 아들 만생(晩生), 순생(順生)도 장형을 받고 죽었다. 이발의 아들 효동(孝童)과 이길의 아들 효손(孝孫)은 모두 연루돼 옥에 갇혔는데, 효동은 병으로 죽고 효손은 임진왜란 때 옥문을 크게 열자 석방되었다. 그러나 역질에 걸려 죽고 말았다. 이발의 네 형제 중에 화를 면한 사람이 아무도 없었다. 오직 이직(李溭)만이 먼저 죽었기 때문에 화를 입지 않았는데, 《혼정편록》에는 그 상황이 이렇게 실려 있다.

송상(宋祥)이라는 점쟁이가 일찍이 막내 이직이 제일 길하다고 하면서 이길, 이발, 이급 등 세 형은 지극히 흉하다고 했다. 맨 뒤의 이직은 한 가지 이름도 이루지 못하고 요절했고, 이길과 이발은 명사가 되었으며, 이급(李汲)은 음관으로 벼슬에 보임되니, 사람들이 모두 송상을 허망한 자라고 하다가 이때에 이르러서야 탄복했다.

《선조실록》에는 선홍복의 집에서 발견되었다는 이발과 정여립이 주고받은 편지도 실상은 정철과 송익필이 꾸며낸 것이라고 기록돼 있다. 또한 선홍복이 이발, 이길, 백유양 등을 역모 사건에 끌어넣은 것에 대해서도 "그렇게 하면 살려주겠다고 교사했기 때문이라고 실토했다"라는 기록이 있다. 이발 등의 이름이 처음에는 고변서에 나오지 않았는데, 정집. 선홍복의 처형에 다다라 어지럽게 이발 등을 끌어대었다. 정상에 정확한 근거가 없었고, 단지 '이발 등이 여립과 편당을 지어서 추천하고 비호하였으며, 논의가 구차하였다'는 이유뿐이었다. 하지만 상의 이발 등에 대한 의심이 없지 않았다. 그런데 역적 (정여립)의 가서家書들 중에 이발의 서찰이 가장 많았다. 시사를 통해 서로 의견을 개진하였는데 삼가는 바가 없었으며, 주상의 동정을 모두 통보하였다. 이 때문에 죄를 받은 것이 가장 혹독하였다. 비밀이 없으면 행목도 없다는 말은 지당한 말이다. 이발의 속마음을 알게 된 선조의 분노가 얼마나 컸을까?

오랜 세월이 지난 뒤 이발과 이길이 〈기축옥사〉에 연루된 과정이 화순에서 후손들에게 전해 듣고서 정약용이 정리한 책 〈동남소사東南小史〉에 다음과 같이 실려 있다.

> 5월(선조 34년) 임금이 대신을 불러 대면하였다. 백사가 나아가 아뢰었다.
>
> "지난 기축옥사에 신은 문사랑(問事朗. 죄인을 문초할 때에 기록과 낭독을 맡은 낭관)으로 처음부터 끝까지 참여하였습니다. 좌상(김명원) 또한 같은 시기에 함께 참석하였습니다. 이외에는 옥사를 아는 자가 없습니다. 소신들에게 병이 많아서 조석으로 죽으려 하니, 누가 다시 기축옥사의 곡절을 알겠습니까? (…) 이발 형제와 백유양 등이 죄를 입어서 적과 모의를 같이한 듯하지만, 내밀한 정황으로 보면 합당하지가 않습니다. 그들의 식견이 어두워 그(정여립)의 흉악함을 알

지 못하고 감히 추천한 죄가 있으니, 진실로 핑계 댈 수가 없습니다. 하지만 역모에 이르러서는 생각하건대, 그들이 결단코 알지 못했습니다, 처음에 그들 이름이 징집의 공초에서 나오고 다시 임언린任彦璘과 선홍복 공초에 나왔습니다. 언린은 미혹되고 물정에 어두운 천인賤人입니다. 엄한 형벌 아래에서 어지러운 말이 없지 않았습니다. 역적은 만고의 으뜸 되는 악입니다. 어찌 진신縉紳 중에 다시 나오겠습니까? 범범하게 교류한 것을 가지고 틀림없이 역적과 함께 반역을 모의했다고 말한다면 극히 애매합니다.(…) 이 적賊은 몸이 시골집에 있으면서 몰래 무뢰배들과 결합하여 모의가 실행에 옮겨지기 전에 일이 먼저 드러났습니다.

하지만 함께 반역을 모의했다고 하는 것은 사실에 가깝지 않습니다. 정언신의 죄명에 이르러서도 실로 원통합니다."

백사의 말을 들은 임금이 거친 목소리로 말하였다.

"경은 이렇게 말하는 것이 옳지 않다. 옥사를 다스리는 모양은 그 정상이 나타나는 대로 죄를 정하는 것이다. 이발이 적과 친밀한 것을 누가 모르겠는가. 백유양이 적과 통혼通婚한 것은 말할 필요도 없다. 경이 말한 것은 경의 억측에서 나온 것이다. 저들은 모두 한 몸이다."

백사가 다시 아뢰었다.

"정집과 같은 사람은 제정신이 아니었습니다. 당시 다행히 주상께서 그만하고 더 묻지 말라고 명했기 때문에 어지럽게 끌어들인 자들이 여기에 그쳤습니다. 이것으로 보면 어지럽게 끌어들인 것이 틀림없습니다.

그 말을 받아 임금이 다시 말하였다.

"반신叛臣이 진신에서 다시 나오지 않는다는 말은 옳지 않다. 반신에게 어찌 함께 하는 당이 없겠는가? 만약 경의 말대로 하여 너그럽게 한다면 난신적자를 어떻게 징벌할 수 있겠는가? (…) 여립이 어디서 나왔는가? 사대부 사이에서 나온 것이 아닌가?"

결국 악연으로 끝난 정철과 이발의 첫 만남은 어린 시절로 거슬러 올라간다. 정철이 남평에 있던 이발의 집에 들렀을 때 이발과 이길이 장기를 두고 있는데 정철이 무심결에 훈수를 했다고 한다. 그러자 이발 형제가 벽력같이 화를 내며 달려들어 "역적 놈의 자식이 시키지도 않은 훈수를 한다"라면서 정철의 턱에 나 있는 수염을 모조리 뽑았다고 한다. 정철은 이때의 일이 뼈에 사무쳐 이발의 형제들과 팔순 노모, 그리고 그의 아들들까지 때려죽였다는 것이다. 그러나 이 이야기는 기축옥사 이후 서인 측이 꾸며낸 말이라는 설이 있다. 겨우 8세, 10세인 어린 이발 형제가 훈수를 두었다는 이유만으로 18세의 건장한 청년인 정철의 수염을 다 뽑아버렸다는 게 가능한 일인가?

또 다른 이야기가 《연려실기술》 〈선조조고사본말〉에 실려 있다.

조헌이 그윽이 들으니 정철은 이발의 아버지 이중호와 옥당의 동료가 된다고 합니다. 중호가 일찍이 《근사록近思錄》을 정철에게 질문한 후에 비로소 나와서 강설(講說)했다고 하니 이발, 이길은 정철에게 제자의 예를 취해야 할 것입니다. 그런데 이발이 출세하고 나서는 감히 정철을 능멸했으며, 정철이 긴 수염이 있는데 이발이 취한 김에 희롱해 뽑으니 정철이 곧 시를 지었다고 합니다.

두어 개 긴 수염 그대가 뽑아 가니

늙은이의 풍채가 문득 쓸쓸해졌네

그 후 마주 앉아 술을 마실 때에도 이발이 정철을 무시하는 말을 하자 정철이 곧 돌아보지 않고서 이발의 낯에 침을 뱉고 일어섰습니다. 정철이 강직해 이발의 낯에 한번 침을 뱉은 것으로 서로 원한이 쌓여 죽이고 죽는 일이 벌어지고 말았습니다.

이발의 가문을 비롯하여 기축옥사로 희생당한 사람들에 대한 신원 문제가 부각된 것은 광해군 때부터다. 《광해군일기》에는 이런 기록이 있다.

이원익은 이렇게 아뢰었다.

"기축년 간에 신이 외직을 맡아 지방에 있을 때에 사람들을 통해 듣고 본 일은, 지금에 이르러 병들고 혼몽해 모두 잊어버렸습니다. 백유양의 편지에 관한 내용은 그 대체적인 내용도 전혀 모르겠습니다. 이발 등이 교유를 신중히 하지 않은 죄로 인해 반역의 화를 당했으므로 사람들이 억울하고 애석해 하는 것이 오래될수록 더욱 격렬해지고 있습니다. 지금 흔쾌히 공론을 따라 지극히 억울한 누명을 풀어주신다면, 실로 왕위를 이어받은 초기에 인심을 위로하는 한 커다란 일이라 하겠습니다."

이항복은 이렇게 논의했다.

"역적을 알아보는 것은 어렵지 않으니 반역을 꾀했다면 역신이 되는 것이고 반역을 도모하지 않았다면 보통 사람입니다. … 이발 등이 평일에 역신들을 불러 모아 그들을 높은 벼슬에 오르도록 했으니, 역도들에 연루되어 죽은 것은 당연한 형세입니다. 그러나 조정에서 법을 의논할 때는 사실의 유무를 물어야지 정황으로만 미루어서 죽도록 내버려 두어서는 안 될 것입니다. 신은 아직도 당시에 국청에서 의논해 아뢴 말 중에 '관료들 사이에서 정여립 하나가 나온 것만도 이미 커다란 변고인데, 세상에 어찌 정여립과 같은 자가 2명이나 있다는 말인가?'라고 한 대목을 기억하고 있습니다. 만약 기필코 이러할 리가 없다면 이는 역모에 가담하지 않은 것이니, 역모에 가담하지 않았다면 보통 신하들과 다른 것이 무엇이 있겠습니까? 오직 스스로의 처신에 대해 머리를 진흙에 처박고 사죄해야 할 것입니다. 신이 옥사를 국문할 때 소견이 이와 같았기 때문에 일찍이 동료들에게 말했습니다. 그 때문에 선왕께 면대하던 날에도 이 말로 아뢰었으며, 지난날 경연에서도 이 같은 말로 아뢰었던 것입니다. 백유양의 편지에서 한 말은 신이 혼미해 자세히 기억하지 못합니다. 그러나 대체로 임금께서 하교하신 바와 같았으므로 신 역시 말하기를 '유양에게 반역의 이름은 씻어줄 수 있다. 그러나 관직을 회복할 수는 없다'고 했던 것입니다."

서인이었던 윤선거는 《노서유고魯西遺稿》에 이렇게 기록했다.

이발이 역옥에 중하게 걸려 있었다. 그러나 뚜렷한 죄상이 나타나지 않으므로 일부의 의논이 그를 가엾게 여겼다.

역사학자 이이화는 "기축옥사는 당쟁을 이용한 사화이다"라고 했는데, 이런 의견은 이미 오래전부터 개진돼 왔다. 정여립이 역모를 꾸몄다고 볼 수 있을지 몰라도 이발, 최영경, 정개청 등의 죽음은 사화로 보는 것이 타당하다고 하면서 기축옥사를 사화라고 불러야 한다고 말한 것이다. 성문준(成文濬)이 윤해평(尹海平)에게 보낸 글에서 기축옥사를 사화라고 했으며, 정홍명 역시 기축옥사를 기묘사화와 비슷하다고 했다.

정약용은 이발과 이길이 기축옥사에 연루된 과정을 정리해 편집한 책인《동남소사》에서 이 사건을 사화라고 말했다. 이렇게 많은 사람들이 기축옥사를 두고 기축사화라는 용어를 사용했다.

하지만 다른 견해를 피력하는 사람들도 많았다.《숙종실록》에는 이런 기록이 있다.

숙종 때에 대사헌을 지낸 이선(李選)과 장령 안규(安圭)는 전 현감 정동익(鄭東益)이 양홍도(梁弘度)의 묘갈명에다 "이길이 기축사화에 죽었다"라고 쓴 것을 문제 삼으면서 "경신년(1680)에 법도를 바로잡은 뒤에는 사화라는 두 글자를 제거했다"라고 했다. 이것으로 유추해 볼 때 그 당시 수많은 논란 후에 다시 옥사로 정리했던 것으로 보인다.

《동소만록》에는 "기축의 일을 사화라 하면 신묘의 일을 어찌 사화라 할 수 있겠는가?" 하며 "기축의 일은 선비들의 원한이 맺힌 옥사가 아니고, 간인의 무리들이 일으킨 역모이다"라고 했다. 이희권은 이처럼 여러 논쟁을 일으킨 기축옥사를 당연히 사화로 불러야 한다고 했다. 그 수많은 미스터리를 간직한 기축옥사를 사화라고 해야 하는가?

기축옥사가 정리된 이후 세력을 잡은 홍여순, 김우옹 등 동인은 정철을 귀양 보내고 관직을 삭탈하면서도 이발의 신원을 청하지 못했다. 정미년에 이르러서야 한호(韓浩) 등이 비로소 신원을 청할 수 있었다. 그러나 선조는 엄하게 물리쳤다. 경술년에도 삼사에서 이발 등의 신원을 청했다. 그러나 광해군은 허락하지 않았다. 인조반정 초 갑자년에는 정철의 신원을 청하면서 이원익이 이발과 백유양도 아울러 신원해줄 것을 청했다. 이때 인조는 "백유양은 신원하지 말고 이발만 신원하라" 했다.

당시의 문장가이자 정치가였던 이식이 지은 《택당별집》에는 이런 글이 실려 있다.

> 정여립의 일과 관련해 정사(正史)에서는 혐의를 두고 조작해 낸 사건이라는 식으로 서술하고 있습니다. 당시의 어진 재상도 사실이 아니라고 했다고 하는가 하면 그 괴수에 대해 의문시하기도 하면서 두 가지 설을 지어내고 있습니다. 지금 역모에 대한 진실을 밝혀낼 수 없는 상황에서 사람들 사이에 전해지는 이야기를 들어 보면 사실과 거리가 먼 것이 많습니다. 이 때문에 그 일을 기록한 글 하나를 알고 싶은 것입니다.
>
> 역적 정여립의 글을 보면 "상소를 올려서 이이를 변호하려고 했지만

임금에게 버림받아 지방에 나가게 되었기 때문에 지체하게 되었다" 하는 내용이 나옵니다. 그가 그 전에 무슨 일로 임금에게 잘못 보였습니까?

이발의 노모와 손자가 국문을 받다가 죽은 일에 대해 정사에서는 무시해버리고 기록하지 않았는데, 이것은 대개 위관이 꺼렸기 때문이라고 할 것입니다. 그러나 이 옥사를 쓰지 않으면 조헌에 대한 일도 함께 드러낼 수가 없습니다. 모르겠습니다만 그 노모의 성씨는 무엇입니까? 그리고 그때 나이가 이미 70이 넘었습니까? 당시에 구속돼 심문을 받은 것이 경인년(1590) 정월 같다고도 하는데 그 말이 맞습니까?

기축옥사가 일어난 지 불과 몇 십 년의 시간밖에 흐르지 않았는데도 이발의 어머니의 나이는 말할 것도 없고, 성씨와 심문을 받았던 연도까지도 제대로 알 수 없다고 할 정도로 세월은 무상했다.

남녘 길 아득한데 새 날아가고
서울은 저기 저 서쪽 구름 곁에 있네
아침에 간밤 꿈을 기억해 보니
모두가 어머니와 임금의 생각이라

이 시는 이발이 서울에서 어머니를 만나러 가는 중에 쓴 것이다. 이 아름다운 시 속의 어머니는 그토록 불행한 죽음을 맞이했고, 그가 그리워했던 선조와는 더할 수 없는 악연으로 막을 내리고 말았다. 그것도 필연적인 운명이었을까? 역사의 장난이었을까? 이발이 죽던 날, 그의 형 이급이 재직했던 정읍현감에는 난세의 영웅 이순신이 부임했다. 기축옥사가 없었다면 난세의 영웅 이순신 역시 없었을지 모른다. 다음은 《괘일록》에 실린 이발에 대한 글이다.

> 이발은 사람됨이 중후하고 엄정했다. 젊어서부터 학문에 뜻을 두어 김근공(金謹恭)의 문하에 들었고, 민순의 문하에 출입했으며, 최영경과 가장 친했고, 홍가신, 허당, 박의, 윤기신, 김영일, 김우옹의 무리와 뜻을 같이하는 벗이 되었다. 온 마음을 기울여 학문에 힘써 한 시대의 비슷한 또래들이 모두들 원대하게 그에게 기대했다. 그러다가 알성시에 장원급제하니 아름다운 평가와 감탄이 많은 사람들의 입에 오르내렸으며 온 조정이 인물을 얻었음을 축하했다.
>
> 오래지 않아 곧바로 이조좌랑에 제수되어 사람을 기용하고 파면하는 일에 한결같이 공평하고 바른 도리를 좇았으며, 선비들의 공론을 육성하고, 기묘년 조광조의 옛 정치를 회복하고자 경연에 나아가 매양 왕도정치를 아뢰었다. 그는 기강을 진작시키고 사정을 분별하는 것을 자기의 임무로 여겨 구차하게 남의 뜻에 영합하려는 생각이 조금도 없었다.

《부계기문》에는 이렇게 실려 있다.

> 이발은 고문을 받아 온몸에 온전한 곳이 없었고 기운과 호흡이 금방 끊어지게 되었다. 그러다가도 다시 국문할 때면 반드시 손끝을 마주

> 잡고 꿇어 앉는 것이 조금도 변함이 없었다. 마침내 곤장을 맞고 죽으니 사람들이 모두 다 원통하게 여겼다.

그처럼 모든 사람들로부터 촉망을 받았던 한 시대의 천재 이발이 그렇게 죽었는데도 아무도 그의 죽음을 슬퍼할 수도 없었고 조문을 할 수도 없었다. 《부계기문》에 실린 당시의 상황을 보자.

> 기축년의 화로 대사간 이발이 고문으로 죽으니, 친구 중에 아무도 조문하는 자가 없었다. 홀로 부윤 허상(許相)이 그 장례를 주관해 처리하면서 재앙과 환난을 두려워하지 않았다. 이 일 또한 말세에 쉽지 않은 일이었다.

이발의 일족이 멸문지화를 당한 후 이급의 아들 하나만 살아남았는데, 그는 자구책으로 밀양 이씨로 성을 바꿔 이정신이라는 이름을 가지고 숨어 살았다. 1894년 동학농민혁명이 실패로 돌아간 후 김개남의 아들이 박씨로 바꾸어 살다 1950년대에 와서야 증손자가 김씨를 되찾은 것처럼 이발의 광산 이씨도 그런 과정을 통해 이어졌다.

이발의 후손인 이재수 씨를 만난 것은 몇 년 전이었다. 이재수 씨는 소중하게 보관해 오던 문서 한 장을 내놓았다. 그 문서는 기축옥사가 일어난 지 20여 년이 지난 후인 1610년에 작성된 이원종의 유서(遺書)였다. 이 유서에는 가까스로 살아남은 후손이 밀양 이씨 이정신으로 이름을 바꾼 채 숨어 살아야 했던 내력이 고스란히 적혀 있었다.

기축옥사 당시 이원종의 나이는 9세였다. 어머니와 동생이 함께 화를 피해 도망다니다 어머니는 병들어 죽었다. 그리고 동생과 함께 섬으로 가려고 배를 기다리다 동생마저 잃어버리고 말았다. 홀로 남은 이원종은 이원경(李元慶)이라고 이름을 바꾼 뒤 거지 행세를 하다가 나주의 한 집안에 머슴으로 들어갔다. 아무리 보아도 머슴 같지 않은 그의 행색을 수상히 여긴 집주인이 그를 불러 사실대로 말하면 비밀을 지켜주겠다고 약속했다. 그러자 이원종은 할아버지가 전라감사를 지낸 이중호이고 아버지는 아무개였노라고 털어놓았다.

그 말을 들은 주인은 이원종에게 성을 밀양 이씨로 바꾸게 하고 딸에게 장가들여 살게 했다. 그러나 행복했던 시절도 잠시, 30세의 젊은 나이에 몸져눕게 된 이원종은 죽기 한 달 전 처가 친척에게 받아 적게 해서 유서를 작성했다. 세살박이 어린 아들에게 조상이 누구인지를 알리고자 작성한 유서였다.

이 유서가 세상에 알려진 것은 그로부터 150여 년의 세월이 흐른 후인 1860년대였다. 이 고을 저 고을에 전염병이 나돌아 사람들이 수도 없이 죽어 나가자 마을 무당이 집안에서 가장 오래된 물건을 태우면 괜찮아질 것이라고 했다. 그 말을 들은 집안사람들이 집안을 뒤지자 오래된 장롱 한 귀퉁이에서 종이가 발견되었다. 이 문서 때문에 사람이 죽어 간다고 태우려다, 어떤 글이 써 있는가를 본 뒤에 태워도 되지 않겠는가 하고 펼쳐 보니 그 집안이 한때 전라도 제일의 명문가였던 이발의 가문으로 밝혀진 것이다.

당시 이발은 사면된 뒤였기 때문에 후손들은 조정에 탄원서를 올려 조상들이 가지고 있던 재산을 되찾았다. 그러나 이미 파탄이 난 가문의 명맥을 다시 회복하기에는 너무 많은 세월이 지난 후였다.

8 죽음의 고발자

이때 정여립이 거사 계획을 세우고 있음을 보여주는 여러 조짐들이 나타났다. 정여립의 집에 가 보면 제자들의 출입이 이전보다 더 잦았고, 중들과 무사들의 출입도 더 빈번했으며, 거처하는 데 남녀 내외의 구별도 없었다. 이 모습을 보고 모두들 더욱 의심이 돼서 그때까지 친근히 다니던 사람들 중에 점차 발을 끊고 가지 않는 이도 많았다.

그 첫 번째 예가 장성 사람 정운룡(鄭雲龍)이었는데 《선조수정실록》에는 이런 내용이 실려 있다.

> 진사 정운룡은 장성 사람으로 향리에서 태도와 행실이 이름 났다. 이때 현감 이계(李烓)가 학교를 설립해 선비를 가르쳤는데 운룡을 초빙해 스승 중 으뜸으로 삼았다. 하루는 여립이 이계에게 편지를 보내 제사에 드는 여러 가지 재료를 요구했는데 10읍에 두루 미쳤다. 이계는 이렇게 말하며 답하지 않았다.
>
> "내가 이 사람과는 하루의 교분도 없는데 어찌해 편지로 요구하면서

수량을 정해 징수하기를 마치 상사가 호령하는 것처럼 한단 말인가? 이 사람이 호기를 부려 사람을 능멸함이 이와 같으니 필시 제명에 죽지 못할 것이다."

운룡이 여립과 서로 알고 있음을 알고 그 편지를 보이니 운룡이 이렇게 말했다.

"이 사람이 학식이 넓고 이발 형제가 자주 칭찬하므로 한두 차례 만났습니다. 요즘 듣건대 집안의 일처리가 흉악하고 거짓으로 교묘히 속이는 경우가 많다고 합니다. 지금 이 편지를 보니 더욱 확신이 듭니다. 이 사람을 끊지 않으면 반드시 후일에 재앙이 있을 것입니다."

그리고 드디어 편지를 보내 이발과의 관계도 함께 끊어버렸다. 얼마 지나지 않아 운룡이 정여립이 사람들을 모으는 형편을 조사해 알고 그가 반드시 난을 일으킬 것으로 여기고는 자신의 가족은 이계에게 위탁하고 자신은 경기로 돌아와서 피했다.

한편 정여립의 동생 정여복은 전주에서 멀리 떨어져 있는 마을에 살았는데, 정여립이 하는 짓이 수상하자 편지를 보냈다.

"지금같이 무뢰배를 거느리고 있다가는 큰 화가 미칠 것입니다."

정여복은 나중에 회답이 오면 그것을 증거로 삼아 고변하려고 기다리고 있었다. 그러나 정여립이 미리 눈치를 챘는지 회답을 하지 않고 몸소 와서 아무것도 하는 것이 없다고 변명했다.

고부에 살던 정여립의 사위 진사 김경일(金敬一)이 민간에 떠도는 소문을 듣고서 편지로 그 내용을 묻자 정여립은 이런 회답을 보냈다.

"이런 소문은 나에게 적의를 가진 자들이 만들어내는 것이니 이런 말은 입밖에 낼 것이 없으며, 글로 표시할 것이 못되니 아주 삼가라."

태인에 살던 김대립은 정여립의 처가 쪽 친척이었다. 그런데 자신이 지은 정자 맞은편에 정여립이 서원을 짓자 그 정자를 헐어버렸다. 그리고 그 이유에 대해서는 이렇게 말했다.

"그 사람과 가까운 거리에 있으면 사귀지 않을 수 없기 때문이다."

영암에 살다가 아들 진남을 데리고 서울에 와서 살았던 백광훈(白光勳)의 경우는 이랬다. 정여립이 진남의 영특함과 준수함을 눈여겨 보고 자기 집에 머물러 글을 배우기를 청했다. 그러나 길이 멀다고 사양했다. 사람들이 그 이유를 묻자 백광훈은 이렇게 대답했다.

"스승과 제자를 가리는 데는 그 처음에 살펴야 한다."

김대립의 조카 중에 군인으로 일하던 송간(宋侃)이라는 사람은 정여립이 만나 달라고 여러 번 청해 결국 그와 만났다. 그러나 정여립이 그의 집에서 지함두, 변숭복, 박연령을 비롯한 정체불명의 승려 너댓 명과 밤낮으로 어울려 지내는 것을 보고 김대립에게 가만히 말했다.

"나는 아저씨가 정자를 부수는 것을 보고 너무 과한 것으로 알았더니 오늘에 이르러 아저씨의 격식에 미치지 못함을 알았습니다."

정여립의 밑에서 글을 배웠던 고부 사람 한경(韓憬) 역시 그해 9월 정여립의 집에 가서 그가 학문을 가르치는 데는 뜻을 두지 않고 온갖 사람들과 어울려 노는 것을 보았다. 한경은 정여립의 행동에 의심이 가서 아무런 인사도 고하지 않고 돌아왔다.

한경은 식음을 전폐하고 문밖으로 나가지 않으면서 그의 동생 한척(韓惕)에게 가만히 말했다.

"머지않아 큰 사변이 일어날 것이다."

이발의 동생 이길에 관한 이야기도 있는데, 그 내용은 이렇다. 이길이 임금의 명을 받고 서울로 떠나는 길에 금구에서 정여립을 만나 수일 동안 머물렀다. 이길을 전송하던 날 정여립은 여관에 앉아 술을 마셨다. 취기가 얼큰히 오른 정여립의 행동에서 이상한 점을 발견한 이길이 물었다.

"무슨 일이 있소?"

그때 정여립이 붓에 술을 적셔서 무엇이라고 썼다. 크게 놀란 이길은 곧바로 일어나서 길을 재촉했다. 그리고 가는 도중에 은진현 관아에 급히 들어가 편지를 써서 형인 이발에게 보내고 현감에게 이렇게 요청했다.

"가는 길에 도적을 만날 것 같으니 보호해줄 병정 몇 사람을 동행하게 해주시오."

현감은 즉시 읍내의 민병 몇 사람을 보내주었다. 길을 나선 지 얼마 되지 않아 산모퉁이를 지나는데 수상한 차림의 장정 몇 사람이 말을 타고 가면서 이길을 노렸다. 그러나 이쪽도 위병이 있었으므로 감히 범하지는 못했다.

이길은 수리재까지 와서 민병을 돌려보내고 마침 서울로 올라가던 무사 몇 사람과 함께 올라왔다. 이길은 형 이발과 상의해 정여립을 고변하려 했지만, 그 사이 황해도에서 고변 장계와 상소가 앞질러 올라와 그만 시기를 놓치고 말았다. 그 무렵 정여립의 집에 드나들던 승려 도잠과 설청은 어느새 도망갔는지 다시 볼 수 없었다.

정여립은 역모 내용이 미리 알려져 사람들에게 널리 퍼진 것을 알고 발각될 것을 두려워한 나머지 변란을 일으키기로 결정하고 비밀리에 부서를 결정했다고 한다.

이렇듯 당시의 정여립의 행적과 관련된 이야기들은 모두 그가 역모를 준비하고 있었고, 그 역모를 시행하지 않으면 안 될 급박한 상황이었던 것으로 각색돼 있다. 그러나 이길이 고변 기회를 놓쳤다는 시기부터 정여립이 역모로 몰려 죽기까지 한 달 넘는 시간 동안 정여립 일파가 아무런 조치도 취하지 않았고, 고변이 있은 직후 이길이 정여립의 도망을 믿지 않았다는 기록이 있는 것을 보면 앞뒤가 맞지 않는다. 이런 이야기들 역시 기축옥사 이후 서인 측이 꾸며낸 말들이라는 설이 있다. 반면에 선조 23년(1590) 1월을 전후한 시기에 거사를 결행하려다가 사전에 발각되었다는 설도 만만치 않다.

1589년 10월, 사건은 급속도로 전개되고 있었다. 기축옥사의 비극이 시작된 것이다. 황해도 구월산에 있던 승려 중에 정여립과 어울려 다니던 의엄이라는 사람이 있었다. 여러 기록에는 의엄이 정여립이 역모를 계획하는 사실을 알고 재령군수 박충간에게 밀고했다고 한다. 그런데 박충간이 망설이며 감히 고변하지 못했다고 한다.

안악군수 이축(李軸)의 먼 친척뻘인 진사 남절(南截)이 군내 지방에 머물고 있었는데, 민간에서 떠도는 소문을 듣고 이축에게 알렸다. 이축이 남절에게 조금 더 확실한 실상을 살피게 했고, 남절이 안악 사람 조구에게 묻자 그가 말했다.

"제자와 도당들이 전보다 많아져 정여립의 행동이 전과 매우 달라졌습니다."

이 말을 들은 남절은 이축에게 이 사실을 보고했다. 이축은 그 즉시 조구를 잡아들이고 조구의 집을 수색했다. 조구의 집에서 정여립이 보낸 편지 몇 장과 함께 별호를 오산(鰲山)이라고 쓴 글 몇 장을 발견했다. 또 최근에 정여립이 후추와 부채를 100여 명에 이르는 그의 동지들에게 나누어주라고 부탁한 글과 물건들이 함께 발견되었다. 이축이 계속 묻자 조구는 정여립이 역적 모의를 한 사실을 아는 대로 털어놓았다.

이축은 편지로 박충간을 불러 상의했고, 그 결과 신천군수 한응인을 끌어들이기로 결정했다. 시도 잘 짓고 문장에도 능했던 한응인은 서장관에 뽑혀 변무사로 명나라에도 다녀왔고 왕실의 족보를 바로잡기도 했던 인물이다. 임금의 신임이 두터웠던 한응인을 포섭한 세 고을의 수령은 연명으로 보고서를 만들어 황해감사 한준에게 올렸다. 한준 역시 일을 서둘러 처리했다. 그날로 재령에 올라간 한준은 읍내에 살고 있던 이수(李綏)라는 사람이 정여립의 도당이란 말을 듣고 잡아다 신문했다. 그의 말 역시 역시 조구와 다름이 없었다. 한준은 예전에 의엄으로부터 들은 말과 이수의 말을 종합해 비밀 장계를 올렸다. 선조 22년(1589) 기축년 10월 2일이었다. 하지만《괘일록》에는 그와 약간 다른 내용이 실려 있다.

> 그때 박충간이 재령군수, 이축이 신천군수로 있었는데, 박충간이 안악으로 달려가서 이축에게 말했다.
> "정여립의 반역 모의가 이미 드러났으니 속히 도모하세나."
> 이축은 졸렬한 사람인지라 몹시 난처해했다. 또 신천에 갔다. 그러나 한응인은 귀신 같은 사람이라 그 기미를 알아차리고 술을 마시고 거짓으로 취한 체하자 박충간은 입도 열지 못했다. 이렇게 하기를 두 차례나 하자 박충간 또한 한응인이 꾀를 부려 일부러 피하려는 것인 줄을 알고, 이축을 어르고 한응인을 겁주어 감사에게 보고하고 임금에게 장계를 올리니 조정이 놀라 동요했다.

선조는 위관에 우의정 정언신을 임명했고, 정여립을 체포하기 위해 선전관과 금부도사를 전주로 급파했다. 그들 모두 정여립과 같은 동인이었다.

그때 황해도 안악에 있던 변숭복은 조구가 고변했다는 말을 듣고서 정여립에게 그 진상을 알렸다. 정여립은 도망쳤다. 금부도사 유담은 10월 7일 전주에서 정여립이 도주한 사실을 알리는 장계를 올렸다.

정여립의 체포가 실패했다는 소식을 접한 선조는 종실의 후예로 무관인 선전관 이용준과 내관을 보냈다. 종실의 후예를 선전관으로 보낸 것은 그만큼 이 사건을 중요하게 여겼기 때문이다.

반역이 아니라 반국이외다

10월 초여드레 한준이 역적모의에 참여했다는 황해도 백성 두어 명을 서울로 압송해 왔다. 사안의 중대성 때문에 선조가 직접 국문을 했다. 나라를 뒤흔들 만한 크나큰 역모 사건이었는데도 불구하고, 잡혀온 두 사람은 가난하고 무지하기 이를 데 없는 백성들이었다.

임금이 웃으며 신하들에게 말했다.

"정여립이 비록 반역을 도모했다고 하나 어찌 이런 무리와 함께 공모했겠느냐. 너희들이 반역을 했느냐?"

이들은 대답했다.

"반역하는 일은 모르나 반국(叛國)을 하고자 했습니다."

선조가 의아해하며 물었다.

"반국은 무슨 뜻이냐?"

"먹고 입는 것이 넉넉한 것입니다."

초기의 기축옥사는 그야말로 엉성하기 짝이 없는 형식으로 진행되고 있었다. 정여립이 역모를 꾀했다면 지역의 관찰사나 군부대가 연루되어야 하는데 역모와 아무 관련 없는 백성 두어 명을 잡아 문초하는 것으로 역모 사건이 시작되었다는 것은 납득하기 어려운 일이었다.

일이 막상 이렇게 되자 선조는 정여립의 역모를 믿지 않게 되었다. 선조는 정언신에게 말했다.

"우의정의 말대로 이번 고변 사건은 실없는 소동 같으니 정여립이 붙잡혀 오면 대질이나 시키고 방면해 보내라."

선조는 신하들을 집으로 돌려보냈다. 정여립을 잘 알고 있었던 관리들은 세상을 한탄했다.

"큰 나무가 바람을 맞듯 사람도 뛰어나면 모함을 받는 것이다."

동인 측 사람들 또한 말했다.

"은퇴한 정여립이 임금이 되고 싶은 욕심 때문에 반역을 했을 리가 없다."

정여립 역모 사건을 두고 "동인 세력이 막강한데 무슨 반역이냐?"라고 되묻는 동인들과 "방약무인하고 오만방자한 정여립이 임금이 되기 위해 반역을 꾀했을 것이다"라고 말하는 서인들이 맞서 있었다. 그러나 어쨌든 동인과 서인을 막론하고 모든 사람들이 사태가 어떻게 발전하고 수습될 것인가에 촉각을 곤두세우고 있었다.

의문의 자살

시간이 지나면 흐지부지될 것 같다는 선조나 동인 측의 예상과는 달리 정여립이 도망쳤다는 보고가 올라오면서 옥사는 빠르게 확대되었다. 양사의 건의에 따라 정여립의 조카 이진길을 사관의 자리에서 쫓아내고 하옥했다.

사간원이 임금에게 말했다.

"역적 정여립을 놓쳤으니 선전관, 금부도사를 아울러 신문하소서."

그러자 선조가 답했다.

"아뢴 대로 하라."

장계가 올라온 지 나흘만인 10월 11일에 정철이 고향에서 돌아와 선조에게 숙배한 후에 비밀리에 상소를 올렸다. 내용은 속히 역적을 체포하고 서울에 계엄령을 내리라는 것이었다. 이에 선조가 말했다.

"경의 충절은 익히 알겠다. 의논해 처리하리라."

14일에는 독포어사(督捕御使) 정윤우(丁允祐), 이대해(李大海), 정숙남(鄭叔南) 등을 삼남에 내려 보내며 전라감사 이광에게 다음과 같은 명을 내렸다.

"전라도 내 명산과 사대부 가문의 묘가 있는 산을 막론하고 모두 불을 질러서라도 정여립을 체포하거나 죽이도록 하라."

《선조실록》 23권 22년 10월 15일 기록에는 "황해도 죄인 이기(李箕), 이광수(李光秀) 등이 정여립과 공모한 사실을 승복하다"라는 글 다음에 "군기시 앞에서 형을 언도하고 뒤에 당고개에서 교수형에 처했다"라고 쓰여 있다.

17일에는 안악의 수군 황언륜(黃彦倫)과 방의신(方義臣) 등이 역모를 자백했으므로 형을 집행했다. 정여립은 금구에서 나와 바로 진안 죽도 산골에 들어가 숨었다. 그런데 며칠이 지난 후 진안현감 민인백이 관군을 풀어 찾던 중 근처

마을 사람의 고발에 의해 발견되었다.

정여립은 산골짜기에 들어가 밭가에 마른 풀을 쌓아 놓고 그 속에 숨어 있었다. 관군이 사면으로 포위해 들어오자 최후의 수단으로 칼을 빼들고 달려들어 되는 대로 베어 보려 했다. 그런데 이때 변숭복이 말렸다.

"일이 이 지경에 이르렀으니 우리가 자결할 것이지 관군이 무슨 죄가 있소? 우선 나부터 죽여주시오."

변숭복은 가슴을 헤치고 내밀었다. 정여립은 칼을 들어 변숭복을 쳐서 죽이고 아들 옥남이를 찍었다. 그러나 칼이 빗나가 옥남은 죽지 않았다.

민인백은 정여립을 생포하려고 관군들에게 가까이 가지 못하게 하고 큰 소리로 말했다.

"이 사람 대보, 내 말을 들어 보게. 나라에서 만약 자네가 아무것도 한 일이 없는 것을 알게 되면 별로 큰일이 없을 것이 아닌가? 자진해서 나오는 것이 좋지 않겠는가?"

그러나 정여립은 민인백의 말이 채 끝나기도 전에 칼자루를 땅에 꽂아 놓고 외마디 소리를 지르며 칼끝에 목을 찔러 죽었다.

정사에는 정여립의 마지막 모습에 대해 죄를 부끄러워한 그가 일당을 죽이고 칼끝에 목을 찌르며 황소 같은 울음소리를 냈다는 것과 진안현감 민인백에게 죽임을 당했다는 말밖에 남아 있지 않다.

"아, 이이가 내 이름자를 듣고서 한바탕 크게 울 거라더니 그게 오늘을 말하는 것이었던가? 전읍(奠邑)이 흥(興)하는 게 아니라 정(鄭)에 우르르 무너지는 돌(砬)과 같은 것이었던가?"

정여립이 죽자 관군들이 달려들어 정옥남과 박춘룡을 밧줄로 묶고 정여립과 변숭복의 시체를 실었다. 10월 보름날 아침에 전주감영으로 이송해 선전관 일행에게 인계했고 시체는 10월 18일 밤쯤에 한양에 도착했다. 《선조수정실록》에는 정여립의 역모 동기에 대해 이렇게 실려 있다.

> 애초 정여립이 왕의 견책을 자주 받고 호남 금구로 달아나 전주에 거주하기도 했고 김제, 진안의 별장을 왕래했다. 조정에서 그가 은퇴하는 것을 애석히 여겨 관리들이 서로 잇달아 추천했다. 그러나 임금이 끝내 허락하지 않았다. 정여립이 본디 제 마음대로 날뛰어 행동하는 뜻이 있었는데, 억누름이 심하게 되자 배반하려는 모의를 더욱 꾀하게 되었다. 이에 강학(講學)을 가장해 무뢰배를 불러 모았는데, 무사와 승려들도 그 가운데 섞여 있었다. 강력한 세력으로 남의 재물을 함부로 강탈해 논밭을 넓게 소유하고 나서 주군(州郡)에 청탁해 마음에 들게 해주지 않으면 곧 대관에게 부탁해 공격하고 모함했다. 그러니 정여립에게 복종해 따르는 자가 문 앞을 메웠고 선물이 마음에 차지 않음이 없었다. 그러므로 그 자산이 실로 관가와 같았는데 이것으로 몰래 무리들을 길렀다.
>
> 이때 나라의 군정이 문란하고 재정이 탕진되었는데 해마다 흉년과 재앙이 들고 도적떼가 간간이 일어났다. 민간에서 항상 일족과 이웃의 군포를 징수하는 것을 괴롭게 여겼고 떠돌아다니는 서북면 백성들을 다시 살던 곳으로 데리고 오는 소요가 있었다. 백성들이 반란을 생각하는 조짐이 있는 것을 보고 드디어 정여립이 그들과 반란을 도모하기로 결의했다.

정여립의 최후를 지켜본 민인백의 《토역일기》에는 정여립의 거사 계획이 이렇게 기록돼 있다.

정여립이 늘 점치기를 경인년(1590)은 보통 길하고 임진년(1592)은 크게 길하다고 했다. 그러나 홍문관원을 그만둔 지 여러 해가 지나 일을 성사시키기 어려우니 천명에 따라 경인년에 거사하는 것이 좋다고 했다. 경인년 정월 모일 전주에 군사를 집결시키고 군기와 군량은 가지고 있는 것과 각 관아에 있는 것을 빼앗아 쓴다. 전주 관원과 전라도 감사 수령들은 금부도사를 가칭해 모두 죽인다. 천안을 통해 한강까지 가는데 홍제원에서 모여 진을 치고 용산 서강창에 있는 쌀을 군량으로 쓸 수 있다. 오랫동안 싸우지 않고 기다리며 진을 풀지 않는다. 한양성 밖의 군량과 수운을 통해 오는 팔도 군량이 모두 우리들 것이 된다. 성안 사람들과 말이 굶어죽게 되면 형세의 어려움을 알아 스스로 성문을 열 것이다. 또 부하 변사(邊泗)가 무리를 이끌고 성안에 숨어들어 가 내부 동조자 황억수 등과 더불어 병조판서를 죽인다. 종루 앞에 진을 치고 병조의 동서 화약고에 불을 지른다.

그리고 이어 정여립의 최후 장면을 이렇게 묘사하고 있다.

칼을 가진 자가 말했다.
"전주의 천 명, 만 명이나 되는 군사들 속에서도 능히 몸을 피해 도망쳐 왔소. 지금 이곳의 군사는 불과 200명도 되지 않아 칼로 휘둘러 치면 탈주할 수 있소."

하지만 정여립은 달랐다.

"저들이 활을 겨누고 있어서 탈주할 방도가 없으며, 어찌 무고한 양민을 죽일 수가 있겠는가? 우리들이 자결하는 것만 못하네."

이윽고 돌아서서 한 명이 짚고 있는 칼을 빼앗아 그 턱 밑을 찔러 살을 찢었다. 정여립이 그자에게 다시 가까이 가자 그자는 목을 내어 칼을 받고 쓰러졌다. 칼이 번득일 때마다 한 사람씩 쓰러졌다. 정여립은 마침내 칼을 꽂고 목을 구부려 칼을 받았다. 바로 군사들을 독려해 서둘러 가보니 정여립은 몸을 번득여 크게 부르짖기를 마치 소가 우는 듯한 소리를 내며 죽었다. 칼을 빼자 칼구멍으로 피가 흘러나왔다. 이미 날이 어두워졌다. 달빛은 없었다. 정여립과 한 명은 완전히 죽었고 나머지 두 사람은 아직 살아 있었다 … 바로 보고서를 작성해 감사, 병사, 독포어사, 선전관에게 나누어 보고했다. 정여립의 시신을 검시한 결과, 정여립은 무명 겹저고리를 입고 삼베 끈으로 묶고 있었다. 발에 신은 짚신은 다 떨어지고 버선도 떨어져 양 엄지발가락이 나와 있었다. 가슴에는 사기 주발을 품고 있었으며, 주발의 입이 가슴을 향하고 있었다.

하지만《동소만록》의 기록은 이와 다르다.

정여립이 변숭복의 꾐에 빠져 진안군 죽도에서 놀고 있을 때 선전관이 현감과 같이 두들겨 죽이고는 자살했다고 아뢰었다.

이 말이 설득력을 더하는 것은 땅에 칼을 꽂고 자기 목을 찔러 죽는다는 것 자체가 불가능하기 때문이다.

하지만 이 추론에도 의문점은 남는다. 자리에 함께 있었던 정옥남과 박춘룡의 반론이 없기 때문이다. 물론 고문에 의해 조작되었을 가능성은 충분하다. 어쨌든 정여립은 자결함으로써 역모 혐의를 스스로 인정한 셈이 되었고, 동인들 또한 자신들의 무관함을 입증할 수 있는 기회를 놓치고 말았다. 정여립이 자살한 것이 아니라 타살되었다는 설도 있었다. 그런데도 선조는 사건의 진상을 파악하려 하지 않고 역모를 기정사실화했다. 여기에는 조정에 있을 당시 정여립의 태도에 대한 선조의 개인적인 감정이 크게 작용했다. 거기에다 정권을 잡고 있던 동인 세력을 약화시키고자 하는 선조의 의도가 맞물리면서 기축옥사는 갈수록 크게 확대되었는데, 그것은 정여립의 집에서 수거한 문서(적가문서賊家文書) 즉, 정여립이 다른 사람들과 주고받은 편지 내용 때문이었다. 기축옥사의 주인공으로 지목된 정여립이 자살하였기 때문에, 그가 간직하고 있던 편지는 역모를 입증하는 가장 확실한 물증이 되었는데, 정여립의 집에서 가져온 적가문서를 읽고 큰 충격을 에게 보이는데, 그 위엄이 우레와 같고, 그 음성이 막히어서 목소리를 내지 못했다. 여러 신하들이 벌벌 떨었다."

훗날 선조는 그 '적가문서'에 대해 다음과 같은 말을 남겼다.

"역적과 교분을 맺은 사람들은 그 편지가 남아 있어 정상이 뚜렷하니, 아무리 중죄를 입더라도 그들에게 무슨 유감이 있으며 무슨 할 말이 있겠는가?"

하지만 선조가 그토록 중시했던 적가문서에서는 역모를 꾸민 구체적 증거가 전혀 나오지 않았고, 정여립과 편지를 주고받은 사람들에 대한 법률적 처리는 오직 위관과 선조의 자의적 판단에 의존했을 뿐이었지만 정여립의 역모 사건은 사실로 굳어져버렸다.

폭풍전야처럼 고요하던 서울이 크게 요동치기 시작했다. 서인들은 정여립이 이이를 배반하고 시론에 아부해 번복하는 태도를 항상 통분히 여기고 있었다. 그러던 차에 역모 사실이 알려지고 그가 자결했다는 소식이 들리자 기뻐 날뛰지 않은 사람이 없었다.

갑신년(1584) 이후부터 5, 6년 동안이나 정권을 잡지 못해 울분에 차 있던 서인들은 손뼉을 치고 기뻐하면서 동인에서 역적이 나왔다고 좋아했다. 《연려실기술》에는 이렇게 기록되어 있다.

> 서인들은 공공연히 떠들기를 누구는 누구의 일족이요, 아무개는 아무개의 친구라 하여 역적과 친분이 두터운 자만 죽임을 당하는 것이 아니라 했다. 비록 정여립의 얼굴을 알지 못하는 자라 해도 동인의 명목이 붙은 자에게는 조정의 관리나 유생을 막론하고 다 의심을 품어 그 비참한 상황을 차마 보고 들을 수 없었다.

《괘일록》에는 이렇게 기록되어 있다.

> 선조가 서인들을 싫어하고 괴롭게 여겨 이산해를 이조판서로 삼은 지 10년에 서인들은 한가한 벼슬자리에 흩어져 있게 되어 그 기색이 쓸쓸했다. 그런데 역모 사건이 일어난 뒤에는 벼슬에 나갈 준비를 하여 모자의 먼지를 털면서 서로 축하했다. 동인들이 스스로 물러나자 서인들이 그 자리를 차지해 사사로운 원한을 갚는 데 거리낌이 없었다.

서울에 도착한 정여립과 변숭복의 시체는 10월 27일 군기시 앞 저자거리에 놓여졌다. 그리고 온 장안 백성들이 둘러보는 가운데 능지처참되었다.

선조의 어명으로 정승에서 말단 관원에 이르기까지 모든 관리들이 모여 참관했다. 여러 날 동안 전시된 그들의 시체를 한 토막씩 팔도에 돌려 역적의 비참한 말로를 보도록 했다.

선조는 곧바로 창덕궁에서 정옥남을 친국했다. 이때 추국청 문사낭관이 이항복이었다. 그는 묻고 대답하는 말을 한마디도 빠뜨리지 않고 민첩하게 써 내려가 옆에서 본 사람들이 신기하게 여겼다. 선조도 매우 기특히 여겨 칭찬했다.

"한편으로는 죄수를 문초하고, 한편으로는 그림자와 메아리처럼 일을 빠르게 처리하는 것이 다른 사람이 미칠 바 아닐세."

선조는 이항복을 두고 "참으로 기재야, 기재야" 하며 감탄했다고 한다.

신흠이 지은 영의정백사이공신도비명에는 당시 상황이 이렇게 실려 있다.

> 공은 수찬, 정언, 교리와 이조정랑을 역임하고 기축년 겨울에 문사낭청으로 정여립의 옥사에 참여했다. 선왕께서 참석해 죄수를 논죄할 때, 공은 응대하기에 빈틈이 없이 민첩하게 하고, 이리저리 오가는 것이 절도에 맞았으며, 눈으로는 보고 귀로는 듣고 입으로는 묻고 손으로는 글씨 쓰기를 동시에 했다. 상대방의 말은 하나도 빠뜨림이 없고, 붓대는 잠시도 멈추지 않으면서 종횡무진으로 계속 움직이되, 그 요점을 전부 파악했으므로 백관들은 팔짱만 끼고 서리들은 곁에서 보고 놀라서 귀신이라고 했다. 선왕께서는 누차 공이 재주가 있다고 칭찬하고 매사를 반드시 공에게 맡겼다. 공은 죄수가 많이 연루되어

> 옥사가 빨리 끝나지 않음으로 남이 화를 당하는 것을 바라는 자의 마음을 민망히 여겼다. 그리하여 죄상이 의심스러울 때는 바로잡아 억울한 사람을 살렸다. 옥사를 심의할 때 자주 곁에서 의견을 제시했으며, 문서 중 마음에 석연치 않은 점이 있을 때는 반드시 일을 담당한 자에게 꼼꼼히 따지는 등 붓대를 잡고 문서만 작성하지는 않았다.

1589 (선조 22년)년 10월 19일 창덕궁 선정전 앞에서 선조가 정옥남을 친국했다.

"주모자가 누구냐?"

이에 정옥남이 대답했다.

"모주는 길삼봉이고, 고부에 사는 한경, 태인에 사는 송간, 남원에 사는 조유직, 신여성, 황해도에 사는 김세겸, 박연령, 이기, 이광수, 변숭복, 박익(朴杙), 박문장(朴文長) 등 10명이 항상 찾아왔습니다. 그리고 지함두와 승려 의연(義衍)은 밤낮으로 같이 거처했으며, 박연령은 서울 소식을 탐색하려고 황해도에 갔습니다."

당시 상황이 《당의통략》에는 이렇게 실려 있다.

> 마침 정언신이 위관이 되어 옥사 일을 맡아본 지 한 달이 지나도록 결말을 내지 않았다. 송익필은 정철을 꾀어 말하며 논박했다.
>
> "옥남의 죄를 국문하는 것이 너무 한가해서 지루하게 날짜를 끌기만 합니다."
>
> 백유함은 이렇게 말했다.

"이발의 무리들이 정여립과 서로 결탁했기 때문에 정언신이 정여립의 죄상을 덮어주는 것입니다."

노수신이 그 말에 답했다.

"이번 역모 사건은 선비들 사이에서 일어난 것이니 조용히 처리할 일이지, 공연히 중간에 생기는 거짓말에 끌려서는 안 됩니다."

이 말을 들은 선조가 노해서 노수신과 정언신을 파면시키고 정철을 정승으로 삼았다.

국문이 상대적으로 느슨했기 때문에 한 달이 지나도록 진상이 자세하게 밝혀지지 못한 채 지지부진하고 있었다. 그런 상황에서 노수신은 역모 사건을 '선비들 사이에서 일어난 일'로 치부했다. 선조가 크게 분노할 수밖에 없었다.

당시 추국청 안에는 비명소리와 피비린내가 진동했고, 붙잡혀 온 죄수들은 사람의 형상이 아니라 귀신의 모습을 하고 있었다. 조선의 재판은 대체로 3심인데 역모 사건은 단심이라 자백을 받아 내기 위해 상상을 초월하는 고문을 가했다.

죄인의 오장육부가 있는 등을 치는 태배형(笞背形)과 신장(訊杖)으로 몸을 마구 치는 난장(亂杖), 붉은 색을 칠한 몽둥이로 여러 사람이 마구 치는 주장당문(朱杖撞問), 양다리를 묶고 그 사이에 두 개의 붉은 몽둥이를 끼워 가위를 벌리듯이 하는 전도주뢰형(剪刀朱牢形) 등 온갖 고문이 동원되었다. 자백을 받아 내는데 썼던 신장은 참나무나 박달나무로 만드는데, 재질이 단단해서 몇 대만 맞아도 살과 피가 튀었다. 규정상으로는 한 번에 30대 이상 치지 못하게 되어 있었지만 반역죄의 경우는 규정을 지키지 않아도 되었다. 팔과 다리를 형틀에 묶어 놓고 무작정 쳤으므로 수많은 연루자들이 매를 맞고 죽거나 유배 도중에 죽었다.

매질로도 자백하지 않을 때는 양 무릎을 둥근 막대로 문지르는 압슬형을 가했다. 널판 위에 사기 조각을 깔고 무릎을 꿇린 후 돌을 올려놓고 사람이 올라가 밟기도 했다. 어떤 경우에는 여섯 사람이 올라가 밟았다고 하며, 화로에 벌겋게 달군 인두로 발바닥을 지지는 낙형(烙形)과 양손을 뒤로 묶어 놓고 쇠막대기를 뜨겁게 달구어 발가락 사이에 넣는 포락형(炮烙形) 등 상상도 할 수 없는 끔찍한 형벌들이 난무했다.

결국 정옥남은 10월 20일 박연령과 함께 군기시 앞에서 처형되었는데, 얼마나 혹독한 고문을 받았는지 《기축록》에는 "옥남의 입이 불로 지져지고 귀가 화상으로 문드러졌다"라고 기록되어 있다. 정여립의 조카 이진길 역시 끝내 불복하다가 같은 날 매를 맞아 죽었다.

이진길이 정여립에게 보낸 편지 중에 "지금 임금이 어두운 것이 날로 심하옵니다"라는 말이 있었으므로 선조가 그를 "역적으로 처단하라" 하고 엄명을 내린 탓이었다.

또 하나 중요한 것은 당시 역모로 몰려 죽은 사람들이 남긴 문서 중에 정여립이 하늘을 향해 제사를 드릴 때 올린 제문이 7장이나 나왔다는 것이다. 제천문은 임금 외에는 쓸 수 없는 것이었다. 게다가 그 내용 중에는 "선조가 이미 덕을 잃어 조선 왕조의 운수가 다했으니, 천명의 조속한 이행을 바란다"라는 문구와 함께 선조의 죄상이 쓰여 있었다.

그 내용이 어찌나 흉했는지 국청에서도 사실대로 말하지 못하고 차마 들을 수 없는 말이라고 선조에게 아뢰었다. 선조는 크게 노해 평소 정여립을 칭찬했던 사람들에게 모두 죄를 주었다.

한편 이광수 등은 조구를 공초할 때 말이 나왔으므로 해서에서 잡혀 왔으며, 지함두도 후에 체포되었다. 지함두는 말했다.

"패공이 죽었다. 그러나 천하에 어찌 패공 될 사람이 없겠는가?"

이때 정흥, 방의신, 황언륜 등이 함께 형벌을 받아 죽었다. 정여회(鄭汝會), 정여복, 정여흥(鄭汝興) 등 형제와 사위 김경일, 그리고 한경, 송간, 조유직, 신여성 등은 곤장으로 매를 맞는 자리에서 죽을 때까지 승복하지 않았다. 의연은 도망쳐 김제의 대숲에 숨어 있다가 맨 뒤에 잡혀 죽었다.

10월 27일, 선조는 정여립과 변숭복을 능지처참하고 그들이 형벌을 받아 죽은 일을 종묘에 고한 후 사면령을 발표했다. 이로부터 기축옥사는 의심의 여지가 없는 역모 사건으로 규정되었다. 그 교서는 이렇다.

> 《춘추春秋》에 무장지의(無將之義)를 나타냈으니 왕법은 지극히 엄한 것이고, 한나라에서는 부도덕한 도적에게 벌을 내리는 것을 중히 여겼으니 이에 죄인을 잡아들였다. 거대한 괴수의 주륙이 있었으니 뇌우 같은 은혜가 시행되어야 합당하다. 내가 덕이 적고 아둔한 자질로 외람되이 어렵고 중대한 업을 계승하게 되니 즉위한 지 20년 동안 항상 깊은 못과 골짜기에 임하는 듯하여 만백성을 포용하려 했는데, 역적의 괴수가 곧 사대부의 반열에서 나올 줄이야 생각이나 했겠는가? 역적 정여립은 악하기는 어미를 잡아먹는 올빼미보다 더 악하고 독하기는 살무사보다 더하다. 참서(詩書)를 꾸며댄 것은 역적 왕망(王莽)이 세상을 속인 것과 같고, 참언을 떠벌린 것은 감히 한산동(韓山童, 원

나라 말기에 요술로 백성을 꾀어 큰 반란을 일으킨 사람)의 음모를 품고 있었다. 길러준 은혜를 생각하지 않고 도적을 불러 모을 계획을 세워 변사, 박문장, 박연령, 김세겸, 이광수, 이기, 박응봉(朴應逢), 방의신, 황언륜 등과 어두운 밤에 상종한 지 이미 몇 해가 지났다. 승려들과 결탁해 요술을 부리고 귀한 사람의 이름을 빌어 대중을 미혹했다. 서울 안에 흉악한 부하를 보내어 화약고를 태울 수 있다고 여겼고, 산중의 술사를 보내 짧은 기간 안에 점거하려 했다. 왕명을 사칭해 방백을 제거하고 병사를 해치려 했으며, 관리들의 신표를 나누어 경기를 치고 강창을 취하려 했다. 간악한 계략이 더욱 깊어지자 재앙의 기틀이 드러났다. 병조판서를 죽이려 했으니 그 뜻이 무엇을 하려 한 것이겠으며, 대궐을 범하려고 창을 휘둘렀으니 그 일 또한 헤아릴 수 없다. 시종(侍從)하던 신하의 자리에 있으면서 도적떼의 우두머리가 되었고, 사대부들 사이에 섞여 있으면서 개 같은 마음을 품었다. 교리를 어지럽히고 사상에 어긋나는 언행을 품으니 누구든지 그를 죽일 수 있다. 비록 패악무도한 역적 범엽(范曄)에게 다시 죄를 묻는 기회는 놓쳐버렸다. 그러나 이미 역적 왕돈(王敦)이 참형됨은 쾌히 보았다. 이에 정여립 등을 능지처참하고 가산을 적몰하며, 그의 자녀와 연좌된 무리도 아울러 법률대로 논죄하고, 국문 중에 있는 남은 죄인들은 승복하는 대로 처결한다. 이달 27일 동틀 무렵 이후 잡범의 죄를 사하고 중노동에 처해진 죄인, 죽을 때까지 유배지에 처해진 죄인, 한 곳에 머물러 있게 한 벼슬아치, 주거를 제한한 죄인, 형벌로 군에 편입된 자들을 모두 용서해 면제할 것이다. 관직에 있는 자들은 각각 한 급씩 올릴 것이니, 당하관의 최고 위계에 오른 자들은 대신 아들이나 인척이 품계를 올려 받도록 조치하라. 단, 역적과 큰 죄인의 자손으로 조부모와 부모를 죽이거나 혹은 때리고 욕했거나, 아내와 첩으로서 남편을 죽였거나, 노비로서 주인을 죽였거나, 주술이나 방술(方術)로써 사람을 죽였거나, 고의로 살인했거나, 나라의 도리에 관계되거나, 부정한 방법으로 재물을 취한 벼슬아치, 강도죄를 범한 이, 절도죄를 범한 이는 제외한다. 아, 하늘의 그물이 죄인을 빠뜨리지 않아 이미 용서할 수 없는 죄인을 형벌로 다스렸고 백성이 함께 기뻐하므로, 새롭게 하는 특사의 은전을 거행한다.

최대의 피해자들, 정언신과 정언지

나를 눈이 없다고 여기는 것인가?

기축옥사 최대의 피해자들을 꼽는다면 정언신과 그의 형 정언지를 들 수 있다. 정여립의 9촌뻘인 정언신은 예조좌랑 정진(鄭振)의 아들로 전주에서 태어났다. 본관은 동래, 자는 입부, 호는 나암이라 했으며 명종 12년(1566) 별시 문과에 급제해 검열이 되었고 선조 4년(1571)에 호조좌랑에 오르며 《명종실록》 편찬에 참여했다.

그 후 전라도도사, 장령, 동부승지 등을 거쳐 함경도병마절도사를 지냈고 대사헌으로 옮겼다가 부제학이 되었다. 선조 16년(1583), 이탕개(尼湯介)가 쳐들어오자 함경도순찰사에 임명되었다. 당시의 상황이 《연려실기술》 〈선조조고사본말〉에 이렇게 실려 있다.

> 임금이 함경도순찰사에 발탁하고 자신을 호위하는 별운검(別雲劍)이 차던 칼을 주었다. 공이 인재를 알아보는 데 능했으니 막하에 있던 사람이 이순신, 신립, 김시민, 이억기(李億祺) 등 모두 명장이었다. 변방

의 일을 마치니 관찰사로 임명해 북문을 지키도록 했다.

정언신이 거느리던 사람들이 임진왜란을 승리로 이끈 명장들인 사실을 볼 때 인재를 보는 안목이 대단했음을 알 수 있다. 그는 함경도관찰사로 북쪽 변방을 방어하면서도 관북 일대의 안정과 복지를 위해 정성을 다했다. 그러자 여진족들마저 아기를 낳기만 하면 정언신이라는 이름을 붙였다고 한다. 기축옥사 당시 우의정이었던 그는 초기에 위관에 임명되어 역모 사건을 담당했다.

그러나 11월 3일 호남 유생 양천회가 올린 상소에 의해 역모 혐의를 받게 되었고 결국 파직되고 말았다. 11월 12일에는 정여립의 조카 정집을 선조가 친히 국문했다. 그때 "정언신 등이 역모에 참여해 장차 내응하려 했다."는 말이 나왔는데, 그 말이 사실이라면 정언신이 정여립과 함께 모반의 주역이라는 셈이었다.

모진 고문을 당한 정집은 무려 120여 명에 달하는 사람들의 이름을 끌어댔는데, 선조도 무리라고 여겼던지 그 때 50여 명 정도를 옥사에서 배제했다. 정여립의 조카를 국문하는 과정에서 "정언신 등이 역모에 참여해 장차 내응하려 했다"라는 말이 나왔다.

12월 12일, 선조가 정언신, 정언지, 홍종록, 정창연(鄭昌衍), 이발, 이길, 백유양 등을 친히 국문했다. 정언신이 국문에 대답하려 할 적에 막내아들 정율(鄭慄)이 정언신은 역적과 친밀하지 않았다는 상소를 올렸다. 그때 명을 받고 정언신의 집에 가서 문서를 수색한 사람이 이응표(李應彪)였다. 그는 정언신과 가까운 사람이었는데, 무인이었으므로 글에 대해 잘 몰랐다. 이응표는 돌아와 정언신에게 이렇게 말했다.

"편지 내용 한두 곳에 대감의 이름자가 쓰인 것이 있는 것을 보았습니다. 그러나 모두 없애버렸습니다."

그러나 편지함에는 '종로신(宗老信)'이나 '족노신(族老信)'이라고 쓰인 편지들이 가득했다. 그런데 이응표는 이를 다른 사람으로 알고 편지들을 그대로 두고 말았던 것이다. 정언신은 이응표의 말을 믿고 말했다.

"일찍이 정여립과 편지를 주고받은 적이 없습니다."

그 후 정언신의 집을 수색해 정여립과 당시의 정치 상황을 의논한 서찰 19장을 찾아냈다. 이에 선조가 말했다.

"정언신이 나를 눈이 없다고 여기는 것인가?"

그리고는 이 편지들을 정언신에게 전해 보이게 했다. 정언신이 옥에 갇히자 정철이 선조에게 이렇게 아뢰었다.

"조정의 벼슬아치들이 역적과 사귀어 친하게 된 것은 인정상 좋게 지내다 보니 그 악한 것을 알지 못한 데 지나지 않을 뿐입니다. 세상에 어찌 정여립 같은 자가 또 있겠습니까?"

정철은 그를 우회적인 말로 구하려 했던 것이다. 그러나 결국 정언신은 중도부처의 형벌을 받게 되었다. 그리고 형 정언지는 강계로, 이종록은 귀성으로, 이발은 종성으로, 백유양은 부령으로 귀양 보내졌고 정창연은 석방되었다.

중도부처란 형벌을 받는 곳 근처에 가족과 함께 머물러 살게 하는 것으로 비교적 가벼운 범죄에 대한 형벌이다. 한편 정율은 정언신이 올린 상소문을 대신 지었는데, 아버지가 화를 입게 되자 부끄러움을 이기지 못해 스스로 목숨을 끊었다.

정율과 친분이 있었던 이항복은 그를 추모하는 글 한 편을 지어 무덤 속에

넣었다. 훗날 정율의 아들 정세규(鄭世規)가 묘를 이장하며 그 글을 꺼냈는데 내용은 이랬다.

> 대저 사람은 세상에 잠깐 머무는 것과 같으니 오래고 빠른 것을 누가 논하랴. 이 세상에 오는 것은 곧 또 돌아감이며 이런 이치를 내 이미 밝게 아네. 그럼에도 불구하고 자네를 위해 슬퍼하노니 내 아직 속됨을 면하지 못했네. 하지만 입이 있어도 말할 수 없고 눈물이 쏟아져도 소리 내어 울 수 없네. 베개를 어루만지며 남이 엿볼까 두려워 소리를 삼켜 가며 가만히 울고 있네. 어느 누가 잘 드는 칼날로 내 슬픈 마음을 도려내어주리.

사대부를 끌어들이면 살려주겠다더니

정언신은 남해로 유배되었지만 서인 측의 집요한 공격은 그칠 줄을 몰랐다. 이듬해 5월 16일에 나주의 양형, 양천경(梁千頃) 등이 상소를 올렸다. 정언신이 정여립을 옹호했다는 내용이었다.

이에 선조는 말했다.

"정언신이 역모를 고발한 자를 죽이자는 말을 공석에서 발설했다 하니 해괴함이 이보다 더할 수 없다. 또 조정에서는 말 한마디도 없었는데 지금 유생들의 상소에 의해 처음 듣게 되니 이것 역시 괴이한 일이다. 정언신이 대신으로서 감히 함부로 임금을 기만했고 형 정언지도 그것을 본받았으니 두 사람의 마음에는 이미 임금이 없는 것이다. 따라서 놀라움을 금할 수 없다."

이에 대신들이 고했다.

"정언신의 이 말은 퍼진 지 이미 오래되었는데 전하께 아뢰지 못한 것은 신들의 죄가 크옵니다. 이미 상소를 통해 드러났으니 문초하지 않을 수 없사옵니다. 곧 다른 대신들을 불러서 죄를 의논하게 하소서."

선조가 이 말을 듣고 말했다.

"아뢴 대로 하라."

다시 국문에 참가한 선조는 대신과 금부당상을 불러 정언신이 한 말을 물었다. 이때 영부사 김귀영(金貴榮)은 "왼쪽 귀가 어두워 큰 소리가 아니면 들을 수가 없다"라고 말했고, 이준(李準)은 "앉았던 자리가 조금 멀어서 듣지 못했다"라고 말했다.

그리고 유홍(兪泓)과 노수신은 이렇게 말했다.

"그때 정언신의 말이 단서 없이 나온 말이 아닙니다. 추국할 때에 날짜와 기록이 없는 황해감사 한준의 장계가 있었고, 재령군수 박충간의 말 중에는 '장차 역적이 금강을 건너 한강까지 가는 길 사이에 봉수대와 역의 인마를 끊은 후 침범할 계획입니다'라는 구절이 있었습니다. 이를 본 정언신이 '이는 매우 해괴하다. 이런 중대사는 마땅히 누가 누구의 진술에 의해 고변하는 것이라고 구체적으로 내용을 밝혀야 한다. 그럼에도 불구하고 막연히 박충간의 말이라고만 되어 있으니 만약 이런 무근한 말을 다스리지 않으면 장차 시끄러워질 것이다. 이런 말을 낸 사람 10여 명만 죽이면 뜬 말이 스스로 그칠 것이다' 하므로 신들이 힘써 그 말을 반박했습니다."

이때 병을 핑계로 나오지 않았던 이산해는 17일 선조가 사람을 시켜 묻자 이렇게 답했다.

"시일이 지나 분명히 기억하지는 못 합니다. 그러나 처음에 역모를 고발하는 감사의 장계가 자세하지 못했습니다. 그러므로 다시 자세히 알아보아 사유를 갖추어 급히 아뢰려 하다 보니 그런 말이 나온 것 같습니다."

그해 7월 5일, 정언신은 남해로부터 다시 붙잡혀 왔고 조정에서는 그를 어떻게 처리해야 할 것인지 논의했다. 결국 7월 18일, 사사(賜死)의 명이 내려졌고 조정의 모든 사람들이 아연실색했다. 서로 입을 다물고 감히 한마디의 말도 내지 못했다. 그런데 이때 정철이 아뢰었다.

"조선에서는 200년 동안 일찍이 반역 죄인을 제하고는 대신을 죽인 적이 없었습니다. 그 인후한 풍습이 조나라, 송나라와 다름없으니 지금도 마땅히 지킬 것이고 감히 다른 의논은 없습니다."

정철이 이렇게 거듭 아뢰어 정언신은 겨우 죽음을 면할 수 있었다. 7월 21일, 정언신을 갑산으로 유배시키라는 명이 떨어진 뒤에도 양사에서 또다시 국문하기를 청했다. 이에 선조가 말했다.

"어찌해 이렇듯 강경히 고집하는가? 정언신의 사람됨이 제대로 배우지 못해 스스로 큰 죄에 빠지는 줄도 몰랐다. 역적의 공초에 의하면 '먼저 정언신과 신립을 죽인 후에 군사를 일으킨다'라고 했으니 이것만으로도 정언신의 죄는 마땅히 용서할 만한 것이다. 지금 만약 국문하다가 혹시 매를 못 이겨 죽게 되면 반드시 대궐 뜰에서 때려죽였다는 말이 날 것이다. 그리고 혹시 병으로 죽게 되면 대신이 옥에서 병사했다는 말이 날 것이다. 이런 것은 모두 좋지 못한 일이다. 경들은 어찌해 이런 일을 하자고 하는가?"

그날 정언신은 삼경이 지나서야 옥에서 풀려나왔다. 그 후 갑산으로 유배되었다가 그해 10월 통한을 가슴에 품은 채 죽었다.

훗날 세워진 정언신의 비석에는 정여립의 조카 정집이 처형될 때 크게 울부짖으며 했던 말이 기록되어 있다.

"공경과 사대부를 많이 끌어들이면 살려주겠다고 말하더니 왜 나를 죽이느냐?"

정집의 진술이 날조된 것으로 볼 때 정언신이 역모에 가담한 흔적은 어디에도 없다. 정언신은 역모에 가담하지 않았고 기축옥사와 관련이 없었다. "정언신을 죽인 후에 군사를 일으킨다"는 말이 나온 것은 그가 정여립과 인척이라는 이유에서 비롯된 것이라고 볼 수 있다.

동고 이준경은 정언신을 이렇게 평가했다.

"나를 대신할 사람은 오직 그밖에 없다."

임진왜란 당시 병조판서였던 황정욱(黃廷彧)은 남대문에 올라가 이렇게 절규하며 그의 죽음을 아쉬워했다.

"정언신이 살았다면 왜적에게 이토록 허망하게 국토를 짓밟히지는 않았을 것이다!"

당시 많은 사람들이 정언신 등 뛰어난 인재들을 희생시킨 데 대한 하늘의 벌로 임진왜란이 일어난 것이라고 수군거렸다. 정언신은 1599년에 복직되었고 문경의 소양사에 배향되었다.

한편 자를 연부라 했던 정언지는 강계로 귀양 가는 것으로 그쳤다. 그는 1544년 인정전 정시(庭試)에서 으뜸을 차지하여 복시(覆試)를 거치지 않고 바로 전시(殿試)를 볼 수 있는 자격을 얻었다. 1588년 식년문과에 급제한 후 전적을 시작으로 지평을 거쳐 의주목사, 대사헌, 대사간을 역임했다. 기축옥사가 일어나던 해 이조참판에 올랐던 그는 정여립과 인척인 데다가 교분이 두터운 사람으로 분류되어 양사의 탄핵을 받았다. 그러나 임진왜란이 일어나자 선조가 영남 선비들의 반대 상소에도 불구하고 한성부좌윤으로 임명했다.

⑨ 선조가 지시를 내리다

선조는 벼슬이 높은 신하에서부터 여염집의 백성에 이르기까지 좋은 의견을 듣겠다는 지시를 내렸다. 난국을 타개하기 위한 방법이었다. 이덕무가 지은 《청장관전서靑莊館全書》에 실린 글을 보자.

> 공(나덕헌[羅德憲])은 선조 6년(1573) 6월에 태어났다. 어려서부터 슬기롭고 생각이 남달리 깊으며 용모가 빼어났다. 정여립의 역모 사건이 일어나자 아버지인 금호공(錦湖公, 나사침[羅士沈])과 세 형이 원한을 품은 자의 투서에 걸려들었다. 이때 공의 나이 17세로서 격분해 달려가 그들을 물리치니 모의하던 자들이 놀라 도망쳤다. 금호공은 끝내 옥에 갇혔다가 선조의 특사로 풀려나왔고 공만 철원에 유배되어 갇혔다 풀려나와 말 타기와 활쏘기를 일삼았다.

이런 예는 수도 없이 많았다. 이때는 어떤 말을 해도 처벌받지 않았다. 선조가 '연루자를 고발하면 표창하겠다'라는 명을 조선 팔도에 내리자 기축옥사는 계속 확대돼 갔다. 정여립과 편지를 주고받았거나 옷소매라도 스친 인연이 있었던 사람들은 결코 피해 갈 수 없었다. 동인들은 시시각각 다가오는 두려움에 몸을 떨었다. 조선의 하늘에 죽음의 그림자가 긴 장막을 드리웠다. 호남 유생 양천회의 상소가 조정에 접수된 것이 10월 28일이었다. 이날 기축옥사로 인한 피의 역사가 시작되었다.《선조수정실록》에는 이렇게 나와 있다.

> 신의 집이 호남에 있으므로 역적의 사정을 소상히 알고 있습니다. 그는 일찍이 스스로 글 읽는 자들에게 붙었으므로 이발 형제가 남쪽으로 왕래함으로써 서로 결탁했습니다. 그때 이이와 성혼의 명망이 두터웠으므로 이발, 이길도 그들을 존경하고 정여립을 추천해 그 문하에 출입하게 했습니다. 그런데 이이가 죽자 정여립은 제일 먼저 배신하고 이발 등과 더불어 충성스럽고 어진 사람을 모함할 계획을 세웠습니다. 조정에 있는 신하들이 모두 그 술책에 떨어져 그의 비위만 맞추다 역모 사건을 고발받고도 처음에는 역적을 옹호하고 구하려고만 했습니다.
>
> "이이의 제자가 일을 내려고 무고한 것이다."
>
> "정여립의 사람됨은 충성이 해를 꿰뚫을 만하다."
>
> "오히려 고변한 한준이 그르다."
>
> 조정의 의논이 이러했으므로 의금부도사 유담 등도 행동을 늦추어서 죄인 잡는 데 치밀하지 못했으며, 유생들도 상소를 올려 역적을 구하려 했습니다. 지금까지도 역적과 생사를 같이하기로 맹세했던 이발, 이길, 백유양과 인척간으로 친밀한 정언신, 정언지 같은 자들

이 경연에 출입하면서 평소처럼 의기양양하고 있습니다. 조헌이 여러 번 상소를 올려 가까운 자리에 있는 자들에 대해 심각히 말했으니, 그 본마음은 실로 나라를 사랑하는 충성에서 나온 것입니다. 그런데도 도리어 죄를 받고 먼 곳에 귀양살이를 하게 되었습니다. 이리하여 역적 무리의 마음을 편하게 해서 나라의 명맥이 심히 손상되고 사기도 꺾였습니다. 마땅히 속히 조헌을 돌아오게 하여 그 충성된 말을 올리게 하소서.

양천회의 상소를 접한 선조의 반응은 어땠을까? 《일월록》에는 이렇게 기록되어 있다.

양천회의 상소가 너무 늦었구나! 그윽이 생각하건대, 만약 역모 사건이 드러나기 전에 이 상소를 올렸다면 그 공적이 조헌과 서로 견줄 만한 것이다. 하지만 마침 옥사가 크게 벌어져서 여러 연루자들이 두려워 떠는 이때에 교묘하게 비밀을 고발하는 말을 하고 스스로 역적의 사정을 전부터 자세히 알고 있었다고 했다. 이는 군자의 할 바가 아닐 뿐만 아니라 자신을 위해서도 큰 실책인 것이다. 어찌해 괴이한 귀신 같은 무리들이 나타나고, 그들을 따라 입장을 바꾸는 해악이 그치지 않는가? 하늘이 선비들에게 큰 화를 내리려고 함인가?

정언신은 서인들로부터 탄핵을 받자 위관을 사퇴하면서 이렇게 말했다. “신은 역적과 처음부터 길이 다르고 나이도 같지 않습니다. 또 서울과 지방에 멀리 떨어져 살아서 서로 왕래하는 교분이 없습니다. 이는 나라 사람이 다 아는 바입니다."

이에 선조가 말했다.

"유생 양천회의 말을 어떻게 믿을 수 있겠느냐? 사양하지 말라."

또한 이조판서 이양원(李陽元)도 상소를 올려 사직하면서 말했다.

"신은 정여립과 평생에 얼굴을 본 적이 없습니다. 다만 중요하지 않은 보통 관직이므로 전례에 따라 정여립을 추천했을 뿐입니다."

이에 대해서도 선조는 정언신에게 한 말처럼 했다.

"경이 그렇지 아니하고 양천회의 말이 억측임을 내 잘 알고 있다. 경은 안심하고 사양하지 말라."

그러나 그 다음날 바로 노수신과 정언신은 파직되고 말았다.

11월 8일에 정철을 우의정으로 삼고 최황(崔滉)을 대사헌, 백유함을 헌납, 성혼을 이조참판으로 삼았다. 위관은 성혼이 사양해 정철이 맡게 되었다. 《괘일록》에는 당시의 상황이 이렇게 실려 있다.

> 선조 또한 정여립을 수찬에 임용하려는 추천이 맨 처음 이이와 성혼으로부터 나왔다는 사실을 살피지 못했다. 그래서 이발이 한 일이라고 생각하고 그가 정여립의 명성과 위세를 도운 것이라며 더욱 노했다. 이윽고 정철을 불러 우의정에 임명하고 그를 위관으로 삼아 옥사를 다스리게 했다.

정집이 고문을 받아 죄를 승복하면서 정언신, 정언지, 홍종록, 정창연, 이발,

이길, 백유양 등 동인들이 대거 연루되었다. 하여 그 수가 120여 명에 달했는데, 정여립의 조카 정약(鄭約)과 의연을 문초할 때도 대신들을 많이 끌어댔으므로 잡혀 옥에 갇힌 자가 더욱 많았다.

11월 12일, 선조는 그 중 오직 정창연만 석방했다. 그런데 최황이 정언지의 형량을 줄여주기를 청했고 정철 역시 변호했다. 그 덕분에 정언지는 형신을 면할 수 있었다.

선조는 홍문관 저작 정경세(鄭經世), 봉교 박승종(朴承宗), 금천현감 한준겸을 하옥했다가 파직시키고 석방했다. 이진길을 잘못 천거해 사관으로 삼았다는 이유에서였다. 그리고 이어 박점(朴漸)을 이조참의로, 김권을 홍문관 수찬으로 삼았다.

훗날 임진왜란 때 진주성 싸움에서 장렬하게 전사하게 되는 김천일이 이때 상소를 올려 말했다.

"역모에 같이 참여한 것으로 죄를 추궁해 극형에 처하기에 이른다면 아마도 사실을 추구하는 법전에 어긋날 것 같습니다. 더구나 정여립과 원수가 되어 온 나라 사람이 이 사실을 아는 자도 있으니 더욱 공초의 거짓을 확실히 알 수가 있습니다. 그 밖에 원래 대단한 관계가 아닌데도 힐문하는 무리들 때문에 오래도록 감옥에 갇혀 있는 자도 많습니다. 사람들이 앞 다투어 도망쳐 온 마을이 텅 비기에 이르렀고, 고난을 겪는 백성들이 임금을 원망하는 소리가 구천에 사무쳤으며, 얼어 죽는 원통함이 없지 않습니다. 바라건대 임금께서는 어진 인정을 베풀시어 자세히 살피소서. 신은 임금을 사랑하고 나라를 근심하는 마음을 견딜 수 없습니다. 삼가 살피건대 밖으로는 나라의 근본이 이미 손상되었고 안으로는 일을 맡길 수 있는 사람들이 사라졌습니다. 만일 급히 수습해 진정하는 방도가 없으면 옳은 정치의 기틀이 지금 당장 무너져 사태가 매우 급박하게 될 것입니다. 이것이 신이 감히 입을 다물고 있지 못하는 까닭인 것입니다."

그러나 긴박한 상황에서 간절하게 올린 김천일의 상소는 묵살당했다.

역적들의 삼족을 멸하라

선조는 지시를 내렸다.

"전주는 바로 왕조의 본향이니 그곳에 있는 정여립 조상의 묘를 파서 옮겨 묻게 할 것이다. 그리고 전주에 사는 멀고 가까운 그의 친척들을 모두 쫓아내어 다른 고을에 가서 살게 할 것이다."

선조는 제왕의 기운이 있다고 전해 오던 정여립의 조상 묘터를 파헤친 다음 유골을 가루로 만들어 날려버렸다. 그리고 그의 집터를 파헤친 후 숯불로 지짐으로써 그 맥을 끊어버렸다.

죄인들에 대한 심문은 서울과 전주에서 109일 간이나 계속되었다. 전주부윤 윤자신(尹自新)과 전라도순찰사 홍여순은 성격이 교활하고 잔인한데다가 한때 정여립과 교유했던 사실이 있었기 때문에 더욱 가혹하게 문초했다.

특히 정여립이 평소 받은 편지들을 모두 간직했기 때문에 연루자가 많이 발생했다. 선산부사 유덕수(柳德粹) 역시 정여립에게 받은 편지가 발견되었기 때문에 고문을 받다 죽었다. 김제군수 이언길, 참봉 윤기신, 참봉 유종지 등은 모두 곤장을 맞아 죽었다. 《일월록》에는 이런 글이 실려 있다.

사헌부에서 아뢰기를 "참봉 윤기신은 호남과 영남 지방에 두루 다니면서 역적들과 사귀어 결탁했으니, 관직을 삭탈하소서" 하여 윤기신을 잡아 가두고 매질해 죽였다.

윤기신이 감옥에 있을 무렵 집안 사람들이 뇌물을 써서라도 구하고자 했다. 그러나 윤기신은 "구차하게 사는 것은 죽는 것만 못하다"라고 하며 죽음을 택했다. 한편 《연려실기술》에서는 당시의 상황을 이렇게 묘사하고 있다.

4일 승정원에서 아뢰었다.
"수원부사 홍가신은 역적과 평소부터 교분이 두터우며 이발 형제와 함께 서로 정여립을 칭찬했으니 파직시키소서. 승문원 권지정자(權知正字) 윤경립(尹敬立)은 평소에 이름도 없는 사람인데 사관에 추천되었으니 빼어버리소서."
임금이 말했다.
"아뢴 대로 하라."

12월 3일 정여립, 그리고 조카 이진길과 친밀했던 한백겸이 정여립의 시신을 염해주었다는 죄목으로 장형을 받고 귀양 갔다. 그는 《동국지리지》에서 신라, 고구려, 백제를 고구려, 백제, 신라 순으로 기술해 신채호로부터 조선 사학의 실마리를 제공했다는 평가를 받은 인물이다.

12월 7일에는 장령 정인홍과 지평 백광옥 등이 정여립의 정적이었던 이경중을 공격했다는 이유로 삭탈관직됐다. 양천회의 상소도 문제가 많았지만 정암

수(丁巖壽)의 상소는 더 많은 문제를 품고 있었다.

> 정여립의 집문서를 수색할 때에 익산군수 김영남과 왕명을 받들고 간 무사들이 당시 재상의 뜻을 받들어 그들의 필적은 가려내어 불살랐습니다. 또 일부러 역적 잡기를 늦추어서 역적이 도망갈 수 있는 여유를 주었습니다.

또한 사간원의 이름을 빌려 기축옥사를 침소봉대하는 상소가 올라가기도 했는데 이것은 송익필과 정철의 합작품이었다고 한다. 기축옥사 당시의 재판이 얼마나 계획적으로 짜 맞춰진 것이었는가 하는 점은 다음의 기록에 잘 나타나 있다.

> 낙안에 거주하는 유생 선홍복의 집에서 문서를 수색했는데, 역적 정여립과 교류한 흔적이 있어 잡아들여 심문해 승복을 받은 뒤 사형에 처했다. 그를 문초하는 과정에서 이발, 이길, 백유양 등이 관련돼 모두 곤장을 맞아 죽었고 이발의 형 이급 또한 곤장을 맞아 죽었다. 또한 이진길이 유덕수의 집에서 참언이 적힌 책을 입수했다고 하여 그를 잡아들여 국문했다. 그러나 승복하지 않고 죽었다.
> 그런데 사실은 정철 등이 친한 금부도사를 시켜 거짓으로 책을 만들어 선홍복에게 은밀히 전한 것이었다.
> "만약 이발, 이길, 백유양 등을 끌어넣으면 너는 반드시 살아날 수 있다."

> 이리하여 말할 내용을 버선 안쪽에 써 두었다가 문초할 때 쓰인 대로 진술하게 했다. 선홍복이 그 말을 믿고 그대로 진술했는데 자백이 끝난 뒤에 즉시 끌어내 사형에 처하려 했다. 그러자 선홍복이 크게 부르짖으며 말했다.
> "이발, 이길, 백유양 등을 끌어대면 살려주겠다 해놓고 어찌 도리어 죽이려 하느냐?"
> 정철 등이 사주해 살육한 것이 이토록 심했다.

《선조실록》 23권 22년 12월 12일 〈낙안 교생 선홍복의 집에서 정여립과 통한 문서가 나왔는데, 정철 등이 꾸민 일이다〉에 실린 글이다.

또 《괘일록》에는 선홍복이 처형당할 때 이렇게 통탄했다고 기록되어 있다.

> 내 죄는 진실로 죽어 마땅하나 조영선(趙永宣)의 말을 믿고 무고한 사람을 죄에 빠뜨렸으니 부끄럽고 한스러움을 어찌하면 좋으냐?

이발, 이길, 백유양 등이 역모에 가담했다는 기록은 어디에도 없었다. 이로 미루어 볼 때 정철과 송익필을 비롯한 서인 측이 선홍복과 정집을 사주했던 것이 분명하다. 정암수를 비롯한 호남 유생 50여 명은 이산해, 유성룡, 정인홍, 나사침, 그리고 그의 아들 나덕준, 나덕윤이 정여립과 한 몸 같은 사이였다고 하면서 그들을 퇴진시킬 것을 요구하는 상소를 올렸다. 이 상소를 접한 선조는 크게 노해 오히려 이산해, 유성룡을 위로하고 정암수 이하 10여 명에게 죄를 줄 것을 명했다. 이에 양사가 죄주지 말 것을 청했지만 선조는 응하지 않았다.

12월 15일, 귀양에서 풀려 돌아오던 조헌과 호남 유생 양산숙(梁山璹)과 김광운(金光運) 등이 조정 대신들을 비난하는 상소를 올렸다. 이에 선조가 말했다.

"이 사람들이 상소를 올려 조정 신하를 모두 배척하고 오로지 정철 이하 두어 사람만을 칭찬하면서 스스로 바른말이라고 하니 가소롭기 그지없다. 간악한 귀신 같은 조헌이 아직도 두려움 없이 조정을 능멸하니 반드시 마천령을 두 번 다시 넘어 보려 하는 것인가? 이와 같은 자들을 다시 쓰려고 급히 서두른 이조판서 노수신을 갈아 내라."

이어서 선조는 이렇게 명했다.

"조헌이 전후에 올린 상소는 모두 송익필 형제의 사주에 따른 것이다. 형조에 명해 잡아 가두게 하고 송익필이 종의 신분임에도 주인을 배반하고 도망친 죄를 추궁하라."

앞서 말했듯이 1590년 2월에는 윤기신이 정여립과 교류한 일이 있었다는 이유로 장살당했고, 3월 13일에는 조대중이 정여립의 죽음을 슬퍼해 죽은 것으로 와전되어 장살당했으며, 김빙은 눈이 아파 옷소매로 눈물을 훔쳤다가 누명을 쓴 채 죽어 갔다.

5월에는 82세 된 이발의 어머니와 어린 아들들이 고문으로 죽어 갔고, 8월 16일에는 정언신이 남해에서 다시 잡혀 와 사사하라는 명을 받았다. 그러나 다행히 감형되어 7월 18일에 유배되었다.

전주부윤으로 부임했던 윤자신은 정여립과 친밀했지만 걸려들지 않거나 처벌이 가벼웠던 사람들을 밀고해 재수사했다. 이때 전주와 금구에서 정여립과 가까이 지냈던 70여 명이 서울로 끌려가 억울한 죽음을 당했다.

홍여순은 최영경을 길삼봉이라고 잡아들였다. 그러나 사실무근으로 드러나 석방되었다. 그러나 곧 두 사람이 친교가 있었다는 주장이 제기됨에 따라 최영경은 다시 잡혀 와 국문을 받던 도중에 역시 의문사했다. 한편 장령 장운익은 임금에게 이렇게 아뢰었다.

"동인들이 외척과 결탁해 선비들을 배척하고 역적과 사귀었으니 그 죄가 대단히 큽니다. 청컨대 삼족을 멸하는 법을 시행하십시오."

이 말을 들은 선조는 말했다.

"장령의 말이 옳다. 그대로 하라."

그러자 수찬 허성(許筬)이 다시 아뢰었다.

"원래 있던 법으로만 다스려도 족히 옥사를 처리할 수 있습니다. 성군의 조정에서 어떻게 진나라의 가혹한 형법을 쓸 수 있겠습니까?"

그러자 그 논의가 잠잠해졌다. 기축옥사에 연루된 사람들에 대한 참혹한 형벌은 모두 장운익 때문에 비롯되었다.

> 콩대를 태워서 콩을 삶으니
> 콩이 가마솥에서 우네
> 본래는 같은 뿌리에서 나왔는데
> 서로 들볶는 것이 어찌 그리 심한가

위나라 사람 조식(趙植)이 쓴 시이다. 당파가 나뉘기 전에는 가깝게 사귀던 사람들이 참혹한 전쟁 같은 상황을 연출했던 것이다.

전하께서도 책임이 있음을 유념하소서

이후 서인이 집권하면서 이조판서로 복귀한 성혼과 좌의정 정철에게 동인의 화살이 집중되었다. 그러나 성혼은 정철에게 최영경을 구원하자는 서신을 보내기도 했었다. 후에 성혼이 올린 상소문이 남아 당시 상황을 전해준다.

> 삼가 살피건대 오늘날의 일은 앞서는 당파가 무너뜨렸고 뒤에는 변고가 잇따라 나라의 기강과 조정의 법이 믿을 만한 것이 하나도 없게 되었으니 … 하늘을 대신해 백성을 기르는 것이 임금의 임무입니다. 하늘이 만물을 살리는 마음을 부여해주어 그로 하여금 백성의 부모가 되어 사람의 위에 임해 자식처럼 감싸 기르도록 한 것입니다 …
>
> 신은 이렇게 말하고 싶습니다.
>
> "사람을 아는 것은 할 말이 따로 없다. 그 사람이 마음에 거슬리는지 거슬리지 않는지의 사이에서 따져 본다면 현명함과 어리석음, 그리고 그 사정을 분별하기가 어렵지 않을 것이다."
>
> 삼가 전하께서는 거듭 유념하소서 … 그러므로 역적이 이미 죽었는데도 백성들이 난리를 기대하는 마음은 없어지지 않아서 정여립은 죽지 않았다느니, 그의 죽음이 아깝다느니, 큰 군사가 일어날 것이라느니, 반역의 죄상이 밝혀지지 않았다느니 하는 등 유언비어가 꼬리를 물고 일어나 도처에 떠들썩합니다. 이 또한 인심을 동요시키기에 충분합니다. 신이 걱정하는 것은 적을 토벌하는 데에 있지 않고 뒤처리를 잘하는 데 있습니다. 예로부터 반란이 일어났을 때 한번 일어났다가 곧 사라져 나라가 길이 편안한 경우도 있고, 처음에 시작한 자

는 죽더라도 계속 화근이 남아 있는 경우도 있었습니다. 옛날 후한 때 장각(張角)이 죽었습니다만 산동이 어지러웠습니다. 원나라 때에는 한산동이 사로잡혔지만 여영(汝穎)이 배반했습니다. 인심이 일단 동요되면 요원의 불길 같아 끌 수가 없습니다. 삼가 바라건대 전하께서는 성질이 억세고 사나운 백성의 극악한 행위에만 허물을 돌리셔야 합니다. 몸을 살피고 사심을 극복하는 마음에 미진한 점이 있어서는 안 됩니다. 《주서》에는 이런 말이 있습니다.

"백성이 허물이 있으면 그 책임은 나 한 사람에게 있다."

전하께서는 이 말을 유념하소서.

정여립이 죽고 오랜 시간이 흘렀는데도 그가 죽지 않았다거나 큰 군사가 일어날 것이라는 등 유언비어가 떠돈 것은 백성들이 임금과 조정에 등을 돌린 까닭이었다. 그러나 이처럼 나라를 생각하고 올린 상소에 임금이 평범한 관례로 답하자 성혼은 사직하고 돌아갔다.

하지만 동인들은 대부분 성혼이 정철을 시켜서 자기 무리들을 죽인 것이라고 믿었다. 그래서 그는 끊임없이 동인들로부터 비난받았는데, 《연려실기술》에는 다음과 같은 글이 실려 있다.

부제학 윤돈(尹暾), 응교 박이장(朴而章), 강첨(姜籤) 등이 아뢰었다.

"성혼은 선비란 이름을 도둑질해 세상을 많이 속였고, 임금의 인척과 결탁했고 … 대개 정철과 성혼은 합해 한 몸이 되었으니 정철은 그 몸뚱이요, 성혼은 그 머리입니다. 뱀을 치려는 자는 반드시 그 머리를 치는데, 이제 정철을 논하면서 성혼을 먼저 치지 않는 것은 그 머리를 버려두는 것입니다. 이른바 '유(類)를 알지 못한다'라는 것이니 어찌 이런 이치가 있겠습니까?"

뒷날 선조가 중추부에 제수되어 입시한 이광(李洸)에게 물었다.

"정여립의 역모가 발각된 당시에 반드시 병장기가 있었을 텐데 끝내 찾지 못한 것은 무엇 때문인가?"

"역적의 괴수 정여립은 학문한 자로 자처했으므로 병장기를 만들고 사들이고 싶어도 형편상 불가능했을 것입니다. 따라서 미리 준비해 두지 않았기 때문에 아무리 찾아도 없었던 것입니다."

"그렇다면 정여립이 맨주먹으로 난을 일으킬 계획이었는가?"

"적모를 헤아리기는 어렵습니다만 형세로 헤아려 볼 수는 있습니다. 그 당시 군현의 병기고는 물론이고 대부분 방어할 만한 성벽이 별로 없었습니다. 그러므로 처음에 농기구를 들고 일어나더라도 한 고을의 병기고를 불시에 덮친다면 병장기가 충분할 것입니다. 그런데 번거롭게 미리 준비할 필요가 있겠습니까?"

"처음에 이름이 나온 길삼봉, 정팔룡(鄭八龍), 백일승(白日昇) 등은 끝내 잡히지 않았는데, 그것은 무슨 까닭인가?"

"그 이름이 서로 다른 것은 필시 적들이 가짜 이름을 지어 자기들끼리만 부르면서 사람들의 이목을 속일 여지를 만든 것입니다. 그래서 정팔룡에 대해서는 정여립의 다른 이름이라고 말하는 자도 있습니다. 아마도 변사와 같은 무리로 반드시 그 속에 포함되어 있을 것입니다. 그들이 실제 인물이라고 한다면 어찌 끝내 잡지 못했겠습니까?"

여전히 남아 있는 정치적 살인의 상흔

3년 동안 정여립과 친척이거나 아는 사이였던 사람, 그리고 동인으로서 정철이나 송익필에게 감정을 샀던 사람들 가운데 죽고 귀양 가고 투옥된 사람들이 1,000여 명에 달했다. 선조 39년(1606) 10월, 오익창(吳益昌)은 상소문에서 이렇게 지적했다.

> 간교한 무리들이 기회를 틈타 토벌한다는 구실로 사사로운 원수를 갚으려고 온갖 날조를 하니 평소 원한 관계에 있던 사람은 모조리 다 죽이고야 말았습니다.

이 글처럼 사람들의 목숨이 추풍낙엽처럼 떨어지던 시절이었고 말 그대로 조선은 아수라장이 되어 있었다. 《동소만록》에 의하면 처형 또는 고문으로 죽은 사람이 정여립, 이발, 정개청, 최영경을 비롯하여 53명 이상이고, 유배된 자가 20여 명이었으며 옥에 갇힌 사람은 400여 명이 넘었다고 한다. 이건창(李建昌)은 《당의통략黨議通略》에서 이렇게 썼다.

> 그때 사방에서 고변하는 사람들이 서로 잇달아 끊이지를 않았다. 그리하여 옥사가 시작된 지 1년 동안에 동인의 연루자가 실로 1,000명에 이르렀다.

한편 현대에 들어서 배동수는 〈정여립 연구〉라는 논문에서 이렇게 주장했다.

이 사건으로 희생된 사람들 중 이름이 사서(史書)에서 확인된 사람은 사망자 115명, 찬배자(竄配者) 29명, 피수자(被囚者) 54명, 파직인 34명으로 도합 232명이다. 사망자는 이 외에도 전주부윤 윤우신(尹友莘)이 70여 명을 처형한 적이 있고, 임지 일가와 성희 등 30여 인과 주민 20여 명을 나포한 사실, 기타 이름이 밝혀지지 않은 하층민들을 포함한다면 이보다 훨씬 많은 수백 명에 이를 것으로 짐작되나 사망자가 1,000여 명 내지는 수천 명이라는 설은 무리라고 본다.

다만 전주 일대의 정여립의 친인척과 문도들이 대부분 희생을 당했고, 정개청 한 사람으로 인해 '50명이 죽었고, 20명이 유배되었으며, 400여 명이 과거에 나가지 못하는 처지가 되었다'는 《동소만록》의 기록과 당시 관학의 유생으로 조금 이름이 있는 자는 모두 금고되었다는 기록, 그리고 이름 없이 죽어 간 하층민들 등을 고려한다면 사망자, 찬배자, 파수자, 파직인 그리고 과거 길이 막힌 사람들까지를 생각한다면 1,000여 명이 훨씬 넘을 것이다.

유성룡은 《운암잡록》에서 그 후에 일어났던 일들에 대해 이렇게 말하고 있다.

그의 처자들을 죽이고 그의 아비와 할아비의 무덤을 파버렸다. 그의 집은 헐어버리고 그 자리에 못을 팠으며 그가 살던 금구군을 없앴다.

《선조실록》에서는 이렇게 묘사하고 있다.

정여립은 대명률의 모반대역죄를 범한 자로 백관들이 보는 앞에서 이미 죽은 몸이 능지처참되었다. 정여립은 조선이 건국된 후 최초로 정치적인 이유로, 과거에 급제한 사람의 이름을 써서 붙이던 글에서 제외되는 신세가 되었다.

정여립의 부모와 자식들은 모두 죽음을 당했다. 정여립이 당시 살던 곳이 금구였기 때문에 그곳을 김제에 복속시켰다. 두 고을의 수령 모두 파직시켰으며 전주와 금구의 두 집은 모두 연못으로 만들었다. 가족들뿐 아니라 먼 일가친척도 모두 노비로 삼거나 귀양을 보냈다. 당시 법조문에는 역적의 인척을 귀양 보내는 것에 대한 규정이 없었지만 선조는 귀양 보내라고 명했다. 《토역일기》에는 정여립의 아내와 당시 상황에 대한 기록이 나온다.

정여립이 평소 그의 본처를 박대해 입을 것과 먹을 것을 주지 않았다. 혹시라도 말을 어기는 일이 있으면 그를 문지방에 앉혀 놓고 장작개비로 마구 때렸다. 그의 아내를 전주에서 체포해 그의 옷을 벗겼다. 한 기생이 보고 불쌍히 여겨 옷을 입혀주었으므로 보는 사람들이 몹시 슬퍼했다.

전주판관 황정택은 정여립에게 활과 화살을 만들어주었다는 이유로 곤장을 맞고 죽었다.
박문장은 황해도 안악 사람이다. 정여립과 함께 역모를 꾸몄다가 일이 발각되어 도망쳤다. 박문장은 횡성현감 구효연(具孝淵)에게 체포되어 자복해 법에 따라 처벌되었다. 구효연은 당상관의 품계에 올랐다.

김세겸은 황해도 신천 사람이다. 정여립과 함께 역모를 꾸민 사람들 중 가장 심복이었다. 그가 잡혀 와서 국문을 받을 때 모두 자복하고 숨기는 것이 없었다.

"임금이 거동할 때에 우리는 창릉동 어귀에 모여 장차 거사를 하고자 했소. 그러나 전라도 사람들이 모이지 않아서 거사하지 못했소."

그를 법률에 의해 처리했다.

이발의 광산 이씨 가문과 조대중의 가문은 멸문지화를 당하기에 이르렀다. 그리고 영광, 함평, 무안 일대에 있던 그들의 인맥도 끊어지고 말았다. 전주와 김제 일대의 사람들이나 동래 정씨 사람들은 말할 나위가 없었다. 동래 정씨라는 이유 때문에 그들은 이 고을 저 고을로 뿔뿔이 흩어져 갔고 더러는 성씨마저 바꿔야 했다. 몇 년 전 KBS 〈역사스페셜〉을 제작하고 있을 때, 동래 정씨 문중에서 제보가 들어왔다. 전주 기린봉에 정여립과 11촌 되는 사람의 무덤이 있는데, 후손들은 충청도 증평으로 쫓겨 갔고 1979년에야 무덤을 복원했다는 것이었다. 제작진과 함께 무덤을 찾아가니 봉분을 새로 만들어 무덤을 판 흔적은 찾을 길이 없었다. 하지만 묘 앞을 지키는 문인석 중 하나는 얼굴이 시멘트로 다시 만들어져 붙어 있었다. 목이 잘린 채 땅 속에 묻혀 있던 것을 캐내어 복원했다는 것이다. 다른 문인석은 귀가 잘려 시멘트로 만들어져 있었다. 더욱 참혹했던 것은 익산 출신의 뛰어난 문장가인 소세양(蘇世讓)이 지은 비문이 조각난 채 묻혀 있다가 상석으로 놓여 있는 것이었다. 이처럼 기축옥사 이후 호남과 영남 일대, 특히 지리산 쪽은 완전히 초토화되었다. 그래서 지금도 그곳에 가면 기축옥사의 쓰라린 상처를 간직한 후손들을 만날 수 있다.

부귀와 영화를 누린 자들

한편 정씨 가문의 노비와 전답은 추국청이 상으로 받았다. 《광해군일기》에는 진안현감 민인백이 "특별히 정여립의 첩과 노비를 하사받았다"라고 나와 있는데, 그가 지은 《토역일기》의 기록은 "다른 사람의 불행이 나의 행복"이라는 말을 실감하게 한다.

> 7일 대신들이 궁중에 모여 박충간, 한응인, 이축을 1등 공신으로 삼았다. 그리고 나와 한준, 이수, 조구, 남절을 2등 공신으로 삼았다. 그리고 김귀영, 유전, 유홍, 정철, 이산해, 홍성민, 이준, 이헌국(李憲國), 최황(崔滉), 김명원(金命元), 이증(李增), 이항복, 강신, 홍진(洪進), 이정립을 3등 공신으로 정해 주상께 아뢰었다. 주상이 말씀하셨다.
> "한준의 공이 어찌 민인백보다도 뒤떨어지는 것이냐? 높여주는 것이 옳다."
> 한응인 이상을 1등 공신, 이준 이상을 2등 공신, 이정립 이상을 3등 공신으로 정했다. 박충간은 혼자만 1등 공신이 되고, 이축, 한응인을 2등 공신, 한준 이하를 3등 공신으로 정하고자 했다. 그러나 대신들이 듣지 않았다. 양사가 홍진이 역적의 괴수와 친하다고 주상께 아뢰어 공신에 책봉되지 않았다.

하지만 실록의 사관은 그를 냉정하게 평했다. "언행과 성질이 도리에 어그러지고 사나운 자" 그리고 "개돼지 같은 사람"이라고 비난했던 것이다. 한편 최황은 공신 책봉에 대해 다시 이의를 제기했다.

"정여립을 붙잡은 사람만 문서에 기록할 것이 아니라 정여립의 시체를 발견한 사람이나 시체가 있는 곳을 가르쳐준 사람도 역시 기록해야 합니다."

그러나 선조가 사간원에 공식 문서를 내리는 바람에 더 이상 논의되지 못했다. 홍여순은 역적의 무리를 많이 체포한 공로를 인정받아 종2품의 품계를 받았다. 난을 평정한 사람들에게는 광국공신과 평난공신의 공훈을 새긴 패가 하사되었다. 조선이 건국된 후 열두 번째 공신들이 배출되는 순간이었다. 뿐만 아니라 '때를 만나면 변변치 못한 사람도 성공한다'라는 옛말이 그르지 않게 별로 한 것도 없이 상을 받은 사람도 많았다.

조선의 천재들이 벌인 참혹한 전쟁 9

당의 운명을 걸고 맞서다, 이산해와 조헌

위기를 넘기고 대북파를 결성하다

기축옥사가 일어날 무렵 동인의 영수였던 이산해는 사임을 청했지만 선조는 좋은 말로 만류했다. 이산해의 본관은 한산이며 자는 여수, 호는 아계로 내자시정을 지냈던 이지번(李之蕃)의 아들이었다. 그가 태어났을 때 처음 우는 소리를 듣고 작은아버지였던 이지함이 형에게 말했다.

"이 아이가 기특하니 꼭 잘 보호하십시오. 우리 문중이 이 아이로부터 다시 흥할 것입니다."

5세 때 처음 병풍에 글씨를 썼는데, 글 쓰는 것이 귀신 같아 신동이라고 일컬어졌다. 이산해가 신동이라는 소문이 자자하자 당대의 세도가 윤원형이 사위를 삼으려 하자 그의 아버지 이지번이 단양으로 거처를 옮기기까지 하였다.

어린 시절 이지함에게서 학문을 익혔고 1558년 진사가 되었으며 1561년 식년문과에 급제했다. 수묵화를 잘했지만 남에게 보이지 않았고 글을 볼 때 능히 열 줄을 한꺼번에 내려 보았다. 하지만 일찍이 그가 독서하는 것을 본 사람이 없다고 한다. 정치가로 활약이 두드러졌던 동시에 문장이 뛰어나 선조 당시에

8대 문장가 중 한 사람으로 꼽혔다. 서화에 능하여 대자(大字)와 산수묵도(山水墨圖)에 뛰어났던 그는 여러 벼슬을 거쳐 1588년 우의정에 올랐고 동인이 남인과 북인으로 갈라질 때 북인의 영수로 정권을 장악했다. 기축옥사 때 벼슬에서 물러나지 않고 좌의정과 영의정에 올랐으며 1590년에는 광국공신 3등에 책록되어 아성부원군(鵝城府院君)에 봉해졌다.

그는 동인들 대부분이 피해 갈 수 없었던 위기 상황에서 서인들로부터 수많은 공격을 받았음에도 불구하고 살아남았다. 그 이유를 《석담일기》의 기록에서 짐작해 볼 수 있다.

> 젊었을 때부터 문장으로 명성이 있었고 벼슬길에 나온 뒤에 청요한 관직을 역임했다. 사람됨이 맑고 행동을 삼가며 기질이 적고 성격이 유약해 말썽을 피했다. 이 때문에 위아래로부터 거슬림이 없어 신망을 잃지 않았다.

선조가 그를 얼마나 아꼈는지는 이런 말을 통해 알 수 있다.

"말은 입에서 나오지 못할 것 같고 몸은 옷도 이겨내지 못할 것 같다. 그러나 한 뭉치의 참된 기운이 속에 차 있어서 바라보면 존경심이 생긴다."

그러나 훗날 이산해는 세자 책봉 문제를 이용해 정철을 강계로 유배시켰다. 그리고 기축옥사 당시 서인들의 영수였던 윤두수와 윤근수, 백유함, 유공진(柳拱辰), 이춘영, 황혁(黃赫) 등을 파직시키거나 귀양 보냈다. 동인의 집권 기반을 확실하게 다져 나갔던 것이다. 하지만 임진왜란이 일어난 후 왕을 보위해 개성에 이르렀을 때 나라를 그르치고 왜적을 침입하도록 했다는 양사의 탄핵을 받고 파면되어 흰옷을 입은 채 평양에 이르렀다. 그는 다시 탄핵을 받아 평해로 중도부처되었다. 하지만 1595년에 풀려나 영돈령부사로 복직되었고 대제학을 역임했다.

북인이 다시 대북과 소북으로 나뉘면서 이이첨, 정인홍, 홍여순 등과 함께 대북파의 영수가 되었으며 1599년에 영의정에 올랐다. 그럼에도 불구하고 그는 청빈하게 살았다. 《연려실기술》에는 이런 글이 있다.

> 젊어서부터 인망이 있었으며 일찍 재상의 반열에 이르렀다. 그러나 집 한 칸, 밭 한 자리가 없어 항상 셋집을 얻어 살았기 때문에 쓸쓸하고 어려운 살림이었다. 손님이 오면 말안장 밑에 까는 담요에 앉게 하고, 비가 오면 자리로 새는 곳을 가렸으며, 해어진 옷과 거친 음식으로도 항상 태연히 살았다.

그는 젊어서부터 이이, 정철과 친구였다. 그러나 각자 당파가 갈린 뒤에는 멀어졌다.

도끼를 멘 채 상소를 올리다

이이의 문하로 정여립과 동문이었던 조헌은 동인들을 공격하는 선봉에 섰다. 정여립이 서인들을 비난하는 데 앞장섰기 때문이었다. 공주에서 유생을 가르치던 조헌은 만언소(萬言疏)를 올려 이이와 성혼의 학문이 바르다는 것, 그리고 나라에 진심으로 충성했다는 점을 강조했다. 그리고 시정잡배들이 어진 사람을 방해해 나라를 그르쳤다고 호소했다.

그러나 선조는 상소를 받은 지 수십 일이 지나도록 승정원으로 내려 보내지 않았다. 조헌을 공격하는 동인들은 이렇게 공격했다.

"조헌이 과거에는 급제했지만 본래 학식이 없고 글을 짓는 데 능하지 못하기 때문에 다른 사람의 사주로 남의 손을 빌렸을 것이다."

조헌은 무자년 1월 다시 상소를 올려 말했다.

"노수신, 정유길, 유전, 이산해, 권극례(權克禮), 김응남이 당파를 지어 나라를 병들게 하옵니다. 박순, 정철 같은 어진 사람은 먼 지방으로 내쳐졌습니다. 또한 신이 생각하기에 송익필이나 서기 같은 사람들은 모두 장수의 재능이 있습니다."

그러나 선조의 반응은 극히 부정적이었다.

"지금 조헌의 상소를 보니 이것이야말로 요물이다. 하늘이 재앙을 내려 경고함이 깊으니 송구한 마음을 금할 수 없다. 하지만 이 글이 한 번 내려가면 손상되는 바가 많을 것이니 차라리 내가 책임질지언정 이 상소를 내려 보낼 수 없다. 상소는 이미 불살랐다."

그러자 사헌부에서는 조헌을 관리 명부에서 삭제할 것을 청했고 옥당에서도 상소를 올려서 조헌에게 죄줄 것을 청했다. 그런데 이상하게도 선조는 이에 반대했다.

"내가 비록 불민하지만 진실로 조헌 한 명을 움직일 바는 아니다. 저도 또한 어찌 그 말이 반드시 행해질 것을 기약한 것이랴. 그 못된 심사가 상소의 사연을 전하고 싶은 것뿐이다. 내가 그 상소를 불사른 것은 그 마음을 불사른 것이다. 일일이 서로 비교하면 도리어 조정의 수치가 될까 염려스럽다."

그런데 그해 여름 조헌은 정여립이 분명 역모를 꾀할 것이라는 상소를 올렸다. 당시로서는 상상도 할 수 없는 내용이었다. 당시 그는 집이 가난해 서울에 직접 오지 못하고 감사에게 예에 따라 전달해줄 것을 청했다. 그러나 감사가 격식에 틀린 것이 많다 하여 받지 않았다. 이로써 조헌이 올린 다섯 차례의 상소문은 한 번도 받아들여지지 않은 셈이다.

그러자 조헌은 다시 대궐문 앞에서 이산해가 나라를 그르치고 있으며 일본의 사신을 배척해야 한다는 상소를 올렸다. 이 상소는 선조의 진노를 사기에 충분했다. 이처럼 거듭된 상소가 아무런 성과가 없자 1589년 4월에 도끼를 메고 흰옷에 새끼 띠를 두른 채 상소를 올려 동인들의 전횡을 신랄하게 비판했다. 도끼를 멘 것은 상소가 받아들여지지 않으면 죽음을 각오하겠다는 표현이고, 흰옷에 새끼 띠를 두른 것은 죄인임을 자처하는 것이었다. 양사에서 조헌을 귀양 보내자고 청하자 선조는 드디어 그를 함경도 길주로 보냈다. 하지만 정여립의 역모 사건으로 동인들이 실각하면서 다시 풀려나올 수 있었다.

그때 상황이 《혼정편록》에 이렇게 실려 있다.

> 여러 대부들이 서로 위로하고 축하하며 말했다.
>
> "공은 어떻게 정여립이 반역할 것을 알았소? 공의 선견지명을 따라갈 수 없소이다."
>
> "내가 선견지명이 있는 것이 아니오. 일찍이 정여립이 임금의 앞에서 사악한 기운이 있었소. 임금께서는 '정여립은 기가 많아서 웃어른을 가까이 모시기에는 적합하지 못하다' 하시었소. 그리고 임금께서 오랫동안 뚫어지게 보시는데도 두려워하는 기색이 없었고, 물러나올 때

에 계단을 내려와서는 눈을 부릅떠 돌아보고 나왔소. 이것이 모두 역적질을 할 징조가 아니겠소? 도리어 여러분이 살펴보지 못한 것이오."

상소를 통해 동인을 공격하던 조헌이 송익필과 함께 동인들을 일망타진하기 위해 준비했던 것이 역모 사건이었다. 그리고 가장 적합한 표적이 정여립이었다.

선조로부터 미움을 받던 정여립은 스승 이이를 배신한 사람일 뿐만 아니라 당시 많은 사람의 추앙을 받고 있었다. 그리고 또 다른 이들은 그를 불순한 사람으로 보고 있었다. 그는 군사 훈련을 하는 대동계를 조직해 활동하고 있었으며 이발과 함께 동인의 실력자였다.

훗날 조헌은 임진왜란이 일어나자 700여 명의 의병들을 이끌고 고바야카와 다카카게(小早川隆景)의 일본군과 금산에서 싸워 장렬히 전사했다. 그는 타협을 몰랐고, 앞뒤를 가리지 않고 임금에게 직언을 했다. 이 때문에 당시 관료사회에서는 배척받을 수밖에 없었다. 이를 걱정한 이이는 이렇게 말했다.

"조헌은 요순 정치가 곧 실현될 것으로 생각하고 있다. 그처럼 융통할 줄 모르다가는 마음에 맞지 않는다고 임금의 옷자락을 잡아당기고 난간을 부숴 반드시 요란한 일을 벌일 것이다. 그는 단련하고 숙달되기를 기다린 뒤에야 크게 쓸 수 있는 사람이다."

⑩ 정철의 몰락

영국의 철학자 스펜서는 "삶이 적자생존의 생존경쟁이라면 살아남아 승리하는 것이 선(善)이고, 굴복하고 실패하는 것이 악(惡)이다"라고 말하였고, 니체 역시 "강한 것이 선이고 약한 것이 악이다"라고 말하였다.

이러한 논리를 기축옥사가 일어난 당시 조선 역사에 적용한다면 정여립을 비롯하여 희생당한 1,000여 명의 동인들은 '악'이고 정철을 비롯한 서인들은 '선'일 것이다. 그러나 물처럼 흐르는 역사의 순환 속에서 선과 악은 한자리에 머물지 않고 자리를 바꾼다. 정여립과 더불어 새로운 꿈을 꾸었던 사람들이 썰물처럼 지나간 자리에 정철과 그의 사람들이 밀물처럼 들어왔고 그들 역시 썰물처럼 빠져나갔다. 역사는 선과 악의 배역을 공평하게 맡겼다.

1591년 좌의정으로 승진하면서 이조판서를 겸하게 된 유성룡이 정철을 찾아갔다.

"우리가 국가의 중한 책임을 맡게 되었으니 마땅히 큰일을 해야 할 것이외다. 왕비에게는 왕자가 없고 후궁에는 왕자가 많이 있지만 아직 국가의 근본을 정하지 못하고 있소이다. 세자를 세울 계책을 정부에서 세워야 할 것이고 우리들이 이 일에 힘써야 할 것이오이다."

"옳은 말이오. 그러나 영상이 잘 들을까?"

"우리 두 사람이 하자고 하면 영상이 어찌 듣지 않을 수 있겠소?"

정철도 그렇게 하기로 승낙했다. 두 사람은 영의정 이산해에게 의논해 날짜를 정하고 대궐 안에서 모이기로 기약했다. 하지만 이산해는 기약한 날에 나오지 않았고 두 번째 약속한 날에도 나오지 않았다. 사실 이산해는 겉으로만 조정의 의논에 따르는 척하고 내심으로는 다른 뜻을 갖고 있었다. 이산해는 기축옥사 때 정철과 적이 되지 않기 위해 정언신의 후임으로 정철을 추천했다. 하지만 서인들을 몰아내고 정권을 되찾기 위해 절치부심 기회를 노리던 중이었다. 그는 선조의 총애를 받고 있던 인빈 김씨가 신성군을 낳자 그를 세자로 밀려고 하고 있었다.

선조의 마음은 신성군에게 기울고 있었다. 이산해는 인빈 김씨의 오빠인 김공량(金公諒)과 가까웠으므로 그 사실을 알고 있었다. 석주 권필(權韠)이 두 사람의 관계를 시로 남길 정도였다.

> 한나라 승상의 항목으로 만든 수레가 돌돌돌 굴러가서
> 밤마다 김씨와 장씨 집으로 들어가네

이산해는 세 사람이 함께 모여 세자 책봉을 주청하기 전날 김공량을 불러 말했다. 그리고 약속한 날 병을 핑계로 정청에 나가지 않았다.

"지금 좌의정 정철이 광해군을 세자로 세운 후 신성군 모자를 없애버리려 합니다."

이 말을 들은 김공량이 즉시 인빈 김씨에게 달려가 그 말을 전했다. 인빈 김씨는 선조에게 울면서 하소연했다.

"정철이 우리 모자를 죽이려 한답니다."

"무슨 까닭에 너희 모자를 죽인다더냐?"

"먼저 세자 세우기를 청한 뒤 죽인다 합니다."

전부터 선조는 정철에게 의심을 품고 있었다. 이런 사실을 까마득히 모르고 있었던 정철은 세자 책봉 문제를 뒤로 미룰 수 없다고 생각해 유성룡과 함께 임금에게 나아갔다.

유성룡이 머뭇거리자 성미가 급한 정철이 말했다.

"총명한 광해군에게 사직을 맡겨야 합니다."

내심 신성군의 이름이 나오기를 기대했던 선조는 크게 노했다.

"내가 아직 마흔도 안 되었는데 경이 세자 세우기를 청하니 어쩌자는 것이냐?"

정철, 역사의 뒤안길로 사라지다

예상치 못한 선조의 반응에 정철을 비롯한 서인들의 등에는 식은땀이 흘렀다. 그러나 이미 엎질러진 물, 광해군을 세자로 책봉하려던 처음의 입장에서 물러날 수는 없었다. 서인이었던 이해수(李海壽)와 이성중(李誠中)이 광해군을 세자로 세워야 한다는 상소를 올렸고, 뒤이어 정철에 대한 동인들의 공격이 시작되었다. 사태는 완전히 반전되었다. 수세에 몰렸던 동인들이 공격의 주도권을 쥐기 시작한 것이다.

유생 안덕인(安德仁) 등 5명이 상소를 올려 공박했다.

"정철이 국정을 그르쳤사옵니다."

선조가 그들을 불러 물었다.

"어떤 일이 국정을 그르친 것이냐?"

"정철이 대신으로서 술을 좋아하고 여자를 좋아하니 반드시 나라 일을 그르친 바가 많을 것입니다."

"주색이 어찌 나라 일을 그르친 것이 되느냐?"

선조는 정철의 입장을 봐주는 듯했다. 하지만 결국 서인이었던 유공신(柳拱辰), 이춘영이 파직되었고 이후 서인들은 몰락의 길로 접어들게 되었다.

그 뒤를 이어 사간원에서 선조에게 고했다.

"정철은 성품이 한쪽으로 치우치고 의심이 많아 자기와 같은 이는 좋아하고 다른 이는 미워합니다. 뿐만 아니라 좋아하는 사람을 끌어올려 사사로운 당을 널리 펴니, 그 문하에 모여드는 무리가 밤낮으로 저자를 이루고 조정의 기강을 마음대로 희롱하며 함부로 행합니다. 따라서 위엄이 온 세상을 눌렀으므로 감히 말하는 이가 없습니다. 궐내에서 정사를 할 때에도 사사로이 전랑을 불러 벼슬자리 추천할 것을 지휘해 정사가 지체되게 했습니다. 또한 외임으로 있는 자기 동지들을 끌어들이려고 가만히 대간을 시켜서 작은 죄로 탄핵하게 했습니다. 또 송한필 형제와 한통속이 되어 그들을 시골집에 머물게 하고, 그들을 잡아들이라는 명이 있어도 말을 꾸며 오히려 숨겨 두었습니다. 또한 그들과 같이 계책을 꾸미고 판결이 난 소송도 관원을 협박해 판결을 고치려 했습니다. 정암수 등을 잡아 올 때에도 그들을 구해줄 계교를 교묘히 꾸며 비밀히 중도에서 지체시켜 신문을 받지 않게 했습니다. 그런 후에 대간을 시켜 그들에게 죄주는 것을 반대하게 하고, 선비를 시켜 그들을 구출하기를 청하는 소장을 올리게 했습니다. 더욱이 주색에 빠져 명분과 체통을 잃었으므로 백성이 더럽게 여겨도 부끄러워하지 않았습니다. 겉으로는 농담처럼 하면서 실제로는 남을 시기해 해치고, 그 속마음이 낱낱이 드러나서 변명할 수 없게 되어도 조심하지 않았습니다. 이처럼 천박하고 경솔함이 더욱 심해지니 청컨대 파직하소서. 백유함은 정철과 결탁하고 그 심복이 되어 사회적 여론을 주장하며 조정의 정치를 마음대로 희롱했습니다. 관리들의 진퇴가 그 손에서 결정되었고 죄를 주고 복을 주는 것도 제 마음대로 했습니다. 이렇듯 세력이 불 같아서 마음대로 조정을 어지럽혔으니 청컨대 파직하소서."

이에 백유함이 먼저 파직되었고, 정철 역시 내쳐졌다. 선조는 정철을 내치면서 이런 전교를 내렸다.

"예부터 대신을 내칠 때에는 조정에 방을 붙여 천하에 널리 알렸다. 이것은 그 죄상을 백성에게 밝혀서 훗날 사람들로 하여금 경계하도록 하기 위함이다. 지금 정철의 파직 문서를 방으로 붙이도록 하라."

이에 양사에서 정철의 범죄 조서를 조정에 계시하기를 청했다. 그런데 이항복은 파직 문서만을 받들어 전하고 붙이지 않았다. 그러자 양사에서 다시 이항복을 탄핵해 파직시켰다.

"이항복은 중간에서 왕명을 막고 실행하지 않았습니다."

조정의 선비들 중 정철과 관련이 있는 사람들은 세 등급으로 나뉘었다. 이항복 역시 귀양길에 오를 뻔했지만 겨우 면했고 백유함, 유공신을 추천했던 윤돈 등은 삭탈관직되었다.

선조는 다시 명을 내렸다.

"정철은 음으로 호남 유생을 움직여 자기와 반대되는 뜻을 가진 자는 이름난 사대부일지라도 역적으로 몰아 기필코 죽이려고 했다. 그 간사한 꾀가 이루어지지 못하고 그들의 속마음이 모두 드러나서 사정이 궁하게 되자, 대간을 시켜 임금을 협박해 마침내 자기 뜻대로 했다. 이 한 가지 일만 가지고도 옛날의 간신들 중에 그 유례가 드물 것이다. 그 마음씨가 참혹하고 독하기가 칼날보다 더하니 생각하면 기가 막힌다."

이때 장령 조인득(趙仁得), 윤담무(尹覃茂), 지평 이상의(李尙毅) 등이 상소를 올려 정철의 무엄함을 논하며 그 무리들의 관직을 삭탈하고 귀양 보낼 것을 청했다.

"송한필 형제는 상전을 배반한 종인데도 서울 집에다 숨겨 놓고 자기 처첩과 함께 섞여 머물게 해서 여러 가지로 흉악하고 비밀한 계책을 모의했습니다. 관리를 협박해 판결이 결정된 소송을 고치게 했습니다. 정암수 등의 상소도 사실은 많은 선비들이 한 것이 아닙니다. 정철의 문객 2, 3명이 지시를 따라 꾀를 내어 여러 사람들을 속임수로 모아서 이름을 채워 실었던 것입니다."

"그렇구나. 그대로 실행하라."

이에 정철은 명천으로 귀양 보냈고 나머지 사람들은 서도로 내쳤다. 정철에게 속은 것을 깊이 후회한 선조는 항상 '악독한 정철', '간혹한 정철', '사악한 정철'이라고 칭했다. 후에 선조는 정철은 대신을 지낸 사람이니 특별히 진주로 옮기라고 명했다. 그러자 간관들이 다시 임금에게 아뢰었다.

"백유함 등을 유배 보낼 때에 감히 그들을 구해주려는 계교를 내어 서도나 남도에 가까운 곳을 선택해주었으니, 이러고서야 어찌 죄인을 물리쳐 귀양 보낸 본의에 맞겠습니까? 청컨대 의금부 당상, 낭청 등을 파직하소서."

이에 백유함은 경흥으로, 유공신은 경원으로, 이춘영은 삼수로 각기 유배지를 변경했다. 그러나 양사에서는 또 다시 정철에 대해 상소했다.

"정철의 죄가 큰 것은 백성들이 더 분하게 여기는 바이니, 의금부에서 명천으로 귀양 보낸 것도 죄에 비해 너무 가벼우므로 오히려 놀랄 만한 일입니다. 전하께서 남도의 편리한 곳으로 유배지를 옮기게 하시니 그 본가와의 거리가 겨우 수일 걸리는 정도입니다. 이에 그 소굴의 사람들과 서로 왕래해 무슨 짓을 할지 모릅니다. 함경도와 평안도의 경계 부근으로 유배지를 옮길 것을 청합니다."

결국 정철의 유배지는 강계로 바뀌었고, 홍성민은 부령으로, 이해수는 종성으로, 장운익은 온성으로 귀양 보냈다.

이어 대간들의 요청에 따라 대사헌 최황, 집의 성영(成泳), 장령 심희수(沈喜壽), 지평 윤섬(尹暹), 신잡(申磼), 우준민(禹俊民), 대사간 이증(李增), 사간 오덕령(吳德齡), 헌납 백유함, 유대진(兪大進), 정언 강찬(姜燦), 이흡 등을 파직했다.

길삼봉의 실체가 드러나다

7월 15일, 선조는 다시 명을 내렸다.

"간신 정철에게 모함당하고 배척당한 사람 중에 쓸 만한 인재가 있을 터이니 모두 거두어 쓰게 하라."

그 뒤 연이은 상소에 전 이조참의 박점과 충청감사 이성중이 파직되었고 우성전은 관직이 삭탈되었다. 그리고 9월에 대사간 홍여순의 요청에 따라 최영경을 길삼봉이라고 꾸며 냈던 장본인인 양천경을 국문하게 되었고, 양천경은 결국 정철을 끌어들였다. 이항복은 《백사집》에서 양천경의 조사 내용을 들으면서 정철과 양천경 등이 서로 날조해 길삼봉 문제를 만들었음을 알게 되었다고 기록했다. 그런데 민인백의 《토역일기》에는 그 내용이 조금 다르게 실려 있다.

> 양천경은 일찍부터 최영경의 처조카뻘 되는 정대성과 함께 서울에 살았다. 정대성이 여러 역적들의 문초 내용 가운데 길삼봉은 나이가 5, 60세쯤 되고 얼굴은 야위고 길며 수염이 길어서 배 아래에 이르고 말은 으레 속삭이듯 한다는 말을 듣고 크게 놀래어 이렇게 말했다.
> "이와 같은 얼굴 모양이면 우리 처숙 최영경과 흡사하다."
> 양천경이 이 말을 듣고 많은 사람 가운데서 크게 외쳐 말했다.
> "이 사람이 틀림없는 길삼봉이다."
> 이것으로써 양천경을 조사한 기록으로 삼았다.

그런데 유배를 간 이들이 도주하는 일이 잦았다. 이에 관한 기록이 《선조실록》 〈함경감사 윤승훈(尹承勳)이 기밀에 대해 비밀리에 아뢰다〉에 실려 있다.

> 함경감사 윤승훈이 비밀리에 아뢰었다.
> "북방 변경은 공허한데 오랑캐는 호시탐탐 엿보고 있으니 변방을 충실히 할 계책을 시급히 강구해야 합니다. 신이 듣건대 기축옥사에 연좌되어 유배된 사람들 중에 난을 틈타 도망한 자가 매우 많다고 합니다. 관리들로 하여금 낱낱이 색출해 기한 내에 유배지로 도로 압송하게 하소서."

양천경은 여러 차례의 가혹한 형벌을 받고서 거짓 자백을 한 뒤에 죽었고 이후 서인들은 기축옥사 당시 동인들의 전철을 밟았다. 기축옥사 때 죽임을 당했던 사람들은 정여립과 몇 사람만 제외하고 무덤 속에서 용서받았다.

기축옥사, 임진왜란, 그리고 뒤이은 역모 사건들

그 과정 중에 이산해에 의해 유배되었다가 풀려난 후 친구 집을 전전하던 송익필은 불우하게 죽고 말았다. 동인들은 정철을 처벌하는 과정에서 남인과 북인으로 갈라졌다. 강경파였던 이산해는 사간원과 사헌부의 동인들에게 양사가 함께 탄핵할 것을 지시했고, 김수와 우성전은 유배로 끝내야 한다는 온건론을 주장했다. 서인들은 대부분 파직되었고 조정은 동인들의 세상으로 바뀌었다. 그러나 그것도 잠시 조선의 운명을 바꾼 임진왜란이 일어났다.

유성룡은 기축옥사가 일어나기 전과 임진왜란이 일어난 후 10여 년 사이의 일을 《운암잡록》에 이렇게 썼다.

> 10여 년 동안 재앙이 많았고, 사람의 전염병과 더불어 소들도 병을 앓는 것이 5, 6년을 연달았다. 태백성(太白星)이 나타나서 하늘을 가로질러 뻗친 경우가 셀 수 없이 많았고, 흰 무지개가 태양을 궤뚫은 것이 한 해에 6, 7번씩 있었다. 서울 한가운데에 검은 구름이 공중에 가득하고, 북악산과 인왕산 사이에는 연기도 아니고 안개도 아닌 이상한 기운이 위로 반공중에 닿고 아래로는 땅에 서렸다. 그 빛이 너무 검어 사물을 분별할 수 없었다. 그로부터 오래지 않아 큰 옥사가 일어

났으며, 옥사가 겨우 끝나자 또 임진년의 난리가 있어서 서울이 약탈 당했다. 슬프도다! 어찌 천운이 아니겠는가?

이때부터 광해군을 몰아낸 인조반정이 일어나기까지 30년간 동인들의 세상이 펼쳐졌다. 사람들은 이때부터 우성전의 집이 남산 밑에 있었기 때문에 그들을 남인이라 불렀고, 이산해의 집이 서울의 북악산 밑에 있었기 때문에 그들을 북인이라 불렀다.

그러나 정여립의 역모 사건이 끝난 후에도 나라 곳곳에서는 정여립이 죽지 않고 어디엔가 살아 있다는 유언비어가 오랫동안 그치지 않았다. 그것은 또 다른 정여립의 출현을 기다리는 민중의 오랜 염원이었다. 그 후 기축옥사는 다른 역모 사건이 일어나면 항상 전례가 되어, 조선 후기까지 모든 형벌의 모범 답안이 되었다.

조선의 천재들이 벌인 참혹한 전쟁 10

사제 간의 비참한 말로, 박순과 정개청

정개청이 어찌 그러하랴!

《대동야승》의 기축록 해제는 이렇게 시작된다.

> 선조 재위 22년째인 기축년에 일어난 정여립 역모 사건으로 수없이 많은 선비들이 피해를 입었다. 당시 맑은 선비로 이름이 높던 최영경과 정개청 등이 근거 없는 모함을 받아 최영경은 옥중에서 죽고 정개청은 함경도 경흥으로 귀양 가던 도중 사망한 사실이 있다. 특히 정개청은 최영경에 비해 배움과 실천이 한층 더 높아 많은 제자들이 그의 문하에 있었다. 그는 영의정 박순도 선조에게 강력히 추천했던 인물로, 호남 선비들 중에서도 경학에 밝고 글을 잘 지어 임금의 신임이 특별히 두터웠다. 그러나 당시 서인의 영수 정철과는 서로 사이가 좋지 못했다.
>
> 그러던 중 정여립의 역모 사건이 일어나자 어떤 자들이 정개청이 정여립과 내통했다고 밀고했다. 그 때문에 서인 소장파들의 맹렬한 공

격을 받아 북방의 변경으로 귀양을 가게 되었고, 귀양 가는 도중 사망하니 동인들의 격분 또한 극에 달했다. 이로부터 동인과 서인 양당의 대립은 격화일로로 접어들었고, 기축년의 역모 사건에 대한 처리는 동인과 서인 간 당쟁의 중요 쟁점으로 떠올랐다.

백성들은 기축옥사라고 하면, 정여립의 역모 사건보다는 오히려 정개청의 원통한 죽음으로 인식하기까지 이르렀다.

정개청의 본관은 철원이고, 자는 의백이고 호는 곤재라 했다. 그는 대대로 전라남도 나주 대곡동에 살면서 아전 노릇을 하는 집안에서 태어났다.

아버지 정세웅(鄭世雄)은 그 뒤에 무안으로 자리를 옮겨 세도가 심의겸 집안의 농장을 관리하면서 살게 되었는데 그의 배려로 정9품인 봉산 향교의 교관을 지냈다.

어릴 때부터 매우 총명하고 집중력이 놀라웠던 정개청은 젊어서부터 과거 공부에 열중해 고을의 초시에는 여러 번 합격했다. 그러나 가문을 중시하는 제도의 벽 때문에 벼슬자리가 주어지지 않았다. 마침내 학문에만 전념하기로 작정한 정개청은 책을 싸 짊어지고 한라산으로 들어가 토굴을 짓고 밤낮을 모른 채 학문을 닦는 데 힘을 기울였다.

고향에 돌아와 혼인하고 살던 정개청은 처자를 버리고 중이 되어 풍수지리설을 공부하는 데 온 힘을 쏟았다고도 하고, 나라 곳곳을 돌아다니다가 보성에 있는 김석남(金錫男)의 무덤가 초막에서 만난 여종에게 장가들어 환속했다고도 한다. 이후 해박한 학문으로 예문에 정통해 문하에 유생들이 모여들었다.

정개청의 행장에는 그가 일생 동안 쇠고기를 먹지 않았다고 기술되어 있다.

그것은 《주자서朱子書》에 나온 이런 구절을 본 이후부터 생긴 습관이었다.

> 심하다, 사람의 착하지 못함이여! 소가 젊었을 때는 그의 힘을 빌리고 늙으면 잡아먹는구나.

이 사실 하나만으로도 그가 어떤 학자였는지를 짐작할 수 있다. 정개청은 당대의 빼어난 선비였던 동시에 이단아였음이 틀림없다. 다시 머리를 기르고 평범한 사람으로 살던 정개청은 광주에서 높은 선비로 추앙받으며 글을 가르치던 기대승에게 가서 제자가 되기를 청했다. 그러나 기대승은 가르치기를 거절했다.

"너는 문리에 다 통했는데 하필 남에게 배울 것이 있느냐?"

그때 기대승의 집에 와 있다가 이 말을 들은 어떤 손님이 물었다.

"배우러 온 사람에게 그렇게까지 거절하는 것은 심하지 않습니까?"

"그 사람의 용모를 보지 않았는가? 서로 가까이할 수 없다."

정개청은 부끄럽고 분한 마음을 품고 서울로 올라가 명재상으로 이름 높았던 박순을 찾아갔다. 박순은 정개청을 자기 집에 두고 아들과 사위를 가르치게 했고, 정개청은 박순에게 배웠다. 이로 인해 정개청은 박순이 소장하고 있던 많은 책들을 얻어 볼 수 있었다. 그리고 박순은 그의 높은 식견과 뛰어난 재주를 발견한 뒤부터 끝까지 돌보아주었다. 기대승으로부터는 푸대접을 받았지만 박순에게는 제대로 된 평가를 받게 된 것이었다.

이후 정개청은 개성에 살고 있던 서경덕을 찾아가 배움을 청하고 그의 제자가 되었다. 서경덕은 혼자서 학문을 쌓아 43세에 생원시에 합격했다. 그러나 성균관에서 수습 과정을 밟던 도중 개성으로 돌아와 송악산 자락 화담 옆에 초막을 짓고 학문에만 열중했다. 서경덕의 호인 화담, '꽃 피는 연못'은 여기에서 연유했고 이때부터 그의 이름이 널리 퍼져 나갔다.

서경덕의 문하에서 새로운 학문에 눈뜨게 된 정개청은 고향으로 돌아와 무안 엄다에 정자를 지은 후 제자들에게 글을 가르치기 시작했다. 나주, 광주 등 이웃 고을에서 그의 명성을 듣고 사람들이 몰려들었는데, 그 중 나주의 나덕준, 서울의 남이공 같은 이들이 제자가 되었으며, 화순의 최홍우(崔弘宇), 보성의 안중묵(安重默), 송제민(宋濟民), 정식(鄭湜), 유양(柳瀁) 등 전라도 지역의 유력한 가문 출신 자제들도 찾아왔다. 정개청은 제자들을 가르치는 틈틈이 글을 지었으며, 성리학과 주역 공부를 열심히 했다. 그러기를 10여 년에 이르렀다.

서울에 있던 박순과 이이는 정개청을 훌륭한 학자라며 칭찬을 아끼지 않았고 책을 보내주기도 했다. 또 여러 가지 면에서 정개청을 도왔던 담양 출신 유희춘은 그의 제자인 나덕준 형제를 설득해 나주 대안동에 정개청을 위해 넓은 서재를 짓게 했다. 50세가 되어 고향에 돌아온 정개청에게 조정에서는 참봉 벼슬을 여러 번 내렸다. 하지만 그는 이를 번번이 거절했고, 동문교관을 내려도 받지 않았다. 그런데 그때 나주 향교에서 교관으로 삼자 이를 받아들여 54세에 벼슬길에 올랐다. 정개청은 이 무렵 〈배절의론排節義論〉을 지었는데, 이 글 한 편이 정여립 역모 사건 때 그를 궁지로 몰아넣는 결정적인 단서가 되었다.

나주에 살던 정개청이 전주의 정여립과 몇 살 때 어느 곳에서 처음 만났는지에 대해서는 정확한 기록이 없다. 그 무렵 정여립은 금구에서 제자들을 가르치며 대동계를 조직해 전주 일대의 세력을 휘어잡고 있었다. 그리고 정개청은 무안에서 문인들과 함께 강의계(講義契)를 하며 향약을 보급하고 향음주례(鄕飮酒禮)를 시행하는 등 문인 집단의 결속을 다지고 있었다.

특히 정개청은 단순히 학문에만 매달리지 않았다. 그는 사회 활동에 깊은 관심을 기울이고 있었다. 정황을 보면 같이 학문을 하는 처지로 또는 재야에 있는 동지로 둘이 만나게 되면서, 풍수지리를 공부했던 정개청이 정여립의 집터를 보아주는 등 친밀한 교분을 주고받았을 가능성이 있다.

한편 선조 7년(1574)에 전라감사였던 박민현이 정개청을 예경과 역학에 특히 조예가 깊은 선비라며 수령에게 천거했고, 선조 16년(1583)에는 영의정이었던 박순이 재능이 뛰어나고 배움이 깊은 선비라며 벼슬자리에 천거했다.

정개청은 향촌에서 활약하면서 예학과 성리학 분야에서 독자적인 경지를 개척한 인물이었다. 그는 57세에 경서를 간행할 때 교정을 보는 교정낭관으로 추천되었다. 그 일을 하면서 한 달여 동안 정구와 최영경을 만나 어울렸고, 정여립과도 친분을 더욱 두텁게 쌓았다. 박순은 정개청을 여러 차례 벼슬자리에 추천했다. 그러나 정개청은 한 달여 동안 머물렀던 교정낭관 외에는 벼슬을 받지 않았다.

그 뒤 서인인 박순이 세력을 잃고 물러나자 정개청은 스승 같은 박순을 멀리하고 동인의 영수이자 실력가였던 이산해를 찾아갔다. 이 일로 그가 박순을 배반했다는 말들이 떠돌면서 정개청은 비난의 대상이 되었다. 그러나 박순은 항상 그를 두둔할 뿐이었다.

"정개청이 어찌 그러하랴!"

정해년에 정개청이 백운산 밑에 있는 박순의 집을 찾아가 만났을 때의 일이다. 박순이 물었다.

"언제 올라왔는가?"

"수일 전에 서울에 올라왔습니다."

그때 박순의 딸이 정개청이 데리고 온 종에게 정개청의 거취를 묻자 여종이 대답했다.

"20여 일 전에 서울에 올라왔습니다. 제가 주인께 들은 바로는 곡성현감 자리가 비었는데, 이조판서께서 그곳 현감을 시켜주기로 약속이 되었답니다. 어제 낮에도 판서 댁에 갔다가 저녁에 돌아왔습니다."

그때 이조판서는 이산해였다. 그런 일이 있은 뒤 얼마 지나지 않아서 정개청은 곡성현감으로 부임했다. 이 소식을 듣고 박순의 측근에 있던 사람들이 말했다.

"그것 보십시오. 이 사실만 보아도 정개청이 대감을 배신한 것이 명백합니다."

하지만 박순은 여전히 정개청을 두둔할 뿐이었다.

"정개청은 미천한 사람이므로 시기를 타서 일어서지 않으면 출세하기가 어렵다. 따라서 무엇이 괴이하랴?"

훗날 김장생이 정개청과 함께 제사를 맡는 관원으로 내정되었을 때에 이야기의 진위 여부가 의심스러워 물었다.

"그대는 박사암을 따라 다니며 배운 지가 얼마나 되었는가?"

"그 집에 서적이 많으므로 왕래하면서 빌려 보았네."

이 말을 들은 김장생은 그때부터 정개청과 절교를 하고, 그를 만나지 않았다.

당시 일본이 조선을 침략해 큰 변란이 일어날지도 모른다는 소문이 떠돌자 근심에 쌓여 있던 선조가 여러 신하들에게 물었다.

"장차 나라가 위급한 경우에 처한다면 누구에게 팔도원수직을 맡기면 되겠는가?"

이에 영의정 박순이 정개청을 추천했다.

"정개청이 이미 학문으로 이름이 났을 뿐만 아니라 실로 장수의 자질을 구비했으니, 그 사람이면 가히 대장을 맡길 만합니다."

그러나 선조는 박순의 추천을 받아들이지 않았다. 나이 예순에 한적한 고을인 곡성의 현감으로 부임한 정개청은 자신의 임무를 성실하게 수행했다. 7개월 동안의 현감 생활을 마치고 고향으로 돌아가려 했을 때 곡성 고을의 백성 수천여 명이 정개청의 아버지 정세웅의 숙소로 몰려왔다.

"우리 정개청 현감을 고향으로 돌아가지 못하게 해주십시오."

그러나 아들의 뜻을 알고 있던 부친은 백성들의 말을 들어주지 않았다. 그러자 백성들은 아예 숙소 근처에 초막을 짓고 물러나지 않았다. 이것을 보고 감격한 정세웅이 말했다.

"백성들을 위해 한 달만 더 일을 하라."

그러자 정개청은 한 달여의 기간을 더 채우고 고향으로 돌아갔다. 당시 고을 관리들이 인정사정 보지 않고 백성들을 수탈했던 반면에 정개청은 부정을 저지르지 않았고 공정하게 일을 처리했다. 어쩌면 정개청은 이지함이 그랬던 것처럼 시험 삼아 수령 노릇을 해본 것이었는지도 모른다.

주자가 스승을 배신했더냐

1589년 정여립의 역모에 대한 고변이 올라오자 정철은 사건의 연루자들을 엄벌하라는 글을 올렸다. 이어서 생원 양천회와 예조정랑 백유함의 상소, 낙안 유생 선홍복의 진술로 동인들은 사면초가에 몰렸다. 그때 다시 전라도 유생 정암수의 상소가 올라왔다. 그 내용 중 정개청을 지칭한 부분이《조선왕조실록》에 이렇게 기록되어 있다.

> 정개청은 오랫동안 정여립과 친밀해 온갖 사악한 이야기들에 서로 호응한 자입니다. 그가 일찍이 〈배절의론〉을 지어서 후배와 제자들을 현혹시키니 사람들이 말했습니다.
>
> "그 폐단이 반드시 간교한 방책을 일으켜 마침내 나라를 망치고야 말 것이다."
>
> 아, 성인이《춘추》와《강목》을 지을 때 절의(節義)를 매우 소중하게 여겼습니다. 그런데 정개청은 글 읽는 데 힘써 유민(流民) 출신으로 사대부의 서열에 참여한 뒤에는 감히 터무니없는 말을 만들어 스스로 반란의 길에 빠졌습니다. 이는 임금을 잊고 버리는 마음이 뚜렷한 것입니다. 진주의 유종지도 정여립과 사이가 각별했습니다. 그들이 산중에서 회합할 때 그 제자 양형만 뜻을 알아보고 편지를 보고 난 뒤 즉시 태워버렸다고 합니다. 그래서 서로 오간 편지들의 내용은 알 수 없습니다. 하지만 지난번에 이들은 한 고을의 선비들에게 과거에 응시하지 말라고 하면서 이렇게 말했습니다.
>
> "장차 망하는 나라에서 응시해 무엇 하겠는가?"
>
> 어찌 이것이 신하로서 차마 할 말이겠습니까?

이 상소를 접한 정개청의 제자 배명(裵蓂) 등이 상소를 올렸다. 그러나 이때는 정개청이 정여립과 더불어 산에서 놀았다는 말이 전라도 안에 널리 퍼져 있었다. 홍여순은 그 말의 옳고 그름을 모두 옳다고 한 후, 그해 5월에 나주 향소에서 장계를 올려 보고했다.

"정개청이 유생 조봉서(趙鳳瑞)와 같이 정여립의 집터를 보는 데 갔었다고 하므로 그를 나주 옥에 가두었습니다."

그리고 곧바로 역적과 친하게 지냈다는 것과 또 절의를 배척했다는 두 가지 이유로 국문을 시작했다. 정개청은 공초를 당했을 당시 이렇게 상소를 올렸다.

> 임오년에 나주목사가 신의 헛된 이름을 잘못 듣고 그 고을 향교 교관에 추천해 두 번이나 임명되었습니다. 그런데 신의 천성이 뻣뻣하고 옹졸하므로 때에 따라 융통성을 발휘하지 못했습니다. 《소학》과 《사서》와 《근사록近思錄》 같은 책을 가지고 부지런히 가르치고, 매일 예관과 의복을 갖춰 입은 채 절을 하고 사양하며 나가고 물러서는 법을 가르쳤습니다. 그때 게으른 자가 있으면 매를 쳐서 벌을 주었더니 그 중에 즐겨하지 않는 자가 신을 원수같이 미워했습니다. 홍천경(洪千璟) 같은 자는 신에게 면박을 주고 욕설을 하기도 했습니다. 신이 스스로 생각하니 성의가 사람들을 감복시키기에 부족했고, 사람들도 같이 착한 일을 할 수 없다고 생각해 곧 그만두고 돌아왔습니다. 그 후에 이 고을 경현서원의 원장이 되었더니, 원망을 품은 한두 사람이 목사에게 고하지도 않고 마음대로 신을 자리에서 물러나게 하고, 마침내는 반드시 죽이려 했습니다. 역모 사건이 일어난 후부터

는 여러 가지로 모함하고 날조해 그 여파가 이르지 않은 데가 없습니다. 정암수는 상소를 올려 신이 쓴 〈동한절의東漢節義〉와 〈진송청담晋宋清談〉의 한 구절을 트집 잡아 절의를 배척했다고 했습니다. 또 신이 윤원형과 심통원(沈通源)의 집에 몸을 의탁했다는 등 근거도 없는 말을 만들어 내 소문을 퍼뜨렸습니다. 이것으로도 죽이기에 부족할까 하여 지금에 와서는 조봉서와 더불어 정여립의 집터를 보러 갔다 하고 있습니다. 이처럼 마음대로 죄를 보태기를 세 번이나 했으니 신을 죽이려 하는 음모임이 분명합니다. 신이 비록 정여립과 같은 지역 안에 살았다 하나 얼굴 한 번 본 일이 없었습니다. 을유년에 교정낭관이 되어서야 처음 그를 만났고, 조정에서 같이 일을 한 것이 겨우 10여 일인데 어찌 그동안 친밀한 관계를 만들 수 있었겠습니까? 또 집터를 보기 위해 왕래한 것이 사실이라면 역적들의 무리에서는 어찌 한 사람도 이 사실에 대해 말하지 않았겠습니까? 나주 향소와 향교의 유생들을 대질시키고 말의 출처를 엄하게 캐내 저의 원통하고 억울함을 씻어주소서.

그러나 이 상소는 받아들여지지 않았다. 선조는 정개청이 정여립에게 보낸 편지를 국청에 내려 보냈다. 오히려 선조는 이렇게 물었다.

"정개청의 편지에서 정여립에 대해 '도를 보는 바가 높고 밝은 것은 당대에 오직 존형 한 사람뿐'이라 했으니, 그 도란 도대체 어떤 것인가?"

그리고는 문신에게 명해 정개청이 지은 〈배절의론〉을 조목별로 해설해 각 고을에 붙여 알리게 했다. 정개청은 옥중에서 다시 상소를 올렸다.

당시에는 비록 지혜가 있는 사람일지라도 정여립이 장차 역적이 되리라고는 알지 못했을 것입니다. 하물며 신처럼 어둡고 용렬한 사람이 어찌 그가 임금에게 불충한 마음을 품고 있는 줄 알았겠습니까? 무릇 편지에 쓰는 말은 친할수록 그 말에 번거롭고 공경하는 뜻이 없으며, 사이가 소원할수록 공경과 칭찬을 더하는 것입니다. 신이 예전에 쓴 〈배절의론〉은 주자가 논한 것을 읽고 느낀 바가 있어 동한시대에 절의가 무너진 것을 밝힌 것뿐입니다 … 글을 쓴 이유는 절의의 근본을 북돋아 기름에 있었던 것인데 도리어 절의를 배척했다고 하니, 이는 신의 본심이 아닙니다. 저는 원통함을 품고 있을 뿐 변명할 곳이 없습니다.

정개청은 평소에 정철이 술을 너무 많이 마시는 것을 싫어해 이런 기록을 남겼다.

정철은 주색에 미쳐 예법을 능멸하고 있으니, 검소한 행위를 싫어하거나 풀어놓고 지내기를 좋아하는 자들이 떼로 몰리며 그를 따랐다.

그는 정철의 모든 것을 믿지 않았다. 이 때문에 어떤 사람이 정철의 맑은 절개가 취할 만하다고 했을 때 이렇게 말했다.

"그 사람은 위선자이지 올바른 사람은 아니다."

정철은 이 말을 듣고서 감정을 깊이 품었다. 그리고 얼마 후 정여립의 역모 사건이 고발되어 옥사가 일어나자 각 고을에 이렇게 명했다.

"죄인과 같은 당으로 잡을 만한 사람을 캐내라."

그때는 사람들이 이유를 몰랐는데, 나주 사람 5, 6명이 정개청을 정여립과 통했다며 고발했다. 정철에게 기회가 찾아온 것이었다.

정여립 역모 사건에 연루되었다는 것과 절의를 배척했다는 죄목으로 정개청을 국문할 때였다. 정개청은 애써 자신의 입장을 변호했다.

"이것은 주자의 말이오."

그때 정철이 소리를 버럭 질렀다.

"주자, 주자 하는데 네가 주자를 어찌 아느냐? 주자도 그 스승에게 배신한 일이 있었더냐?"

이에 정개청은 머리를 수그리고 다시 입을 열지 않았다. 그 후에 정철이 정개청에 대해 말할 때마다 항상 이런 말부터 했다.

"정개청은 반역하지 않은 정여립이요, 정여립은 반역한 정개청이다."

정철은 위관으로서 선조에게 다음과 같이 고했다.

"정개청이 초지일관 정여립의 집터를 보러 갔었다는 말에 대해 원통하다고 하면서 정여능(鄭汝陵) 등과 대질하기를 원하는 것을 보면 사실이 아닌 것 같습니다. 그러나 그가 지은 〈배절의론〉은 후학들을 현혹해 그 화가 홍수나 맹수의 해악보다 더할 것이니 형벌을 가해 자백받기를 청합니다."

이에 선조는 그렇게 하도록 허락했다. 그리고 정개청에게 한 차례 고문을 하고 또다시 고문하기를 청하자 그때서야 말리는 시늉을 했다.

"그만하고 법에 준해 처리하라."

정개청은 처음에는 평안도 위원으로 유배될 예정이었다가 정철이 다시 아뢰어 함경도 아산보로 바뀌었다.

'동방의 진정한 선비', '퇴계에 버금가는 학자', '주자와 정자의 뒤를 이을 한 사람'이라는 칭송을 받았던 정개청은 국청 때 입은 상처가 악화되어 1590년 6월 27일에 유배지에서 죽었다.

그가 죽은 뒤에 유성룡은 선조에게 이렇게 아뢰었다.

"정개청, 유몽정, 이황종 등은 비록 품격의 높고 낮음이 있고 죄를 받은 시기가 다르나 원통하기는 마찬가지였습니다. 그 중에도 정개청은 호남 선비들 중에서 더욱 이름이 높고 평생을 품행과 학문에 힘썼는데, 우연히 절의에 대한 글을 지었다가 몸을 망쳤습니다. 나덕준 등이 헤진 발을 싸매고 천리 길을 올라와서 대궐문을 두드리며 원통함을 호소한 것은 마땅한 일이었습니다."

1603년에 안중묵은 선조에게 이런 상소를 올렸다.

> 정철이 동인에 밀려 광주 근교에 머물 무렵, 곡성현감 정개청이 그 길목을 지나면서 한 번도 위로 문안을 오지 않은 것에 감정을 품고 정여립 역모 사건에 연루된 것으로 몰아 죽였습니다. 한편 아우 정대청(鄭大淸)은 다른 사람들을 대할 때마다 형이 죽을 때처럼 비통해하며 이렇게 말했습니다.
> "반드시 형님의 원통함을 풀어준 후에야 고기를 먹고 흰옷을 벗겠다."

윤증은 훗날 《명재집明齋集》에서 정개청을 이렇게 평했다.

> 《우득록愚得錄》을 근일에 겨우 한번 읽었더니 참으로 잘 읽었다. 그 중 좋은 이야기가 있어 정개청이 글을 읽고 공부함에 있어 이룬 바를

> 볼 수 있었다. 이만하지 않았다면 시골의 미천한 사람으로 벼슬에 올라 이름을 날릴 수 있었겠는가? 그러나 이 사람은 일찍이 박순의 문하생으로 박순이 동인들로부터 배척받은 후에 그들의 도움을 받아 6품직에 올랐으니 이것으로 그의 소행을 알 수 있다.

정개청은 여러 책을 썼는데 현재는 《우득록》 세 권이 남아 있다. 선조는 정개청이 쓴 책들을 보고 이렇게 말했다.

"이 책들은 옛 성현의 글을 읽은 사람의 것이다. 그 고을에서 서울에 둔 사무소에 내려 보내 그 집에 돌려주라."

그 책들은 모두 도중에 유실되어 《우득록》만 세상에 전한다. 정개청은 그 후 고성 정씨의 시조가 되었고 억울한 누명을 벗었지만, 그의 제자들과 가족들은 많은 어려움을 겪었다.

서원이 여섯 번 헐리다

숙종 때 우의정을 지낸 허목(許穆)은 《우득록》의 발간 서문에 이렇게 썼다.

> 슬프다, 기축년의 옥사여! 선비들과 학자들의 원통함을 어찌 일일이 말하리. 최영경과 정개청, 두 어진 사람이 화를 면치 못했다. 일찍이 이항복이 《기축록》을 써서 원통한 옥사에 대해 상세히 말했다. 그런데 저희들이 꺼려해 진주본의 《백사문집》을 개간하고 《기축록》을 빼 위작으로 보충하여 그 자체를 없애려 했다 … 호남 선비들이 정

개청을 위해 그 시골에 사당을 세웠다. 그런데 정철의 무리들이 다시 요직의 권세를 이용해 임금께 아뢰어 사당을 헐어버렸다. 그때에 여이재(呂爾載)가 정사가 잘못되고 있음을 상소하면서 정씨의 억울한 죽음을 임금께 아뢰려 했다. 그러나 이 사람도 정철의 무리들에게 밉게 보인 지 오래라 상소를 올리지 못했다. 그러나 훗날 사람들이 정철의 무리들이 꾸며 헐뜯은 것임을 알았다. 숙종 원년에 그 무리들이 물러나니 임금이 사당을 복구하라 명했다. 그러나 숙종 6년에 다시 옛 정철의 무리들이 세상에 나오니 사당이 헐리고 호남 선비들 중 정개청을 추존한 것이 이유가 되어 옥에 갇힌 자가 50명이요, 귀양 간 자가 20명이며, 금고당한 자가 400명이었다. 슬프다!

정개청을 흠모했던 제자들은 광해군의 윤허를 받아 그를 흠모하고 후학을 양성하기 위해 지금의 전남 함평군 엄다면에 자산서원을 세웠다. 1616년 6월 4일의 일이었다. 그 후 숙종이 사액을 내렸다. 그러나 자산서원은 당파 싸움의 와중에서 서인이 집권하면 헐리고 남인이 집권하면 다시 지어졌다. 이러기를 무려 여섯 차례였다. 효종 정유년에는 정철의 후손이 임금에게 아뢰어 정개청의 위패를 불사르고 사당을 헐었으며 그 재목과 기와는 관아를 개축하는 데 썼다. 다음해 무술년에는 정개청의 자손들이 상소해 원통함을 호소했다. 그러나 승정원에서 받아주지 않자 공조참의였던 윤선도가 상소를 올렸다.

"승정원의 처사가 옳지 못하옵니다."

이후 숙종이 《우득록》을 등사해 올리라는 특명을 내렸고 신미년에 자산서원이 다시 세워졌지만, 갑술년에는 자산서원을 다시 헐자는 논의가 일어났고 임오년에 이만성(李晩成)이 서원을 헐자는 상소를 올려 그해 6월 사라지고 말았다. 기축옥사가 일어난 지 400년이 지난 지금까지도 정개청의 가문 고성 정씨와 정철의 가문 연일 정씨, 그리고 이발의 가문 광산 이씨 사이에는 서로 결혼하지 않는 풍습이 남아 있다. 그리고 정개청의 자손들은 지금 전국적으로 200여 호 남짓밖에 되지 않는다. 그러나 스승이었던 서경덕은 이미 큰 학자로 이름이 알려져 있으며 이지함은 민중의 우상으로 남아 있다. 정개청은 후학에게 이렇게 가르쳤다.

"도를 쌓는 것을 부로 삼을 것이지 재물로써 부를 삼지 말 것이며, 덕을 이루는 것을 귀함으로 삼을 것이지 벼슬로써 귀함을 삼지 말 것이며, 인을 얻음이 영화이지 벼슬이 영화가 아니며, 구차히 이익을 얻으려는 것이 욕됨이지 재앙이 겹친 불운은 욕됨이 아니다."

그는 선비 중의 선비로서 몸소 얻은 것을 실천하는 데 힘쓴 사람이었다.

2부

비망록 :
기축옥사의 숨겨진
진실을 찾아서

1 실패한 혁명인가, 억울한 옥사인가

역사란 많은 거짓말 중에서 진실과 가장 비슷한 거짓말을 골라내는 기술이다.

\- 루소

역사책 속에는 얼마나 많은 진실 비슷한 거짓말들이 숨어 있을까? 그리고 얼마나 많은 사건들이 새롭게 조명되기를 기다리며 숨죽이고 있을까? 기축옥사는 한 점의 의혹도 없이 새롭게 파헤쳐지기를 기다리는 사건이다. 《미암일기眉巖日記》의 저자 유희춘과 대사헌 홍이상(洪履祥) 등은 상소문에서 기축옥사를 이렇게 평했다.

"역적의 변란이 벼슬아치에서 나와 파급되는 화가 마침내 초야에 물러나 있는 선비에까지 미쳤으니 고금의 큰 변란이요, 천하에 지극히 원통한 일입니다."

기축옥사가 일어난 지 400여 년이 지났다. 그러나 수많은 논쟁이 있었는데도 아직 진상이 명확하게 밝혀지지 않았다. 기축옥사를 바라보는 기본적인 관점들을 몇 가지로 나눌 수 있다. 첫째는 '동인들이 집권하던 시기에 동인이었던 정여립이 굳이 모반을 꾀할 이유가 있었겠는가?'라는 의문이 있긴 하지만 '선조가 정여립을 강하게 거부했으므로 역모를 준비했을 것'이라는 설이다. 둘째는 '기축옥사는 날조된 역모 사건'이라는 시각으로 《선조실록》의 관점이다. 셋째는 '정여립의 억울한 죽음'을 변호하는 데 역점을 둔 것이고, 넷째는 정여립이 "천하는 공물이니 임금의 아들이 아니라 누구든 자격 있는 자가 왕위를 계승해야 한다"라고 주장해 혁명을 모의하다 실패했다는 관점이다. 이는 《선조수정실록》의 시각이다.

몇 가지 주장이 팽팽하게 맞서는 이유는 당대의 사료들이 여러 가지 성격을 띠고 있어 정확한 결론을 내리기 어렵기 때문이다.

역사학자인 한영우는 이렇게 말했다.

"보수 세력의 탐욕과 사회 모순이 극한에 이르지 않은 시기에 진보 세력이 혁명을 일으키면 이는 반역으로 간주되고, 반역은 결국 실패하게 된다. 조선 선조 때 정여립의 반란이나 고종 때 갑신정변이 이에 해당될 것이다. 정여립이나 김옥균의 이상은 좋았지만 개혁 방법이 지나치게 조급했다."

혁명은 어떤 때 일어나는가? 플라톤은 이렇게 말했다.

"어떤 형태의 정부에서든 혁명은 항상 통치권의 내적 분쟁으로부터 시작된다."

라스웰(Lasswell)은 혁명이 발생하는 때를 다섯 가지로 나눴다. 첫째는 지식인을 뒷받침하는 정도가 약할 때, 둘째가 분배 정책에 실패했을 때, 셋째는 지배 세력이 무능할 때, 넷째는 지식인이 폭력을 억제할 능력을 상실했을 때, 다섯째는 반지식인의 조직이 강할 때이다. 이번에는 동양으로 건너와서 《주역》에 실린 정치적 의미의 변혁, 즉 혁명에 대해 살펴보자.

> 혁(革)은 때가 된 뒤에 해야 크게 형통한다. 마음이 곧아야 이롭고 후회가 없을 것이다. 단(彖)에 이르기를 물과 불이 서로 쉬고 두 여자가 같이 살아서 그 뜻을 서로 얻지 못하는 것을 혁(革)이라 한다. 때가 되어 혁명을 해야 모두 이를 믿기 때문이다. 이에 문명으로 태(兌)가 기뻐해 크게 형통함에 이는 정당한 것이고 후회가 없는 것이다. 천지가 변혁해 사시가 이루어지고 탕왕과 무왕이 혁명을 일으켜 하늘에 순응하니 사람들에게 응했다. 이것으로 혁명의 시의(時議)는 크다고 할 것이다. 상(象)에 말하기를 못 속에 불이 있는 것을 혁명이라 했다.

혁명의 성패는 결국 '때를 잘 만나느냐, 못 만나느냐'로 요약될 수 있으며, 분명한 것은 하이네의 말처럼 "혁명은 불행이다. 그러나 가장 큰 불행은 실패한 혁명이다"라는 말일 것이다.

당시 조선 사회는 지식인들의 당파 싸움으로 분열되어 있었고 총체적인 위기 상황이었다. 그 때문에 조헌은 이렇게 상소문을 올렸다.

"덕이 이루어진 선한 사람을 널리 구한다고 하더라고 또한 이미 때가 늦은 듯싶습니다."

《선조실록》을 다시 《선조수정실록》으로 수정하는 작업을 해야 할 만큼 기축옥사는 중대한 정치적 사건이었다. 그리고 실록의 개정은 조선 역사상 이때가 처음이었다.

이후 당파의 입장에 따라 몇 편의 글이 나왔다. 민인백은 정여립의 말 중 유일하게 남아 있는 것을 말하며 그의 역모 의지를 강조했다.

"왕과 제후와 장군과 재상이 어찌 종자가 있겠는가? 천지간에 누군들 천자가 될 수 없겠는가?"

이익 역시《성호사설》에 실린 길삼봉에 관한 글에서 정여립이 역심을 가지고 있었다고 강변했다.

> 어떤 이가 기축옥사에 대해 이렇게 말했다.
>
> "정여립의 일은 믿을 수 없다."
>
> 그러나 나는 정여립이 역모를 꾸민 것은 사실이라고 생각한다 … 죽은 길회(吉誨)의 아들 길절(吉節)이 그 후 13년째인 신축년에 제주에 들어가 백성들의 원망을 이용해 반란을 일으키려다 베임을 당했다 … 그런데 그 자취가 전라도에서만 나타났다. 역사를 연구하는 사람으로서 생각해 볼 만한 일이다.

② 논쟁의 불꽃이 튀다

300여 년이 흐른 근대에 이르러 논문 몇 편이 발표되면서 기축옥사는 새로운 각도에서 조명되기 시작했다. 기축옥사의 재조명에 첫 번째로 불을 지핀 사람은 신채호였다. 신채호는 《조선사총론》에서 정여립에 대해 이렇게 언급했다.

> 대개 개인이나 민족은 두 개의 속성이 있으니 하나는 항성(恒性)이고 다른 하나는 변성(變性)이다. 항성은 제1의 속성이요, 변성은 제2의 속성이다. 항성이 많고 변성이 적으면 환경에 순응하지 못해 끊어져 사라져버릴 것이며, 변성이 많으면 우수한 자의 정복을 받고 뒤떨어져 패할 것이다. 그러니 늘 역사를 뒤돌아보아 이 두 가지 속성의 많고 적음을 조절하고 경중을 균등하게 해야 한다. 그러니 생명이 천지와 같이 장구하게 될 수 있는지의 여부는 오직 민족적 반성에 의존할 것이다.
>
> 이상에 의해 개인과 사회적 관계에 대해 두 가지 결론을 내릴 수 있

다. 첫째, 사회가 이미 정해진 국면에서는 개인이 영향을 발휘하기가 매우 곤란하다. 둘째, 사회가 아직 정해지지 아니한 국면에서는 개인이 영향력을 발휘하기가 매우 쉽다.

정여립은 "충신은 두 임금을 섬기지 아니하고 열녀는 지아비를 두 번 바꾸지 않는다"라는 유교적 윤리관을 여지없이 말살했다. "백성에게 해되는 임금은 죽이는 것도 가하고, 행의가 모자라는 지아비는 버리는 것도 가하다"라고 말했다. 또한 "하늘의 뜻, 사람의 마음이 이미 주 왕실을 떠났는데 주나라를 존중함은 무엇이며, 군중과 땅이 벌써 조조와 사마에게로 돌아갔는데 구구하게 한구석에서 정통이 다 무엇 하는 것이냐"라고 하며 공자와 주자의 역사적 필법에 대해 반대했다. 그러자 그 제자 신여성 등은 "참으로 예전 성인이 아직 말하지 못한 말씀이다" 했고, 재상과 학자들도 그의 재기와 학식에 마음을 기울이는 자가 많았다. 그러나 세종대왕의 삼강오륜이 뿌리를 내리고, 퇴계 선생의 임금을 모시고 옛 성현을 사모하는 이념이 이미 집을 지어 전 사회가 안정된 지 오래이니, 이같이 갑자기 튀어나온 혁명적 학자를 용납하겠는가. 그러므로 반란을 꾸민다는 한 장의 고발장에 목숨을 잃고 온 집안이 폐허가 되었으며 평생의 저술이 모두 불 속에 들어가 버렸으니, 이는 곧 첫째에 속한 것이다.

최치원이 중국 유학생으로 떠날 때에 그 아비가 "10년이 되어도 과거에 급제하지 못하면 내 아들이 아니다"라고 하여, 일개 한문 졸업생이 되기를 바랐을 뿐이다. 최치원이 돌아와서 "12세에 남루한 옷을 걸치고 중국에 들어가 28세에 신라에 금의환향했네"라고 노래해 최

> 치원 자신도 일개 한문 졸업생이 되었음을 자랑했다. 한나라나 당나라에만 사상이 있는 줄 알고 신라에 있는 줄은 몰랐다. 유교와 불교 경전을 꿰뚫었지만 본국의 옛 책은 한 편도 읽지 못했다. 그러니 그 사상은 조선을 가져다가 중국화하려는 것뿐이었다. 그리고 예술은 청천(靑天)으로 백일(白日)을 짝하고 황화(黃花)로 녹죽(綠竹)을 짝하는 사륙문에 뛰어날 뿐이었다 … 이는 둘째에 속한 것이다 …
>
> 이미 안정된 사회의 인물은 늘 예전 사람의 필법을 배워 이것을 부연하고 확장할 뿐이니, 인물 되기는 쉬우나 그 공이나 죄는 크지 못하다. (정여립처럼) 혁명성을 가진 인물은 매양 실패로 마칠 뿐 아니라, 사회에서도 그를 원망하고 미워해 한 말이나 한 일의 종적까지 없애버린다. 그러니 후세에 미치는 영향이 거의 영도(零度)가 되고, 오직 300년이나 500년 뒤에 한두 사람 마음이 서로 통하는 이가 있어 그의 유음(遺音)을 감상할 뿐이다 … 인격적 자주성의 표현은 없고 노예적 습성만 발휘해, 전 민족의 항성을 파묻어버리고 변성만 조장하는 나쁜 기계가 되고 만다. 이는 사회를 위해 두려워하는 바요, 인물 되기를 뜻하는 사람이 경계하고 삼가야 할 일이다.

정여립은 혁명성을 가진 인물이지만 실패해 후세 사람들로 하여금 안타까워하게 만드는 인물이었다. 신채호는 이 글을 통해 그를 혁명성을 지닌 사상가로 높이 평가했다고 한다.

그는 정여립을 루소에 버금가는 사람으로 높이 평가했다. 그리고 이렇게 덧붙였다.

> 정여립은 투쟁에서 패망한 사람이 되어 과거 역사에 묵은 발자취만 남겨 놓았다 … 사색당쟁 이후의 역사는 피차의 기록이 서로 모순되어 그 시비를 분석할 수 없어 역사의 가장 어려운 점이 된다.

국사학자 이병도는 《국사대관國史大觀》에서 정여립과 기축옥사를 이렇게 규정지었다.

"그는 대모략가이자 야심가였다 … 정여립은 대동계를 조직해 무예를 단련하고 비기참설을 유포해 민심을 현혹시킨 후 장차 대란을 일으키려 했다 … 기축옥사 뒤 전라도 일대가 반역향이 되어 그 후 호남인들의 등용을 제한해 일시적으로 황해, 평안, 함경의 서북인과 같은 형태로 차별을 받게 된 주의할 만한 사건이다."

역모 사건은 조작된 것이었는가?

본격적으로 정여립 사건 연구에 불을 지핀 사람은 청구대학교의 유일지 교수였다. 그는 〈선조조 기축옥에 대한 고찰〉이라는 논문에서 이렇게 주장했다.

> 기축옥사는 실로 전사에 볼 수 없는 참혹한 것으로 송익필 같은 사람의 편당 내지 보복적인 음모에 의해 허구적으로 날조된 면이 있고, 그 뒤에 진행되었던 일련의 옥사는 그 때문에 사화로 호칭되어야 한다 … 현재 사화로 불리고 있는 사대사화 내지 신임사화라는 것들보다 기축옥사의 구성 내용이나 화를 당한 인물의 범위와 숫자, 그리고

기축옥사가 후일에 끼친 여파가 비교할 수 없을 만큼 크기 때문이다.

전북대학교 명예교수 이희권은 정여립의 역모 자체가 날조일 가능성이 크다고 말하며, 그것은 실재했던 사건이자 동서분당 이후 처음 생긴 비극적 사건으로 오늘날까지 이해되고 있다고 했다. 또한 지금 남아 있는 기록들이 보여주는 정여립의 역모 혐의와 역모에 대한 단정, 사건의 처리 과정에서 나타난 허다한 의혹과 무고와 없는 죄를 꾸며 만든 흔적이 사건 자체가 날조된 것이라는 인상을 강하게 준다고 말했다.

그는 이이에 의해 추천된 정여립이 현실 정치에 비판적인 이발이나 정인홍 등과 만나면서 동인으로 돌아섰고 대동사상에 심취했다고 보면서 그 이유를 이렇게 설명했다.

> 정여립은 이이의 미온적이었던 개혁 성향에 실망하고 비판적인 자세로 선회할 수밖에 없었다. 정여립은 진보적, 혁신적인 정치사상의 실현을 위해서 동인의 길을 택할 수밖에 없었고 그러기 위해서는 이이와의 관계 단절을 분명하게 할 필요가 있었다. 그가 스스로 이이를 공격하는 선봉장임을 자임하고 나라를 그르친 소인라고 혹평하고 나선 것은 결국 탈이이적 입장을 내외에 선명히 하는 상징적, 선언적 의미를 지닌 것이었다고 할 것이다.

그는 일례로 역모의 동기를 설명하는 것이 전혀 설득력이 없음을 지적했다. 정여립은 위나라를 정통으로 삼은 사마광의 《자치통감》을 직필이라고 칭찬했고, 촉나라를 정통시하는 주자의 견해를 부정했으며, 충신불사이군이 왕촉(王蠋)의 일시적인 주장일 뿐 성현들의 공통된 주장이 아니라고 했다. 다른 학자들은 이런 정여립의 사상이 반윤리적, 반주자학적인 매우 위험스러운 사상임을 강조했다. 하지만 그는 그런 견해에 대해 다음과 같이 지적했다.

"임금의 불신으로 인해 관로가 순탄하지 않다고 모반을 할 양이면 모반할 사람이 유독 정여립뿐이었겠는가?"

또 정여립은 잔악하고 부도덕하며 타협성이 결여된 인격의 소유자라고 하여 마치 악의 화신처럼 묘사되고 있다. 그러나 이것 또한 다분히 의도적인 조작일 가능성이 짙다. 천하공물론이나 충신불사이군론에 대한 부정 등은 조선 사회를 지배하던 주자학적 정치사상과 지배 질서에 반하는 것이어서 정통 성리학자들로부터 질타를 받기에 충분했다. 하지만 어떤 의미에서는 매우 진보적인 견해요, 혁명을 인정하는 혁신적인 사고이다. 이희권은 정여립 역모 사건에 대해 몇 가지 의문점을 제기했다.

첫째, 전라도가 역모의 산실이었는데 그 고변은 전라도가 아닌 해서 지방에서 이루어졌다. 해서 지방은 이이가 거처했던 곳으로서 이이 문인들의 소굴인데 하필 이곳에서 역모를 했을 리가 있는가?

둘째, 전라도 지역의 역도들은 역모를 부인하고 장살된 반면에 해서 지방의 역도들은 이를 자복했다는 사실은 무엇을 의미하는가?

셋째, 대동계라는 무사 집단을 이끌던 정여립이 어찌해 단 한 차례의 저항도 없이 자결하고 말았는가?

넷째, 정여립의 사인은 자살인가, 타살인가?

다섯째, 역모가 사실이라면 이는 한 나라의 정권을 찬탈하려 했던 거대한 음모인데, 정여립 혼자 해서 지방의 우매한 사람들과 모의했을 것이라고 할 수 없다면 왜 역모의 주모자급 인물 중에 분명히 드러난 사람이 한 명도 없는가?

기축옥사를 자세히 들여다보면 여러 가지 의문점이 꼬리에 꼬리를 물고 일어난다. 정여립이 진정 큰 뜻을 품은 사람이었다면 크게는 고려의 왕건이나 조선의 이성계처럼 군주 밑에서 착실히 기반을 닦거나 아니면 홍길동이나 임꺽정처럼 소극적인 저항이라도 했을 것이다. 그런데 아들의 호를 거점(去點)이라고 하거나(아들 정옥남의 이름에 있는 옥[玉] 자에서 점을 지우면 임금 왕[王] 자가 된다), 《정감록》의 참설을 이용해 불과 두세 사람을 거느리고 진안 죽도에 숨어들었다가 자살해버리고 말았다는 것은 이해할 수 없는 일이다. 특히 서울 군기시 앞에서 처형당한 그의 도당들은 보잘것없는 무지렁이 백성들이 아니었던가? 그리고 한 나라를 뒤엎으려는 음모가 전주의 문턱인 금구에서 모의되고 있었는데, 전주부윤 남언경을 비롯한 수많은 관리들은 까마득히 눈치를 채지 못하고, 그 먼 황해도에서 고변했다는 것 역시 납득할 수 없는 일이다.

학맥 간의 권력 투쟁이 시작되고 있던 때에 정여립이나 정개청이 절의론을 중시하던 서인계 학맥에 대항한 탓에 희생양으로 선택된 것으로 판단하는 사람들도 있다. 정여립이나 정개청은 겨우 6품관에 그친 인물들이므로 중앙 정치권력 투쟁의 당사자들은 아니었다. 이들에게 죄가 있었다면 정여립은 고향에서 대동계를 만들어 향촌 개량 운동에 앞장섰고, 정개청은 강의계를 만들어 많은 제자를 거느리고 세력을 넓혔다는 것뿐이다.

이렇듯 정여립 사건은 역모의 구체적 증거가 드러나지 않았는데도 동인과 서인 간의 당쟁 속에서 서인이 동인을 몰아내고 권력을 획득하는 도구로 이용되었다. 이 때문에 역모 자체를 부정하려는 경향이 짙다.

그러나 1991년에 작고한 중앙대학교 김용덕 교수는 약간 다른 견해를 피력했다. 기축옥사는 조선 당쟁사와 정치사에서 일대 획기적인 사건이었다는 것이다.

"그 시대 사료가 있어서 웬만하면 시비곡절이 가려질 만도 한데 매우 미묘하고 애매한 면이 있기 때문에 지금도 영향력 있는 문헌에 정여립이 역모를 꾸미다 대옥이 벌어졌다는 서인 측의 일방적 기록이 사실인 양 기술되어 있다."

그는 북학파의 사상적 원류를 더듬는 작업을 하면서 조헌의 스승인 송익필을 알게 되었으며, 이 특출하고 이색적인 인물에 대해 흥미를 갖게 되었다. 그리고 송익필의 놀라운 정치적 영향력과 서인 모주로서의 행적을 살피다가 기축옥사의 진상을 알게 되었다.

"정여립은 서인의 함정 수사에 말려들었다."

정여립은 왜 도망갔을까? 역모가 드러났다면 대동계를 호령해 일전을 벌여 보거나, 억울하다면 순순히 포박을 받고 붙들려 와 해명해야 했다. 그럼에도 그는 진안의 오지 죽도로 도피했다. 변숭복이 고변 내용을 알리려고 황해도 안악에서 정여립에게 달려간 것에 대해서는 동인과 서인 양측의 기록에 보이므로 사실로 인정된다. 그 후 정여립이 유인된 것은 정여립 역모 사건을 만들기 위해 특별한 사명을 띠고 정적들에 의해 밀파된 자들이 있었기 때문이 아닐까? 그렇게 생각할 수 있는 다섯 가지 의문점이 있다.

첫째, 만약 변숭복이 고변 사실을 알렸다면 정여립만한 인물이 아무리 경황없이 다급한 때라 해도 기축옥사의 연루자에게서 온 서신들을 방치하고 달아날 리가 없다. 기축옥사에서 그와 편지를 주고받은 사람들은 그것이 치명적인 증거가 되어 모두 화를 면치 못했는데, 만일 정여립이 역모를 꾸몄고 고변 사실을 알고 집을 떠났다면 아무런 조치도 없이 떠났을 리가 없다는 것이다.

둘째, 급보를 받고 도망쳤다면 자기 별장이 있는 연고지, 즉 추적자들의 손길이 미칠 만한 곳이 아닌 지리산 같은 깊은 산속으로 향했을 것이다.

셋째, 역모가 탄로 나서 도망했다면 자신의 행방을 알릴 리가 없다. 가까운 사람들도 모르게 비밀로 하는 것이 당연한데, 금부도사 등이 정여립 일행이 죽도로 갔다는 소식을 알아냈다는 것은 납득이 안 가는 점이다.

넷째, 동인계의 기록이라고 하지만 비교적 공정한 입장을 취한 《동소만록》에는 이렇게 나와 있다.

> 정여립이 진안 죽도로 단풍놀이 삼아 놀러 갔는데 선전관과 진안현감이 죽인 후 자결한 것으로 했다.

변숭복이 정여립을 유인한 것이라면 이 기사는 사리에 맞다. 집에서 죽이면 흔적이 남게 되므로 그를 유인한 것이고, 아울러 역모 사건을 확대 구성할 수 있는 증거로 서신들을 남기고자 했던 것이 아닌가 한다. 《동소만록》의 저자 남하정은 영조 때의 사람인만큼 동인계에서 전승되던 설을 기술했을 것이다.

그러나 《해동야언》에 따르면 민인백이 정여립을 생포하려 하자 변숭복과 정옥남을 죽인 후 칼을 땅에 꽂고 목을 찔러 자살했다고 한다. 하지만 그런 자세로 자살하기는 어렵다. 관군의 포위로 상황을 짐작한 정여립이 변숭복의 함정에 빠진 것을 깨닫고 그를 죽인 것으로 짐작되지만, 어디까지나 추측일 뿐이다.

다섯째, 《송강행록松江行錄》에는 역모 사건이 고변된 전후에 정철이 한 행동이 기록되어 있다. 《송강행록》은 정철의 제자이며 서인의 명사인 김장생이 엮은 만큼 정철의 말과 행동에 관해서는 가장 정확한 기록이라 볼 수 있다.

> 기축년 10월에 공은 고양 신원에서 장남 기명의 상을 치르고 있었는데, 역변이 일어났다. 공이 나를 불러 이른 아침에 가서 뵈니 정여립이 필시 도망갔을 것이라고 말했다.

이어 정철은 자진 입궐할 뜻을 밝히고 의견을 물었다. 김장생은 소명이 있으면 모르되 이런 시기에 입궐하는 것은 논란과 오해가 있을 것이라고 반대했다. 하지만 정철은 입궐을 고집했다. 김장생은 심지어 이렇게까지 말했다.

"지금 입궐을 하면 반드시 위관을 맡게 될 것이고 공신이 될 것입니다. 하지만 이발, 백유양 등이 죽는 것을 공의 힘으로 구할 수 있겠습니까? 또 이처럼 큰 옥사에는 억울하게 법망에 걸려든 자가 없을 수 없는데, 공이 일일이 다 구할 수 있겠습니까?"

그러나 정철은 끝내 듣지 않았다. 그날 밤 정철은 김장생과 함께 말머리를 나란히 하여 서울로 들어왔다. 그리고 밤 11시에서 1시 사이에 정여립이 도망쳤다는 보고가 들어와 새벽에 알리자 정철은 이미 알고 있었다고 대답했다.

그렇다면 정철은 왜 정여립이 도망쳤을 거라고 확신하고 있었을까? 《송강행록》의 기록을 볼 때 정철은 위관이 되어 옥사를 담당할 뜻이 분명했던 듯하다. 역모의 사실 여부가 가려지기 전이라 대다수 사람들이 정여립이 서울로 올라오기만을 고대하고 있을 때, 오직 정철만은 정여립의 도주를 확신하고 옥사를 처리하기 위해 선조를 만나려고 했다. 이유는 간단하다. 정철이 바로 정여립을 유인해 암살하도록 지시한 최고 지휘자였기 때문이다. 이렇게 보면 정여립의 역모 의지는 인정된다 할지라도 기축옥사는 억울한 옥사이고 확대 조작된 것이 명백하다. 따라서 기축옥사로 희생당한 이발, 정언신, 정개청 등 동인들과 정여립이 역모를 꾀했다는 가설은 성립하지 않는다. 이것이 김용덕 교수 논문의 핵심이다.

명예를 회복하지 못한 혁명가들, 허균과 정여립

"변숭복을 시켜 유인한 뒤 성혼의 문인인 민인백을 시켜 때려죽였다"라는 《동소만록》의 기록이 설득력을 지니려면, 정철과 송익필이 민인백을 진안현감으로 포진시켜 놓고 정여립을 죽도로 도망치게 하는 치밀한 덫이 필요했을 것이다. 그런 계략이 가능했을지는 의문으로 남을 수밖에 없다. 정여립의 역모가 정말 조작된 것이었다면 정옥남이 거사 계획을 자백했던 것이나 백진민이 죽음에 임박해 올린 상소에서 역모를 인정한 것은 고문에 의한 것으로 보인다. 남하정은 "기축옥사를 억울한 옥사라 하는 것은 정여립으로부터 역적의 이름을 벗기기 위한 것이다"라고 말했다.

그러나 이익은 "나는 정여립이 이 역모를 준비한 것이 사실이라고 생각한다"라고 했다. 조형이 지은 정언신의 비문에서도 정여립을 역적으로 규정하고 있다. 기축옥사가 진정으로 억울한 옥사였다면 정인홍, 이이첨 등 북인 정권이 들어선 광해군 때에는 어떤 형태로든 신원되었어야 할 것이다. 북인은 동인에서 갈라져 나왔다. 정여립, 정인홍, 이이첨은 원래 같은 계열의 인물들이었다.

그리고 집권층이 바뀌면서 이발, 정언신, 정개청 같은 기축옥사 최대의 피해자들에게는 벼슬이 추증되거나 서원이 헐리는 희비의 엇갈림이 있었다. 그러나 정여립과 비운의 혁명가 허균만큼은 조선 왕조가 멸망하는 순종 때까지 역적으로 규정되었다.

숙종 때에 만들어진 《국조보감國朝寶鑑》은 《정조실록》에서 "백대 동안 밝혀 준거로 삼을 만한 책"으로 평가되는 책인데, 여기에도 정여립은 '역적'으로 실려 있다. 그 때문에 우인수는 이렇게 반문한다.

"《동소만록》의 기록은 동인의 입장에서 쓰인 것이고 훨씬 후대의 기록이므로 전적으로 신빙할 수 없는 것이다 … 정여립이 타살되었다면 같이 있던 3명도 모두 타살할 것이지 아들인 옥남을 살려 두었을 리 없지 않는가?"

기축옥사가 날조된 것이 아니라 엄연한 사실이라고 주장하는 학자들도 많다. 이태진은 《한국군제사》에서 이렇게 말했다.

"정여립의 역모 자체는 사건 당시 비단 서인들뿐만이 아니라 유성룡 등 동인계 일부에서도 긍정된 사실이 있고, 퇴계나 이이의 주자학적 입장과는 차이가 있어 그 순수성이 비판되고 노장적 요소가 지적되는 화담학파와 남명학파가 주로 희생된 사실, 그리고 이와 관련된 남북 분당 관계 등을 고려할 때 사실로 인정되어야 한다."

변태섭 역시 《한국사통론》에서 정여립의 역모 사건이 존재했음을 밝히고 있다.

"김용덕은 정여립 모반 사건이 서인에 의해서 조작된 것이라고 주장했다. 그러나 이 사건과 이후 남북 분당과의 관계나 모반 주모자들의 학문적 배경 등을 고려할 때 이 사건은 사실로서 인정되어야 한다는 견해가 지배적이다."

배동수 역시 비슷한 주장을 하고 있다.

"《괘일록》의 기록에 자살로 명기되어 있고, 《선조실록》의 기록도 자살로 되어 있으며, 후대에 계속 남하정의 기록 외에는 이론이 없는 점을 미루어 볼 때 자살이 더 사실에 가깝다 … 정여립은 모반을 준비하고 있었고 그 시기는 1590년 1월쯤이었을 것이다. 그러나 사전에 발각된 것으로 보인다."

기록들을 종합해 볼 때 굳이 기축옥사의 성격에 대한 결론을 내린다면 50%가 날조된 옥사이고 50%가 정여립의 역모 의지에서 비롯된 것이라고 볼 수 있을 것이다. 그런 의미에서 "현재의 눈을 통해서만 과거를 비로소 볼 수 있고 과거에 대한 이해도 할 수 있다"라는 E. H. 카의 말은 시의적절하다.

천하는 공물이거늘 어찌 주인이 있겠는가

당대에 정여립에 대한 평가가 분분하기는 했지만 그는 동인 집권 세력으로부터 첫째로 손꼽히면서 두터운 신망과 탁월한 재능을 인정받고 있었다. 서인 세력이 숭배했던 이이도 생전에 그의 학식과 재능을 인정해 선조에게 추천한 바 있었다. 전주로 귀향한 후에도 조정과 재야 유력자들과 관계가 긴밀했고 영향력이 컸다. 그럼에도 불구하고 그가 관직에 머물지 못한 채 귀향한 데에는 왕조 체제 자체에 대한 회의가 있었던 것으로 보인다.

국가 수호와 백성의 생활 안정이라는 측면에서 보면 중종반정이나 인조반정도 정의롭지 못한 사회를 정의로운 사회로 되돌린 반정이 아니라, 정의롭지 못하고 피폐한 위기의 사회로 돌아간 반부정(反不正)에 불과했을 뿐이다.

양반 세력 간의 혈투, 백성들에 대한 가혹한 수탈, 그리고 어지러운 소요 등

사회 불안이 반복되는 국내외적 위기 상황이 기축옥사의 본질적인 배경이었다고도 볼 수 있다.

일본인 학자 쓰츠타쿠 고스케(失澤康祐)는 이런 의견을 피력하고 있다.

"기축옥사는 임꺽정의 난 이후 사림파 정권과 관련된 최초의 대규모 반란 계획이다. 토지의 사적 지배 확대에 따른 여러 모순이 나타나고 일본과 여진의 침략이 우려되는 등 조선 사회가 붕괴되려는 상황에서 발생되었다. 또한 임꺽정의 난과 관련해 볼 때 공노비와 사노비, 서얼 같은 신분적 차별의 철폐를 주장한 민중 투쟁이었다."

정약용이 편찬한 《동남소사》에는 이렇게 쓰여 있다.

> 정여립이 황해도의 무뢰배, 승려들과 사귀면서 참설을 만들어 유포시켰다는 이항복의 글이 있다. 그런 정여립이 무력 집단을 양성하고 하늘에 올리는 글까지 이미 써 놓았던 것을 보면 역모의 길을 걷지 않았다는 주장 자체가 오히려 어색하다.

정여립은 무너져 가던 조선 왕조를 개조하려 했던 선각적 사상가이고 혁명가라고 할 수 있다. 억울하다고만 볼 것이 아니라 그의 선구자적인 혁명성에 초점을 맞춰 적극적으로 재해석할 필요가 있다고 말하는 이들도 많다.

정여립이 근거지로 삼았던 원평에서 살았던 최순식 선생은 정여립이 왕실의 무능부패를 꿰뚫어 보고 새로운 왕조를 열어 보겠다는 정권 도전 의지를 가졌던 것이 분명하다고 말했다. 대동계를 조직해 매월 한 번씩 모여 활을 쏘고 말을 달리며 무술을 연마했는데, 그 조직과 위력이 전라도 해안에 침입한 왜선

18척을 물리칠 정도였다는 《연려실기술》 등의 기록이 그 근거가 될 수 있다.

또한 "천하는 공물이거늘 어찌 일정한 주인이 있겠는가?"라고 말했다는 정여립의 말도 이를 뒷받침해준다. 사건에 연루되어 무고하게 희생된 사람들이 많이 있었지만, 날조된 측면만 강조해 정여립의 억울한 죽음만을 벗겨주려고 할 것이 아니라는 것이다. 오히려 군주 세습을 부정한 탁월한 정치사상을 정당하게 평가하고, 그의 역모에 자기 사상에 입각한 정치적 행동이라는 가치를 부여하며, 대동계라는 조직에 대해서도 활발한 연구가 이루어져야 한다는 것이다.

전(前) 역사문제연구소 이이화 소장 역시 비슷한 의견을 내놓았다.

"기축옥사의 여파로 금구가 전주에 복속되고 전라도를 반역의 고을로 몰아 호남 인사의 등용을 억제하는 등 역사적 폐단이 끝내 이곳을 동학농민혁명의 진원지로 만들었다 … 정여립은 신분과 지역 그리고 민본에 바탕을 둔 변혁 사상가이자 행동가로, 결코 파당의 인물이 아니고 허균, 정약용, 전봉준의 앞선 시대에 일어났던 선구자로 자리매김되어야 한다."

하나가 여덟이 되니

역사를 공부하는 일부 사람들은 기축옥사를 역모보다는 정치투쟁의 결과로 본다. 정치투쟁의 결과 승리자가 받은 특전과 패배자가 받은 엄청난 시련에 무게 중심을 두는 것이다.

강호동양학연구소의 조용헌 소장은 이렇게 말했다.

"정치는 난로와 같아서 너무 가까이 가면 화상을 입을 수 있고, 너무 멀리 떨어져 있으면 춥기 때문에 적당한 거리를 유지해야 한다. 만약 둘 중에 하나를 택한다면 화상을 입는 쪽보다는 추운 쪽이 훨씬 낫다 … 기축옥사 이후 호남 지역 사람들의 정치적 좌절의 후유증이 사람들의 관심을 종교적 신앙으로 이끌었다."

조선시대 사대부들이 간직한 최고의 목표는 벼슬길에 올라 관료체제의 중심부에 진입하는 것이었다. 그런데 경상도 사람들은 순조롭게 관료집단으로 편입된 반면, 전라도 사람들은 그렇지 못했다. 고려 왕조 때는 애당초 벼슬길이 막혀 있었다. 조선시대에는 세종 이후 활발해진 과거제도를 통해 길을 개척해 나가지만 유학파끼리의 경쟁이 시작되었다. 학맥을 중심으로 기호학파와 영남학파로 나뉘었고, 그런 상황에서 서인과 동인을 넘나들었던 정여립은 선조 19년(1586)에 김제군수 자리에 앉으려고 인맥을 움직였다. 기축옥사가 일어난 선조 22년(1589)에는 황해도사직을 맡기 위한 운동을 벌였다.

이 황해도사로 가기 위한 청탁은 특히 서인 측으로부터 역모 준비라는 의심을 받았다. 기축옥사가 끝난 뒤 사간원에서는 선조에게 이렇게 고했다.

"정여립이 역적질을 할 마음을 품은 것이 하루 이틀 일이 아니옵니다. 그런데 일찍이 이조에서 그를 김제군수와 황해도사로 추천해 하고자 하는 계획을 들어주려 했습니다. 하여 헤아리지 못할 변란이 생길 뻔했으니 당시 당상과 낭청을 모두 파직하소서."

이 상소문을 접한 선조는 그것을 윤허하지 않았다.

"소요스럽다."

조선 왕조는 건국한 지 꼭 200년 만에 임진왜란이라는 미증유의 국난을 맞고도 300여 년 간이나 더 존속했다. 하지만 그것은 순전히 당시의 국제 질서에 순응한 데다 국내 도전 세력이 미약했던 결과였다. 이런 맥락에서 "만약 정여립의 역성혁명이 성공했다면 일본에게 국권을 상실한 조선 왕조에 비해서는 훨씬 우월한 민족 근대사를 창출했을지 모른다"라는 말과 항간에서 떠도는 "한 왕조가 제 역할을 하기에는 200여 년이 적당하다"라는 말이 타당할 듯도 싶다. 정여립 역모 사건 때 새로운 왕조가 탄생되거나, 임진왜란 때 무너지고 새로운 판이 짜였다면 이상적인 나라가 되었을 것이라고 말할 수도 있지 않을까? 사실 기축옥사로 인해 조선의 내로라하는 선비들, 특히 정여립이나 정언신을 포함한 1,000여 명이 희생된 것을 안 일본 군부에서 마음 놓고 조선을 침략했을 것이라고 볼 수도 있다.

기축옥사가 역사에 남긴 가장 큰 폐단은 동서 양당으로 시작된 당색이 여러 갈래로 나뉘고 강화되면서 조선 역사에 부정적인 큰 그늘을 드리웠다는 것이다. 박광용 교수는 《영조와 정조의 나라》에서 기축옥사에 대해 이렇게 썼다.

> 선조 22년인 1589년에 일어난 사건으로 보통 정여립의 옥사, 또는 정여립 반란 사건으로 알려져 있다. 동인이 남인당과 북인당으로 갈라지는 데 원인을 제공한 사건이다. 정여립이 역모를 했다는 구체적인 물증이 없는데도 정여립과 친했다는 이유만으로 동인 중에서 급진적인 지도자들과 전라도 지역 서경덕과 조식 학파의 수많은 인물들이 억울하게 연루되어 죽었으므로, 이후 심각한 정치적 후유증을 남겼다. 때문에 이 사건의 진상에 대해, 정여립이 이씨 왕조가 정씨 왕조로 바뀐다는 《정감록》을 바탕으로 일으킨 민중반란이라는 설, 서인 정철과 송익필이 교묘하게 조작한 사건이라는 설, 선조의 괴팍한

성격 때문에 일어나게 된 사건이라는 설 등 많은 이견이 존재한다.

정여립에 대해 부정적이었던 이익마저도 《성호사설》에서 당색이 강화되면서 나타난 현상에 대해서는 이렇게 말했다.

> 선조 이후 하나가 갈려 두 당이 되고, 둘이 갈려 네 당이 되고, 넷이 또 갈려 여덟 당이 되었다. 이것이 대대로 전해져서 그들의 자손은 그대로 원수가 되어 더러는 죽이기까지 했다. 조정에서 함께 벼슬하고 같은 마을에 살면서도 늙어 죽도록 서로 왕래도 하지 않았다. 길사나 흉사가 있으면 수군수군 서로 헐뜯으며 결혼이라도 하면 무리를 지어 공격했다. 심지어 언동과 복색까지 모양을 달리해 길에서 만나도 가려낼 수 있었다. 원래 살던 곳이 달라서 그런지 풍속이 달라서 그런지, 참으로 심하기도 하다.

이런 일은 조선 팔도에서 다반사로 벌어지고 있었다.

③ 반역의 고향에 관한 이야기들

기축옥사와 관련해 전라도에 대한 차별이 있었는가에 대한 논란이 있다. 이것은 정여립의 역모 여부에 대한 논쟁 못지않다. 대부분의 사료들에는 이 사건 이후 전라도가 반역향으로 지목되었고 호남인의 정계 진출이 막혔다고 실려 있다. 어떤 사람들은 호남 사람들이 정계에 오른 예를 들면서 부풀려진 주장이라고 말한다. 그러나 삼국 통일 이후부터 지역 차별이 존재해 왔고, 기축옥사로 심화되었다는 것만은 분명하다. 조식의 문하였던 최영경은 곧바로 신원되어 여파가 비교적 적었지만, 호남의 정개청은 광해군 시절부터 숙종 때까지 서원이 여섯 차례나 헐렸다. 현대사에서도 장차관에 오른 호남 지역 인재들은 한직에 머무르거나 꼭두각시처럼 자리만 지키고 있었다. 21세기에 접어든 지금 기축옥사의 진실을 추적하면서 전라도 차별을 되짚어 보는 것은 과거의 논란을 정리하는 데 충분한 의미가 있을 것이다.

전라도 차별의 오래된 역사

전라도 차별은 구체적으로는 왕건의 〈훈요십조〉에서부터 시작된다. 이에 대해 일본의 이나미시를 비롯한 일부 학자들은 후세 사람들의 조작이라고 주장한다. 또 어떤 학자들은 왕건이 직접 말한 것이 맞다고 주장한다. 이처럼 그 자체가 의문투성이인 〈훈요십조〉의 제8조는 이렇다.

> 차령 남쪽과 금강 아래 지역은 산의 모양과 땅의 형세가 거슬리게 뻗어서 인심도 그와 같다. 그러므로 그 아래 지역 사람들이 조정에 들어와 왕가나 왕의 친척과 결혼해 나라의 권세를 잡으면 나라를 어지럽게 할 것이다. 또한 백제 통일에 대한 원망을 품고서 임금을 범하기도 하고 난을 일으키기도 할 것이다. 그 전에 관가에 매여 있던 노비나 잡다한 일을 맡아보던 천한 무리들이 권세가에 기대 빠져나가려 할 것이다. 또한 왕가에 붙어 간교한 말로 권세를 농락하고 정사를 어지럽혀 재앙을 불러오는 놈들이 반드시 있을 것이다. 그러니 비록 양민일지라도 벼슬자리에 머물면서 정사를 보게 해서는 안 된다.

이 유언은 그 후 금과옥조가 되었고 조선시대에까지 이르렀다. 그리고 그것이 1,000년 동안에 걸친 전라도의 한이 되고 말았다. 〈훈요십조〉는 풍수지리의 원조라 일컬어지는 도선국사의 주장을 국정의 지표로 만든 것이었다고 전해진다. 경남의 낙동강 역시 고려 때까지는 개경에 대한 반역의 땅이었다고 기록되어 있었다. 그런데 조선 후기에는 충신이 나오는 땅으로 바뀌었다. 하지만 일각에서는 이에 대해 다른 주장을 펴고 있다.

"〈훈요십조〉는 현종 때에 만들어졌으며 그는 신라계에 의해 옹립되었다. 그 때문에 후백제계를 제거하기 위해 〈훈요십조〉를 만들었을 것이다."

이익의 편견과 헤르더의 관용

《성호사설》의 저자 이익은 민족의 역사를 이해하기 위해서는 반드시 지리적, 기후적 배경을 고려해야 한다고 말했다. 그는 전라도의 강들이 한곳으로 모이지 않고 사방으로 흩어져 흐르고 있다고 지적했다.

장수에서 시작해서 군산으로 빠져나가는 금강과 완주 운장산 기슭에서 시작하는 만경강, 그리고 내장산에서 시작하는 동진강은 서해로 빠져나간다. 그리고 담양에서 시작하는 영산강은 전라도 서남쪽으로 빠져든다. 진안에서 시작하는 섬진강과 장흥의 탐진강은 남해로 흘러 나가며, 덕유산 일대와 지리산 일대를 지나 낙동강과 합쳐지는 남강은 동쪽으로 빠져든다.

이익은 금강에 대해 이렇게 말했다.

"활을 거꾸로 쥔 모양으로 반궁수(反弓水)가 되어 서울과 개성에 대해 역심을 드러내고 있다."

이는 풍수지리학자들 사이에서 흔히 떠도는 말이기도 하다. 반면에 영남 지방에 대해서는 이렇게 말했다.

"그 명성과 관습은 굳게 뭉치어 흐트러짐이 없다. 여러 사람의 마음도 함께 모여, 외치는 이가 있으면 반드시 화답해 일을 당하면 힘을 어울려서 동참한다. 온순하고 인정이 두터운 옛 풍속이 변함없이 남아 명현을 배출하니 나라 안에서 으뜸 되는 고장이요, 태백산과 소백산 사이 아래 고을은 학문의 깊은 뜻을 고이 간직하고 있다. 훗날 나라에 변고가 생기는 경우 반드시 그에 의지할 일이 있을 터이다. 이렇기 때문에 삼국이 다툴 즈음에 오직 신라가 통일했고, 이후 1,000년을 내려왔으니 어찌 인심이 마음에 즐겁고 기쁜 것이 아니겠는가? … 전라도의 물길은 사방으로 흩어져 형편을 이루지 못하는 땅인지라 재능과 덕이 있는 사람이 나는 경우가 드물다. 사람들의 풍습이 교활해 사대부가 귀의할 수 없는 땅이며 차령 이북에 대해 역심을 품은 모양임을 부인할 수가 없다."

이익과 같은 시대를 살았던 독일의 철학자이자 문학자인 헤르더(Herder)도 프랑스의 지리적 특징이 그 지역 사람들에게 미치는 영향에 대해 말한 바 있다.

세계 지도를 펴 놓고 보면 프랑스의 물줄기는 전라도의 물줄기와 비슷한 모양새로 흐른다. 프랑스의 강들은 중앙에 위치한 고원지대에서 시작되어 사방으로 흩어져 흐른다. 센강은 영국 해협으로, 루아르강은 비스하게이만으로, 손강과 론강은 지중해로 흘러 들어간다. 그런데 헤르더는 지리적 특징이 그 지역 사람에게 주는 영향에 대해 이익과는 다르게 해석했다.

"지세와 기후가 극단을 피하고 있기 때문에 프랑스인의 기질도 중용적이다. 하천이 삼면의 바다로 유입되니 사람들도 가슴을 활짝 열고 오는 자를 환영하는 개방성을 갖고 있다. 낙천적, 사교적으로 만드는 은근성과 균형 잡힌 풍토로 인한 언어적, 논리적 표현력이 뛰어나다."

근세의 역사 속에서 이익이 말한 "사방으로 흩어진다"라는 말은 전라도 사람들에게는 벗을 수 없는 굴레가 되었다.

이익은《성호사설》에서 전라도의 모든 지역을 폄하하기도 했다.

> 전주는 감영이 있는 곳이다. 장사꾼이 더욱 많아 온갖 물화가 모여든다. 생강이 가장 많이 생산되는데, 지금 우리나라에서 쓰는 생강은 모두 전주에서 흘러나오는 것이다. 풍속이 사나워서 나그네가 잠자리를 얻을 수 없는데 전주가 가장 심하고, 기질이 나약해서 추위와 주림을 참지 못하는 것은 도내가 모두 마찬가지이다.

이중환 역시 《택리지》에서 이렇게 말했다.

> 땅이 기름지고 … 풍습은 노래와 계집을 좋아하고 사치를 즐겨하며 사람이 경박하고 간사해 문학을 대단치 않게 여긴다. 과거에 올라 훌륭하게 된 사람의 수가 경상도에 미치지 못한 것은 대개 문학에 힘써 자신을 이름나게 한 사람이 적은 까닭이다. 그러나 뛰어난 인재는 땅의 지령으로 태어나는 것이므로 그 또한 적지 아니하다.

이들보다 선배인 정도전은 이렇게 말했다.

"전라도 지방은 산수마저도 무너지고 달아나는 듯해 정이 들지 않는다."

이어서 함경도는 '진흙 밭에서 싸움질하는 개'라고 했고, 평안도는 '수풀에서 나온 사나운 호랑이'라고 했으며, 전라도는 '바람 앞의 가는 버드나무' 또는 '청산의 예쁜 여우'라고 표현했다. 이 또한 서북 지방과 전라도 지역을 폄하하는 의미인 것이다.

역사에 '만약'이 존재한다면

영국의 역사가 배러클로프(Barraclough)는 "우리가 읽고 있는 역사는 사실에 바탕을 두었다고 하더라도 엄밀히 말하면 결코 사실이 아니라, 널리 인정되는 일련의 판단일 뿐이다"라는 말을 남겼다.

역시 영국의 역사가인 콜링우드(Callingwood)는 다음과 같은 말을 남겼다.

"역사가가 연구하는 과거는 죽은 과거가 아니라 어떤 의미에서는 아직도 현실 속에 살아 있는 역사이다."

두 사람의 말에 가장 합당한 사건이 바로 기축옥사가 아닐까?

기축옥사가 일어난 이래로 전라도는 오랫동안 차별 아닌 차별을 받았다.

이처럼 오랫동안 계속되어 온 전라도 차별이 기축옥사와 어떤 관련이 있는가를 제대로 밝혀내는 것은 어려운 일이다.

그러나 임진왜란이 끝난 후 뚜렷한 전공을 세웠는데도 불구하고 공신 책록에서 누락된 사람들은 대부분 전라도 출신이거나 전라도에서 군사를 일으킨 사람들이었다. 그 한 예가 거제현령으로 벽파진 전투에 참여해 공신 책록 대상으로 논의되었던 안위(安衛)이다. 그는 정여립의 조카라는 이유로 공신에 오르지 못했다.

역사에 가정, 즉 '만약'이란 것이 있어서 정여립과 이발, 정개청이 기축옥사로 희생되지 않았다면, 그래서 전주와 나주, 무안 일대에서 터를 잡고 후학을 길러 냈다면 전라도의 학문이 크게 빛을 발했을 것이고 1894년에 동학농민혁명도 일어나지 않았을지 모른다.

기축옥사 이후 정철이 전라도에 인연을 두었던 탓에 호남 지식인들의 분열은 오래 지속되었다. 그때 살아남은 한 선비는 이런 기록을 남기기도 했다.

"전라도에 인재가 나려면 앞으로 400년은 지나야 한다."

실제로 그랬다. 기축옥사가 있기 전까지는 생원시와 진사시에 합격한 사람이 전주가 2위, 나주가 4위, 광주가 6위, 남원이 7위로 많았다. 그러나 선조 대 이후에는 전주가 10위, 나주가 11위, 광주가 12위, 남원이 9위로 확연히 떨어졌다. 기축옥사로 가장 피해가 심했던 전주와 나주는 하락률이 눈에 띌 만큼 두드러졌다. 조선 전기에는 전라도 출신 문과 급제자 260명 중 2명을 제외한 모두가 관직에 나가 99.2%의 진출률을 보였다. 그러나 후기에는 323명 중 28명이 관직에 나가지 못해 92.1%로 감소했고 당상관에 오른 자의 비율은 35.7%에서 19.5%로 크게 줄어들었다. 수많은 선비들이 화를 입었기 때문에 학문적 분위기가 크게 위축된 것이 가장 큰 이유였다. 그리고 중앙 정부를 원망하는 전라도 선비들이 과거를 포기한 결과이기도 했다. 기축옥사 이후 전라도 사람들은 문과에 응시하기가 쉽지 않았다. 뿐만 아니라 신원보증서 같은 보단자와 경재소 관원 3인의 추천서를 받기도 힘들었다.

크고도 깊은 기축옥사의 상처

선조는 임진왜란이 끝난 후 이렇게 말했다.

"전라도 인심이 잘못되고 있다."

광해군 9년, 승정원에서는 이런 상소를 올렸다.

> 호남의 인심이 고약하고 선비들의 습성이 아름답지 못합니다. 과거장에서 소란을 피운 것도 이미 그지없이 한심한 일인데, 울타리에다

불을 질러서 무기고까지 번져 가게 했으니 실로 종전에 없던 아주 변고입니다.

정경세와 김응남 역시 전라도 차별에 대한 기록을 남겼다.

임진왜란을 치른 이후 호남이 피해가 적다고 하여 모든 이바지할 음식물을 호남에서 거두었다. 호남의 피폐함이 다른 지역에 비해 더욱 심하니 남의 곡식을 훔쳐가는 도둑이 떼로 일어나는 것은 모두 이 때문이다. 호남의 일이 몹시 염려된다.

전라도 유생들이 과거에 응하려 하지 않으니 인심을 알 만합니다. 전라도 사대부들은 뚜렷한 벼슬자리에 오르지 못하고 있으니 유념하소서.

훗날 인조 역시 비슷한 말을 남겼다.
"저 호남은 참으로 우리가 회복할 수 없는 터전이 될 것이다."
한편 《효종실록》을 보면 이런 기록이 나온다.

비변사가 아뢰기를 선조 대의 경우 조정에 등용된 자의 반이 호남과 영남 사람이었습니다. 그런데 지금은 지방 출신의 관리가 10명 중 2, 3명에 불과합니다.

영조 때 대사헌 김상로(金尙魯)는 전라도와 경상도에서 인재가 나지 않는 것에 대해 이렇게 아뢰었다.

“한 도 안에 소년 시절에 과거에 합격해 머리가 희어질 때까지 헛되이 늙어 가는 자가 10명 중 8, 9명이나 됩니다.”

전라도뿐만 아니라 경상도 선비들까지 입사의 길이 막혀 있었던 것이다.

영조 역시 비슷한 생각을 갖고 있었다.

“호남에 잡다한 도술이 많은 이유는 근래 들어 조정이 호남인을 등용하지 않은 까닭이다. 호남인들은 도술이 능통한 사람이 되는 것을 출세의 수단으로 삼고 있다.”

영조는 신하들에게 이렇게 물었다.

“전라도 선비들 중에 정3품에 이른 자가 근래에는 이기경(李基敬)밖에 없는가?”

승지 이석상(李錫祥)이 대답했다.

“그렇습니다.”

이 무렵 조선 조정에는 전라도 출신 당상관이 한 사람도 없었다. 이중환은 이렇게 말했다.

“전라도에서는 조선 중기 이후로 큰 벼슬을 지낸 사람이 드물어서 인재를 길러 내지 못했다. 그래서 인물이 적고 사대부는 서울의 친지를 따라 당파가 구별되었다. 예전에는 남인과 북인이 많았다. 그러나 지금은 노론과 소론이 많다. 도내에서 큰 씨족이라 불리는 자는 10여 집에 불과하나 부유한 집은 많다. 그러나 이름이 높게 알려진 사람은 드물다. 기대승과 이항 이외에는 덕망이 뛰어나고 경험이 많아 세상일을 잘 아는 어른으로서 선비들을 지도할 만한 이가 없었기 때문이다.”

정약용 역시 전라도에 대해 의미심장한 말을 남겼다.

"호남의 풍속은 호방하고 의협심이 있다. 그러나 질박한 기질이 적다. 그런 까닭에 오직 고경명, 기대승, 윤선도 등의 자손들 외에는 크게 나타난 자가 없다."

임오군란이 일어난 해인 고종 19년(1882)에 일본인에 의해 발간된《조선지朝鮮誌》에는 이렇게 기록되어 있다.

> 예전부터 조정에서 전라도 인물을 기피해 그 출신들이 고위직에 참여한 경우가 극히 드물었다. 이로 인해 불평하는 사람들이 전라도로 모여들어 이곳이 정치적 혼란의 근원지가 되었다.

황현은《오하기문梧下記聞》에서 전라도에 대해 이런 글을 남겼다.

> 인재의 보고이며 절의로 이름이 높던 호남이 변해 풍속이 지저분한 시골이 되고, 인재들이 벼슬길에 나가지 못한 것이 이미 오래된 일이다.

기축옥사가 남긴 상처는 크고도 깊었다. 그리고 민중의 저항 의지는 세월이 흘러가도 사라지지 않고 여러 가지 모습으로 바뀌면서 커져 갔다. 황현은 민란과 화적이 가장 많이 일어난 지역으로도 전라도를 꼽았다.

기축옥사 이후 오랜 시간이 지난 후 민중의 힘이 한 곳으로 모여 분출되었다. 동학농민혁명이었다. 이 혁명이 전라도에서 일어난 것은 결코 우연이 아니다.

우리는 지구 안에 잠시 머물다 갈 뿐

근래에 이르기까지도 지역감정은 끈질기게 이어지고 있다. 박정희 정권은 산업화의 논리 아래 경상도 사람들을 쓰면서 의도적으로 전라도를 배제했다. 그것은 정권을 유지하기 위한 방편이기도 했다.

1993년, 김수환 추기경이 정계 은퇴를 선언한 김대중 씨를 위로하기 위해 찾아갔을 때, 그는 호남 사람들의 한과 분노와 절망을 이렇게 이야기했다.

"내가 낙선한 것보다도 호남 사람들의 간절한 소망을 끝내 이루어주지 못하고 정계를 떠나게 된 것이 가장 가슴 아픕니다. 호남 사람들은 선거 때마다 김대중을 찍은 게 아닙니다. 그동안 당한 푸대접이 하도 서럽고 억울해서 각자 자신들에게 투표한 것입니다. 잃어버린 권리를 찾으려고 자기 자신을 찍었다가 끝내 패배하고 만 사람들의 좌절감이 얼마나 처절하겠습니까?"

그 말을 들은 김수환 추기경은 더 이상 할 말을 찾지 못했다고 한다. 그 후 김수환 추기경은 이렇게 고백했다.

"나는 그동안 여러 부분에서 소외된 사람들과 함께하려고 나름대로 노력했다. 그러나 김대중 씨의 기막힌 말을 듣고 나서부터 내가 과연 호남 사람들의 한과 분노를 얼마나 이해하고 있었는지 자책하지 않을 수 없었다."

무한한 천체 속에 한 점인 지구. 우리는 그 위에서 잠시 살다가 간다.

한국과학기술원 입구에 있는 천체도 아래 쓰여 있는 글이다. 그렇다. 은하계 속에서 태양계는 얼마나 작은가? 그 태양계 안의 작은 별인 지구. 그 안에서도 한참을 들여다보아야 보일 정도로 대한민국은 조그마한 나라이다.

그 작은 나라가 지구상의 마지막 분단국가이다. 그럼에도 불구하고 경상도, 전라도, 충청도가 갈라져 있고 학연을 따라 견고히 벽을 쌓은 채 허물 줄 모르고 있다. 조선시대에나 있음직한 파벌들, 혈연과 지연에 집착하는 희극이 21세기에도 존재하는 것이다.

나라 전체에 퍼져 있는 학맥 문제 하나 해결하지 못하면서 지역갈등을 해결할 수 있을까? 지역갈등 문제를 해결하지 못하면서 통일을 말하는 것은 어쩌면 공언(空言)에 불과하지 않을까?

④ 아름다운 꿈, 대동세상

대동에서 동학으로 흐르는 강물

부안에서인가 내가 김지하 시인에게 물은 적이 있다.

"기축옥사를 어떻게 생각하십니까?"

김지하 시인은 싱긋 웃으면서 대답했다.

"정여립, 허다가 만 사람!"

그의 말처럼 정여립은 암울한 조선 사회를 변혁시키고자 대동사상을 기치로 내걸었다가 현실 앞에 좌절당했다.

"햇빛에 바래면 역사가 되고, 달빛에 물들면 신화가 된다."

소설가 이병주의 말이다.

오랜 세월이 지나 역사가 되고, 신화가 된 기축옥사는 정여립이라는 조선의 한 사내가 모든 사람들이 평등한 나라, 대동세상을 만들기 위해 '꿈꿀 수 없는 꿈'을 꾸다가 실패한 사건이다.

그가 꿈꾸고, 현실 속에서 실현하고자 했던 대동세상은 멀고도 멀며, 닿을 수 없는 이상향인가?

중국에서 가장 오래된 경서이며, 민본주의적 정치이념을 담고 있는 《서경》에는 이렇게 기록되어 있다.

> 내가 크게 의심나는 일이 있을 적에는 먼저 내 마음에 물어보고, 경사(卿士)에게 물어보고, 서인(庶人)에게 물어보고, 복서(卜筮)에 물어보고, 물어서 다 좋다고 하면 이것을 대동이라고 이른다.

이것은 지위의 고하를 막론하고 공평무사한 것을 대동이라고 규정한 것이다. 대동은 착취의 반대, 재산의 공유, 모든 사람의 노동, 천하의 공유를 목표로 삼는 것, 이 네 가지의 특징을 가지고 있다. 우리나라에서 대동이라는 말은 고려시대에 대동강에서부터 비롯된다.

"여러 물이 모여서 흐르므로 대동강이 되었다."

이 대동강 건너에 대동문이 만들어졌다. 또 대동굿은 황해도와 평안도 지방에서 행하던 마을 굿 중 하나였다.

《중종실록》에는 "예로부터 선비들은 대동접이라는 것이 있어 지은 글을 가지고 서로 이기려고 했다"라는 글귀가 실려 있다. 그리고 《평양지》에는 "매식년 5월에서 6월까지 보름간 10여 명쯤이 모여 서로 쓴 글을 문답한다"라고 되어 있다. 이것으로 볼 때 예로부터 뜻을 같이하는 사람들이 대동이라는 이름으로 모였음을 알 수 있다.

정여립의 대동사상은 실패로 돌아갔지만, 그의 사상은 허균의 호민론으로, 그리고 정약용의 탕무혁명론으로 이어졌다. 이는 1부에서도 언급한 바 있다.

탕무혁명론의 취지는 근대 민주주의와 같다. 이는 민중 중심인 《정감록》의의 변혁사상처럼 정여립의 정치사상에서 연유한 것이다. 정여립의 저항의식을 민족의식으로 승화될 만한 것이었다고 높이 평가하는 사람들도 있다. 기축옥사 이후 전라도는 서북지역처럼 차별받았고, 그로 인한 분노는 수많은 민란으로 이어져 마침내 동학농민혁명으로 분출되었다.

1,000명의 선비들이 죽었다!

기축옥사는 현실적 모순을 해결할 수 없는 주자학적 통치이념에 대한 반발과 백성을 도외시한 위정자들의 권력투쟁, 그리고 지배계급에 의해 수탈당한 백성의 불만이라는 시대적 배경에 의해 발발한 사건이었다.

그것은 당쟁에 휩쓸린 사화이기도 했다. 《부계기문》에는 이런 글이 실려 있다.

> 정철이 젊어서 재물에 대한 욕심이 없고 곧은 것으로 이름이 나서 총마어사(驄馬御使, 그가 걸음이 빠른 말을 타고 사헌부로 다니자 사람들은 존경하고 무서워했다)라는 별명이 있었다. 그러나 동인과 서인으로 분당이 된 후에는 이발의 배척으로 오랫동안 일정한 직무가 없는 벼슬에 머물러 있었다. 기축년 때에 우의정이 되어 옥사를 두드려 만들었다는 비방이 있었다.

이런 의미에서 위관 정철과 그를 배후 조종한 송익필의 복수심에서 비롯된 사건으로 평가하는 주장도 나름의 설득력을 지니고 있다. 이이의 죽음 이후 조정의 실권을 잡고 있던 동인 세력을 제거하려던 성혼 등 서인들의 정략이 절묘하게 맞아떨어졌다고도 볼 수 있다.

결국 기축옥사는 당쟁의 형세를 돌이킬 수 없는 극한 상황으로 몰아간 역모 사건이었고, 혁명사상의 좌절이었으며, 진보 세력이 몰락하게 된 변수였다. 이 때문에 변란의 불씨가 계속 남았고 그 연장선상에서 임진왜란이 일어났다.

기축옥사로 죽은 사람은 1,000명 정도로 추정된다. 당시 조선 인구는 500만 명에 불과했다. 1,000명이라는 숫자가 다소 과장되었다 해도 네 번의 사화를 합친 것보다 더 많은 희생자를 낸 기축옥사는 실로 엄청난 사건이었다. 남북한 인구가 7,000만이었던 광주 민중항쟁 당시 죽은 사람이 300여 명을 밑돌고 행방불명자가 200여 명이다. 단순한 숫자적 비교일 수도 있겠지만 이를 통해 정여립 역모 사건이 조선사에서 차지하는 비중을 짐작할 수 있을 것이다.

도를 사람들이 감당하지 못하니

신채호는 부정한 승자에 의해 반복되는 역사에 물음표를 던졌다.

"승리자가 되려 하고 실패자가 되지 않으려 함은 인류의 공통적인 성격인데도 불구하고 매양 기대한 바와는 달리 승리자가 되지 못하고 실패자가 되는 것은 무슨 까닭인가?"

새로운 시대로 접어든 지금, 우리는 400여 년 동안 안개 속에 가려져 있던 기축옥사를 여러 각도로 재조명해 역사 발전의 커다란 흐름으로 인식해야 할 필요가 있다.

카뮈의 스승으로 빼어난 산문을 남긴 장 그르니에(Jean Grenier)는 이렇게 말했다.

"항상 꿈을 꾸게나. 꿈은 공짜라네."

꿈이 있고서야 실천이 수반되고 실천을 통해 꿈이 완성된다고 볼 때, 꿈은 인간에게 얼마나 유용한 것인가? 그르니에보다 훨씬 앞선 시대에 태어났던 정여립 역시 민중이 주인 되고 모두가 더불어 사는 세상을 만들겠다는 꿈을 꾸었다. 하지만 그것은 꿈이었을 뿐 현실은 아니었다.

첫째, 정여립은 왕위의 세습을 부인했다. 중국의 성인인 요, 순, 우가 자식에게 왕위를 물려주지 않고 당대의 현자에게 왕위를 계승하게 한 것을 높이 평가하면서, 왕위가 혈연이 아닌 능력에 따라 이어져야 한다고 정여립은 믿었다.

둘째, 정여립은 충군사상을 부인했다. 임금과 신하가 절대적 충성심으로 이루어지는 수직적 관계는 아니라고 생각했는데, 이는 군신의 주종관계가 무너짐을 의미했다. 이런 점에서 그는 일종의 민중주의적 입장을 견지하고 있었다.

셋째, 그는 공화주의자였다. 천하가 공물이라고 주장함으로써 그 주인이 반드시 군주가 아님을 주장했다. 이는 원시적 형태의 인민주권설을 담고 있다. 이런 점에서 정여립은 영국의 크롬웰보다 60년 앞선 공화주의자였다.

세습군주제에도 분명히 좋은 점은 있다. 첫째, 스스로 영속적이란 점을 꼽을 수 있다. 왕이 죽었을 때 대체할 새로운 인물을 찾아낼 필요가 없다. 계승의 규칙에 따라 상속될 뿐이므로 권력 쟁탈전을 피하고 왕위 계승자를 둘러싼 분쟁을 피하는 최선의 형태이다.

둘째, 국가를 유지하는 행위가 통치자의 이익과 직결된다. 국가를 위해 힘쓰는 군주는 곧 자기 자식들을 위해 일하는 것이므로 조국애와 가족애가 합치한다.

셋째, 수세대 동안 전해 내려온 품위를 지닌 인물을 탄생시킬 수 있다. 보쉬에(Bossuet)는 이렇게 말했다. "정부는 온화해야 하며 군주들은 사랑받도록 훈육된다."

그에 따르면 군주들은 위대하도록 태어났다. 국민은 그들에게 선의를 품고 있으며 국민의 복종을 얻기 위해서는 올바르게 행동하기만 하면 된다. 군주는 최종 결정자이기 때문에 말하기보다는 듣는다. 그는 타인의 능력과 지혜를 활용할 수 있는 위치에 있는 사람이다. 하지만 보쉬에는 군주에게 따라다니는 오만과 고집의 유혹, 그리고 절대권력이 쉽게 부패하는 경향을 보았다.

여기에서 우리는 누구도 믿을 수 없었기 때문에 화를 자초했던 선조를 떠올릴 수 있을 것이다. 그러나 정여립은 선조에 대항해 무기를 들고 일어나지 못한 채 희생당했다. 그리고 이후 역사의 긴 침묵 속으로 들어갔다. 장자는 묵자를 두고 이렇게 말했다.

"그 도는 훌륭하다. 그러나 인정에 위배되어 사람들이 감당하지 못하고 세상과 괴리되어 왕도와 거리가 멀다."

정여립과 기축옥사, 어떻게 보는가

사람들은 대부분 기축옥사를 날조된 사건으로 보았다. 그리고 정여립의 억울한 죽음을 변호하는 데 역점을 둔 채 애써 기억하지 않으려 했는지도 모른다. 하지만 그렇게 한다고 해서 정여립의 정치사상이나 역모를 준비했던 사실 자체가 모두 부정될 수 있을까? 아니다. 오히려 지금 여기의 우리에게는 역모 사건의 진위 여부를 떠나, 정여립의 혁명사상과 그 시대적 배경을 파악하는 것이 더 중요하지 않을까? 이러한 관점에서 대동사상이나 당시 정치사상에 대한 연구가 진행되고 있다. 이는 그나마 바람직한 일일 것이다.

기축옥사를 두고 "조선 왕조는 닫힌 사회의 신분적 계급에서 발생했던 혁신주의(정여립의 주기 좌파 철학)와 분파주의(정철, 이발) 그리고 고도주의(송익필)를 표방했던, 삼계보의 갈등 문제로 요약된다"라고 말하기도 하고, "세습 군주제에서 새로운 세상을 열려고 했던 사람은 대다수가 실패하고 말았다. 정여립과 전봉준, 김개남 등이 그러했다. 단지 무인이었던 이성계와 문인이었던 정도전의 행복한 결합만이 성공했을 뿐이다"라고 말하는 사람들도 있다.

그러나 정여립은 천하는 공물이라는 대동사회의 기본강령을 깃발로 내세우고 대동계를 조직했다. 그는 당시 지배 이데올로기였던 성리학을 혁파하려고 했던 것이다. 정여립은 또한 "하늘의 뜻인 인심이 이미 주를 버렸는데 존주는 무엇인가"라고 말하며 공자의 주례를 거부했다. 그는 이미 유교를 떠난 것이다. 그의 눈에는 퇴계나 율곡과 같은 성리학자들이 하찮게 보였을 것이다. 주례가 지향하는 소강사회를 거부하고 겸애의 대동사회를 주장한 것 자체가 혁명적이다. 정여립이 실제로 혁명을 계획하고 실행에 옮겼는가 하는 역사적 사실과는 또 다른 문제이다. 그는 유교의 이단자인 순자를 자주 거론하고 천하위가(天下爲家)라는 봉건사상을 거부한 진보적인 사상가였다.

기축옥사는 막을 내리고도 100여 년이 지난 숙종 때까지 수많은 논란거리를 제공했다. 사화(士禍)인가 옥사(獄事)인가를 놓고 조선의 지식인들이 벌였던 그 많은 설전들이 지금까지도 잠재워지지 않았다.

한편 조광조는 《정암집正菴集》에서 이렇게 말했다.

"놓치기 쉬운 것은 시기(時機)요, 기회 역시 놓치기 쉬운 것이다."

16세기 조선에서는 수많은 천재들이 활동했다. 이 시기는 우리 역사에 새로운 기운을 일으켜 기회가 될 수도 있었지만 절체절명의 위기이기도 했다. 임금은 자신의 이익만을 추구했고, 갈래 갈래 나뉜 선비들 역시 자신들이 속한 당파를 위해 죽음을 불사한 전쟁을 벌였다. 사화인지 역모 사건인지 불분명한 기축옥사와 임진왜란 때문에 백성들은 전대미문의 고통을 겪을 수밖에 없었다.

역사는 정여립이라는 사내를 잊으라고 했고 그는 족보에서도 말끔하게 지워졌다. 그리고 호남 지방은 조선 왕조 내내 반역의 고향으로 낙인찍힌 채 오늘날에 이르렀다. 기축옥사라는 사건 자체가 특정한 지역과 가문, 그리고 인물들에 대한 평가 면에서 기존의 평가들과 충돌될 여지가 많다.

"눈 쌓인 벌판을 걸어갈 때 어지럽게 걷지 마라. 뒤에 오는 사람의 길이 되느니라."

서산대사의 말이다. 하지만 기축옥사는 무성한 설들을 남겨 놓았다. 지금까지도 산 자들의 이런저런 말들이 무성하다.

역사는 유장한 강물처럼 도도하게 흐른다. 그러다 어느 순간, 포효하듯 솟구쳐서 세상의 전면에 부각되는 경우도 있다.

'정여립의 이름은 300년 뒤에나 500년 뒤에나 알려질 뿐'이라고 갈파한 단재 신채호 선생의 말처럼 정여립이 죽고 오랜 시간이 흐른 후에야 기축옥사의 진실이 하나둘 되살아나고 있다.

전주시 인후동에는 정언신의 이름을 딴 '정언신로'가 만들어졌고, 전주천에서 전주시청으로 가는 길에 '대동길'이 생겼다.

황방산 자락 혁신도시의 길에 '정여립로'라는 이름이 붙여졌다. 뿐만 아니라 정여립이 살았던 집터에 정여립 공원이 조성될 예정이고, 기념관 건립도 준비하고 있다.

족보에서도 사라졌던 그 이름, 조선시대 내내 일가뿐만 아니라 그를 조금이나마 알았던 사람들 조차 어려워했던 그 이름 정여립. 하지만 새로운 시대에 접어들자 재조명되고 있는 것이다.

조선 왕조 시대에 정여립은 천인, 아니 만인이 공로할 반역자였다. 하지만 오랜 세월이 흐른 지금은 세상을 바꾸고자 했던 불세출의 혁명가로 평가되고 있다.

대동세상을 꿈꾼 정여립

당나라의 수도 장안(長安)에 송청(宋淸)이라는 약장사가 있었다. 약을 잘 짓기도 했지만, 약값이 없는 사람들에게 차용증만 받고 약을 지어주었기 때문에 소문이 자자했다. 친분이 전혀 없는 사람인데도 차용증만 받고 약을 지어 주었다. 그런 사람이 어찌나 많은지 차용증이 천장에 닿도록 쌓였다.

사람들이 약값을 주지 않아도 그는 약값을 받으러 나서지 않았고 해가 지나면 그 차용증을 불태우고는 두 번 다시 입에 올리지 않았다. 장안 사람들은 그를 두고 어리석은 사람이라고 비웃기도 하고 어떤 사람들은 훌륭한 사람이라고 칭찬했다. 이에 송청은 다음과 같이 답했다.

> 나는 어리석지도 않고, 또 큰 인물도 못되는 사람이다. 겨우 약을 팔아 처자를 먹여 살리는 한낱 장사치에 불과하다. 내가 약장사를 시작한 지 40년, 차용증을 불태워 버린 것이 수천 장에 이른다.
>
> 그 가운데는 후에 고관대작으로 출세했거나 관찰사나 절도사가 된

> 사람들도 있다. 그래서 약값 이상의 큰 보답을 하기도 한다. 반면에 약값을 떼어먹고 죽거나 줄행랑친 사람도 적지 않았다. 그렇다고 해서 우리 식구들이 밥을 먹고 사는 데 큰 영향을 끼치지 않았다.
> 그 사소한 약값 때문에 인심을 잃느니, 약값 떼여가면서 인심을 사고 잘된 사람들로부터 후하게 보답 받는 게 낫다. 나는 그저 이러한 안목으로 앞을 보는 장사치에 불과하다.

당나라의 명 문장가인 유종원(柳宗元)은 송청의 행적을 기리는 글을 지었다. 아래는 그가 지은 《송청전》의 말미에 실린 글이다.

> 한낱 장사치도 이렇게 세상을 멀리 내다보는데, 하물며 조정에서 나라를 주무르고, 관가에서 백성을 주무르고, 학교에서 경륜을 주무르는 식자(識者)들이 그저 눈앞의 이익만을 추구하고 있으니 이 어찌 슬픈 일이 아니겠는가?

정여립이 살았던 당대에도 유종원이 한탄한 시대와 크게 다르지 않았을 것이다.

더구나 오늘날은 또 어떤 시대인가? 이기주의가 만연한 지금, 정여립이 주창했던 대동세상으로 나아가는 것이 가능할까? 쉽지는 않지만 가능하리라 믿는다. 사랑안에서 인간 본연의 마음을 지니며 세상을 살아간다면 상생의 세상이 펼쳐지지 않을까?

지금으로부터 400여 년 전, 정여립은 대동세상을 꿈꿨다. 하지만 정여립은 너무 시대를 앞서서 태어나 시대를 앞선 사상을 주창하다가 실패한 혁명가이다.

얼마 전 어떤 사람이 나에게 물었다.

"선생님! 정여립 사건은 역모 사건이지 않나요?"

내가 물었다.

"선생님은 지금 조선시대에 살고 있습니까? 아니면 대한민국에 살고 있습니까?"

아무 말도 없이 그 사람은 나를 바라보았다.

"조선이라는 나라가 망한 지 백 년이라는 세월이 지나갔습니다."

그 당시에는 반역자였지만 오늘이 시점에선 혁명가가 아닌가요.

동학농민혁명의 지도자들, 전봉준, 김개남, 손화중, 최경선, 김덕명 등이 그 당시는 반역자로 그토록 무참하게 죽임을 당했지만. 오늘날은 어떻습니까?

서울 한복판 종로에 전봉준의 동상이 들어서고, 김개남 손화중의 비석이 세워진 지 가 얼마나 오래되었습니까? 그뿐입니까? 국가에서 동학농민혁명 기념관을 세웠고, 동학농민혁명 기념 재단을 만들었지 않습니까?

왜, 기축옥사의 주인공 정여립만 이중 잣대를 가지고 보십니까? 그렇게 본다면 다산 정약용 선생도 그렇게 보아야 하지 않을까요?"

그 사람은 아무 말도 하지 않았다.

역사를 유장하게 이어진 긴 흐름에서 보아야 하는데, 역사를 단편적으로 보기 때문에 그렇게 평가를 하는 것은 아닐까?

"사람이 때를 모르니 사람이 때를 따를 리 없다.

때가 사람을 모르니 사람이 때를 따를 리 없다."

정현종 시인이 노래한 것처럼 때를 맞추지 못해서 실패한, 시대를 앞선 혁명가 정여립의 '대동사상'이 사람들 사이에 널리 알려지게 된 것은 1960년대 말부터였다. 민족민주운동 진영에서부터 쓰기 시작한 '대동'이라는 말은 대학가로 자연스레 유입되었다. 대학교 축제 이름으로 '대동제'라는 말이 쓰이기 시작했다.

그뿐만 아니라 장승제에서도 '대동 장승제'라는 말이 쓰이면서 대동이라는 말은 모두가 함께 어우러져서 하나가 된다는 뜻과 동시에 조국 통일의 의미까지 포함하게 되었다. 이로써 정여립의 대동사상은 역사의 암흑 속에 묻혀 있다가 활화산처럼 다시 불타오르기 시작한 것이다.

참 고 문 헌

《순자》
《노자》
《묵자》
《논어》
《맹자》
《대학》
《시경》
《서경》
《예기》
《여씨춘추》
《서전》
《주역》
《경국대전》
《대명률》
《대동지지》, 아세아문화사, 1972
《신증동국여지승람》, 민족문화추진위원회
《한국근대읍지》, 한국인문과학원, 1991
《국역 한국지》, 한국정신문화연구소, 1984
《정감록》, 김수산 편, 명문당, 1981
《택리지》 이익성 역, 을유문화사, 1993
《삼국유사》
《삼국사기》
《고려사》
《조선왕조실록》
《선조수정실록》
《연려실기술》, 이긍익, 민족문화추진위원회, 1982
《동소만록》, 남하정, 《조선당쟁관계자료집》 제15권, 여강출판사, 1987
《당의통략》, 《조선당쟁관계자료집》, 여강출판사, 1987
《조선당쟁관계자료집》, 여강출판사, 1987
《사기》, 경인문화사, 1975
《대동야승》, 민족문화추진위원회, 1984

《국역 국조보감》, 국사편찬위원회, 1994
《기제잡기(필사본)》
《동남소사》
《기축실록(화순본)》

문집

《구봉선생문집》, 민족문화추진위원회, 1980
《내암선생문집》, 아세아문화사, 1995
《백호전집》, 창작과비평사, 1997
《율곡전서》, 정신문화연구원, 1986
《월사집》, 한국문집총간 제74권, 민족문화추진위원회, 1992
《동강집》, 한국문집총간 제86권, 대동문화연구원, 1964
《송자대전》, 한국문집총간 제114권, 민족문화추진위원회, 1990
《태천집》, 한국문집총간 제77권, 민족문화추진위원회, 1992
《조헌전서》, 탐구당, 1974
《학봉집》, 학봉선생기념사업회, 1976
《남명선생문집》, 덕천서원, 1980
《백사집》, 한국문집총간 제74권, 민족문화추진위원회,1992
《화담집》, 한국문집총간 제24권, 민족문화추진위원회, 1989
《석담일기》
《괘일록》

단행본

《조선후기의 정치사상과 사회변동》, 이이화, 한길사, 1994
《당쟁으로 보는 조선역사》, 이덕일, 석필, 2004
《대동서》, 강유위, 이성애 역, 민음사, 1991
《조선중기 사림파의 사회정치사상》, 권인호, 한길사, 1995
《실학의 정치사상》, 김한식, 일지사, 1979
《조선조의 정치사상》, 박충서·유근호 공저, 평화출판사, 1980

《신채호 역사논설집》, 신채호, 정해렴 역, 현대실학사, 1995
《조선후기 사상사 연구》, 김용덕, 을유문화사, 1997
《이조 당쟁사 연구》, 강주진, 서울대학교 출판부, 1971
《조선 근대 개혁운동의 연구》, 민두기, 일조각, 1985
《한국 사회경제사론》, 고승제, 일지사, 1988
《국사대관》, 이병훈, 보문각, 1960
《조선의 점복과 예언》, 무라야마 지준, 1991
《허균의 시화》, 허경진, 민음사, 1981
《전라북도 전북학연구》, 전북대학교 전라문화연구소, 1997
《한국정치사》, 신복룡, 박영사, 1992
《한국사통론》, 변태섭, 삼영사, 1996
《역대 한국사논선》, 이기백, 새문사, 1993
《한국사》 제9권, 이현종, 탐구당, 1990
《한국 중세사론》, 하현강, 신구문화사, 1989
《중국의 유토피아상》, 진점염·임기담, 이성규 역, 지식산업사, 1993
《호남인문지》, 봉문 편, 이화문화사, 1991
《한국사 》, 유영전, 삼영사, 1996
《영남인물고》, 강주진, 탐구당, 1967
《허균의 생각》, 이이화, 여강출판사, 1991
《인물한국사》, 이이화, 한길사, 1988
《한국군제사》, 이태진, 육군사관학교, 1977
《조선의 인물 뒤집어 읽기》, 김재영, 삼인, 1998
《영조와 정조의 나라》, 박광용, 푸른역사, 1998

논문

〈한국당쟁사〉, 성낙훈, 《한국문화대계》 제2권, 민족문화연구소, 1968
〈한국 대동놀이 연구〉, 한양명, 중앙대학교 박사학위 논문, 1993
〈유서애의 의병불가론에 대하여〉, 《대동문화연구》 제19집, 성균관대학교
〈매월당의 유학 및 도교사상〉, 유승국, 《대동문화연구》 제13집, 성균관대학교, 1979
〈한백겸의 동국지리지〉, 윤희면, 《역사학보》 제93집, 역사학회, 1982

〈호남에 실시된 대동법 上〉, 한영국, 《역사학보》 제15집
〈조선시대 계의 구조적 특성과 그 변동에 관한 연구〉, 김필동, 1989
〈선조대 후반 정치체제의 재편과 정국의 동향〉, 구덕회, 1988
〈16세기 천민란의 사회경제적 배경〉, 고승제, 《학술원 논문집》 제19권, 1980
〈임란 호남의병에 관한 연구〉, 조완래, 국민대학교 박사학위 논문, 1991
〈16~17세기 서얼소통 논의에 대하여〉, 이종일, 삼위문화사, 1996
〈양명학의 대동사회 의식에 관한 연구〉, 김수중, 1991
〈16세기 한국사에 대한 이해의 방향〉, 이태진, 《조선학보》, 1984
〈백제유민의 저항운동과 미륵신앙의 변천과정〉, 최순식, 김제모악향토문화연구회, 1992
〈서화담의 역학적 세계관에 대한 실권론적 해석〉, 정병석, 1992
〈행장을 통해 본 율곡의 사상세계〉 , 김한식, 《한국정치학보》 제30집 4호, 1996
〈임꺽정 환란의 사회적 배경과 조선시대 민중사〉, 쓰츠타쿠 고스케, 한국인문과학회
〈정여립 역모사건의 진상과 기축옥사의 성격〉, 우인수, 《역사교육논집》 제12권, 역사교육학회, 1988
〈다산 정약용의 정치사상에 관한 연구〉, 배병삼, 경희대학교 박사학위 논문, 1993
〈조선시대 문과 급제자 연구〉, 원창애, 정신문화연구원 박사학위 논문, 1997
〈정여립 역모사건에 대한 고찰〉, 이희권, 창작과 비평사, 1995
〈조선 전반기(1567~1591) 국왕과 붕당〉, 남달우, 《인하사학》 제4집, 1987
〈정여립의 생애와 사상〉, 신복룡, 한국정치학회, 1997
〈조선후기 영암지방 동계의 성립 배경과 성격〉, 이해준, 전남사학회, 1988
〈구봉 송익필과 그 사상에 대한 연구〉, 배상현, 《동국대학교 논문집》 제1집, 1982
〈조선조 기축옥사에 대한 고찰〉, 유일지, 《청구대학교 논문집》 제2집, 1959
〈정여립과 대동사상(정여립의 혁명구호인 천하위공에 대한 사상사적 고찰)〉, 기세춘
〈선조조 기축옥사에 대한 고찰〉, 유일문
〈15세기 도적활동의 사회적 조명〉, 한희숙, 1991
〈정여립 사상 연구〉, 최락도, 1997
〈민본 유교의 재인식 유교사상 연구〉, 금장태, 유교학회, 1988
〈중국 동맹회의 공화주의 연구〉, 조병한, 서강대학교 박사학위 논문, 1997
〈조선 후기 문과 급제자의 사회적 배경과 이동성 행정사 연구〉 제1권, 정홍원, 1993
〈조선시대 생원진사 연구〉, 최진옥, 정신문화연구원 박사학위 논문, 1994
〈정여립 연구〉, 건국대학교 박사학위 논문, 배동수

부록

1 정여립의 발자취

2 천재들의 각축장, 조선 궁궐

3 동인들

4 서인들

5 조선의 천재들

1 정여립의 발자취

완주군 상관면 신리 파쏘봉, 정여립의 생가 터로 한국지명총람에 실려 있다.
파쏘봉, 파쏘들 등으로 지명이 등재되어 있다.

김제시 금산면에 있는 용마무덤. 정여립의 용마가 묻혀 있다고 전해오는 무덤이다.

벼슬에서 물러난 정여립이 대동계를 조직했던 금산면 제비산 자락의 월명암과 금평저수지 일대.

월명암의 산신각 위의 치마바위 정여립이 천제를 지냈다는 곳이다.

| 김제시 금산면 금산사의 사월 초파일, 이 절에서 진표율사가 미륵사상을 전파했다.

김제시 금산면 청도리의 귀신사. 정여립이 대동계를 조직했을 당시 가까운 이 절에 와서 마음을 수양했을 것이다.

| 논산시 연산면의 개태사, 정여립이 이 절의 벽에 글씨를 써 놓았다는 곳이다'

논산 개태사 삼존불, 정감록에 이 일대에 정씨가 도읍할 것이라는 글이 새겨져 있다고 한다.

정여립이 대동계를 조직한 뒤 제자들과 함께 가서 무술을 단련하던 진안의 죽도,
정여립은 죽도를 사랑해서 호를 죽도 선생이라고 지었다.

죽도 폭포. 끊어질듯 이어지던 산줄기를 폭파해서 물길을 돌려서 폭포가 되었던 곳이다.

전주시 인후동 기린봉에 있는 정여립과 9촌 간인 정인겸의 묘, 기축옥사 당시 파헤쳐졌다가 1970년대에 다시 만들어졌다.

인후동 기린봉에 있는 정인겸의 묘의 문인석. 상처 입은 문인석이 그 옛날의 상처를 알려주고 있다.

| 정여립로

전주시 인후동에 정여립과 9촌간이라서 희생을 당한 우의정 정언신의 고향에 정언신로가 만들어졌다.

2 천재들의 각축장, 조선 궁궐

조선의 한양 도성 4대문 중 남쪽에 있는 숭례문, 남대문이라고도 부르는 이 문을 통해 정여립이나 정철을 비롯한 사대부들이 조정을 드나들었다.

동대문이라고도 부르는 흥인지문은 동쪽에 있는 문으로 송강 정철의 형 정자의 자취가 남아 있는 문이다.

| 경복궁 근정전

항원정. 경복궁 안에 있는 아름다운 정자. 호수에 둘러싸여 있다.

| 경회루. 경복궁 안에 있는 누각인 경회루는 임금이 사신들이나 신하들과 연회를 베풀던 누각이다.

창덕궁. 창덕궁 선정전은 선조가 직접 정여립의 아들 정옥남을 국문했던 곳이다.

3 동인들

| 충효당. 안동시 풍천면 하회마을에 있는 서애 유성룡의 집이다.

하회마을. 낙동강이 휘돌아가는 하회마을은 하회유씨 집성촌으로 세계 문화유산으로 지정되어 있다.

옥연정사. 서애 유성룡이 공부를 했던 정사로 부용대 아래에 있다.

하회마을을 굽어보는 부용대, 낙동강이 휘돌아가는 하회마을을 볼 수 있는 명승이다.

만대루. 안동시 풍천면에 있는 유성룡을 모신 병산 서원의 만대루, 나라 안의 서원 누각 중 그 경치가 가장 아름다운 정자다.

아산시 음봉면에 있는 이순신의 묘, 이길의 후임으로 정읍현감에 부임했다.

| 나주 향교 대성전, 이발의 고향 나주의 대표적인 문화유산이다.

나주 목사 내아.

노령이라고 불리는 갈재를 통해 전라도와 제주도의 사대부들을 비롯한 모든 사람들이 오고 갔다.

함평군 엄다면 엄다리에 있는 곤재 정개청을 모신 자산서원.

자산서원, 여러 차례 짓고 헐리기를 반복하는 수난을 겪었던 서원이다.

| 운주사. 조대중의 고향 화순에 있으며 천불천탑으로 알려진 운주사의 석불들,

화순 운주사의 누워 있는 와불. 거꾸로 누워 있는 와불이 일어날 때 새로운 세상이 열린다는 전설이 전해진다.

덕천서원, 산청군 시천면에 있는 덕천서원, 남명 조식과 최영경을 모신 서원이다.

허성의 묘. 김성일과 함께 동인으로 조선통신사로 갔던 허균의 형 허성의 묘.

녹우당. 해남에 있는 녹우당은 윤선도의 집으로 윤선도는 수없이 오랜 세월 동안 기축옥사를 주제로 상소문을 많이 올렸던 사람이다.

월송정, 이산해가 유배가서 자주 찾았던 곳이다.

4 서인들

| 송강정. 죽록정이라고도 부르는 이 정자에서 송강 정이 벼슬에서 물러나 재기의 칼날을 갈던 곳이다.

식명정. 김성원이 그의 장인 임억령을 위해 지은 이 정자에서 송강 정철이 성산별곡을 지었다.

식영정에 있는 성산별곡 시비

충북 진천군 문백면에 있는 송강 정철의 묘 앞에 있는 비석

진천군 문백면에 있는 송강 정철의 묘

| 오죽헌, 강릉시에 있는 집으로 이곳에서 율곡 이이가 태어났다.

이이의 묘, 파주시 법원읍 동문리에 있다. 율곡의 묘 아래에 어머니 신사임당과 아버지 이원수의 묘가 있어 대표적인 역장이다.

화석정, 파주시 파평면 율곡리에 있는 정자로 율곡 이이의 선대어른들이 살았던 마이라 호를 율곡이라 지었고, 그 아래 임진강이 흐르고 있다.

파주시 법원읍 동문리에 있는 자운 서원의 문성사, 율곡 이이를 모시고 있다.

이이의 초상, 정여립을 천거한 이이의 초상, 문성사에 모셔져 있다.

| 파산서원. 율곡 이이의 정치적 동반자로 정여립을 함께 천거했던 우계 성혼을 모신 파산사원으로 파주에 있다.

충북 옥천군 안남면에 있는 중봉 조헌의 묘. 이이의 문하로 정여립을 비방하는 상소를 많이 올렸던 인물이다.

옥천군 안남면에 있는 중봉 조헌의 묘.

암서재. 충북 괴산군 청천면 화양동에 있는 정자로 이이와 송강의 맥을 이은 서인의 영수 송시열이 제자들을 가르쳤던 곳이다.

5 조선의 천재들

서산대사 영정, 평안도 묘향산에서 기축옥사에 연루되었다는 죄목으로 서울로 끌려가 선조로부터 친히 국문을 받고 풀려난 서산대사 휴정의 영정.

강릉 객사문. 사명당 유정이 정여립 사건에 연루되어 오대산에서 끌려와 국문을 받고 풀려난 강릉 관아의 객사문이다.

이항복 묘. 포천시 가산면에 있는 이항복의 묘. 당쟁이 심했던 당시 어느 편에도 가담하지 않았던 선비 중의 선비가 이항복이다.

화산서원. 포천에 있는 화산서원은 이항복을 모신 서원이다.

| 교산 허균 시비

용인시에 있는 허균의 가묘, 정여립의 대동사상이 허균의 호민론으로 이어졌다.

다산 정약용의 집. 대동사상이 허균의 호민론으로, 다시 정약용의 탕무혁명론으로 이어져 동학농민혁명으로 분출되었다.

신채호 사진. 중국 여순감옥에 있을 당시 수인번호를 달고 있는 신채호 선생은 정여립을 군신강상설을 타파하려한 '동양의 위인'이라고 높이 평가했다.

신채호 사당. 청주시 낭성면 고두리 마을은 근현대사에서 최초로 정여립을 언급한 단재 신채호가 살았던 마을이다.

전봉준 옛집. 정읍시 이평면에 있는 전봉준의 옛집으로 전봉준은 기축옥사 이후 차별받았던 전라도에서 일어난 동학농민혁명의 지도자였다.

강증산이 화엄적 후천개벽사상을 펼쳤던 장소가 대동계를 조직했던 제비산 자락에 위치한 구릿골이다.

전주 경기전
태조 이성계의 어진과 사당이 모셔져 있는 전주 경기전.

전주 향교
경기전과 오목대 중간에 위치한 전주 향교.

전주 오목대
경기전과 전주 한옥마을이 한눈에 보이는 오목대.

정여립과 천재들의 시대

조선의 천재들이 벌인 참혹한 전쟁

초판 1쇄 | 2019년 1월 21일

글과 사진 | 신정일

발행인 | 유철상
편집 | 김유진, 이유나, 이정은, 남영란
디자인 | Mia Design
마케팅 | 조종삼, 최민아

펴낸 곳 | 상상출판
주소 | 서울시 동대문구 정릉천동로 58, 103동 206호(용두동, 롯데캐슬 피렌체)
구입·내용 문의 | **전화** 02-963-9891 **팩스** 02-963-9892
이메일 cs@esangsang.co.kr
등록 | 2009년 9월 22일(제305-2010-02호)
찍은 곳 | 다라니

※ 가격은 뒤표지에 있습니다.

ISBN 979-11-965627-9-3 (03900)

※ 이 도서의 국립중앙도서관 출판예정도서목록(CIP)은 서지정보유통지원시스템 홈페이지(http://seoji.nl.go.kr)와
국가자료공동목록시스템(http://www.nl.go.kr/kolisnet)에서 이용하실 수 있습니다. (CIP제어번호 : CIP2019000542)

www.esangsang.co.kr